太古家族

乘風破浪上天下地二百年

鄭宏泰

獻給父親，表達無盡思念

目錄

序

還記得在香港大學唸書時住在太古樓（Swire Hall）宿舍，我們都稱自己為「太古人」（Swirians）；大約四分一世紀後，女兒入讀香港大學，亦成為太古樓宿生，我們成為兩代「太古人」。但其實，真正如假包換的「太古人」，應是那些在太古集團工作的員工，香港大學的太古樓只是因為由該集團捐款興建，大學投桃報李，以之命名，作為紀念，那兒的宿生自稱「太古人」，實有點「叨光」意味了。

在完成了《渣甸家族》一書書稿，對英資洋行的在華發展有了深入了解後，筆者急不及待地展開了對太古洋行這家家傳戶曉的跨國英資巨企的研究。太古長期以來被視為渣甸洋行最大的競爭對手，亦同樣汲取著大中華市場的奶汁成長，兩間洋行雖都扎根香港，但卻有甚為不同的發展特質。

由於渣甸洋行無論在創立過程，或是創立後的種種舉動，均表現得極為進取，是非不斷，甚至可說充滿侵略性與挑釁性；亦因其高度介入政治——尤其英國與香港政治——之故，長期以來被視為最具影響力的英資龍頭洋行，令太古洋行淪為「阿二」，較少吸引社會與傳媒眼球。

然而，經深入研究與探討，不難發現，由施懷雅家族創立和領導的太古洋行，過去不但一直與渣甸洋行分庭抗禮，更經常明爭暗鬥，其崛起、壯大乃至傳承多代的歷程，讓人別有一番體會。透過梳理當中的發展進程，社會必可領會某些長期支撐這個家族與洋行不斷壯大、代代相傳，使之基業長青的「太古之道」（鍾寶賢，2016；史樂山，2016）。

不得不承認的是，要把「太古之道」說得清楚，找出施懷雅家族突圍而出

的核心原因、其領導太古洋行走過 200 年道路所面對的各種挑戰、應對之道，乃至傳承接班安排的特質，實非易事。本著在探討渣甸洋行個案時所秉持的「他山之石，可以攻玉」的信念，本研究同樣立足於「學習西方事物以提升自身力量」的原則。惟必須注意，要更好地吸納西方的現代化事物，就應更好地了解其現代化進程中的歷史變遷、傳統文化、宗教信仰與社會體制等等的多方面調適，進而認清我們自身的歷史、文化、宗教信仰與社會體制等等的局限，或者說某些截然不同特質，才能較好地作出調整，對症下藥、量身裁衣，讓現代化進程能夠走得更穩更好，減少錯誤和耗損。

在探討華人家族企業發展時，一個十分現實的問題是，在吸納西方事物方面，不少人均想學習其他文化突出優越的經驗，從中偷師，為我所用，藉以提升自身的競爭力。本研究亦著眼於此，尤其希望能從無論渣甸洋行或太古洋行的發展經歷中，總結經驗和教訓，去蕪存菁，作更好吸收，讓華人家族企業可更健康和更有活力地發展起來。

必須指出的是，因應學術界過去多數研究總是把焦點集中於企業，或是一代一人的企業家身上，本研究一方面側重於家族，另一方面則從家族跨世代成員參與企業發展的綜合考察入手，這樣既能補充學術界過去研究的不足，亦能讓社會對那些富過多代、企業長青的家族有更立體和多面向的認識。而對於時局變遷、政經角力，甚至宗教信仰與文化價值等因素，如何左右家族及企業發展的核心問題，本研究亦力求從如煙浩瀚的歷史文獻與學術論說中，尋求佐證和說明，讓社會對問題有更多了解。

一如筆者在《渣甸家族》一書中提及，要深入研究異文化家族企業，碰到的問題和挑戰實在多如牛毛。最終能順利完成，實乃獲得各界友好及機構鼎力協助所致，在此謹向他們致以最衷心的感謝。

首先，要感謝我們家族企業研究團隊的黃紹倫教授、孫文彬博士、周文港

博士、許楨博士、王國璋博士及閻靖靖博士等，儘管過去一年，受新冠肺炎疫情影響，我們鮮能如過去般聚首談天論學，但幸好在科技幫助下，大家仍能坦誠分享、交流見解、互相鼓勵，實乃研究道路上的重要助力，令人感動。

同樣地，亦要向前研究助理梁凱淇小姐、現任研究助理李明珠小姐和行政主任俞亦彤小姐表示謝忱，她們曾在不同層面給予幫助，令本書內容更加充實。當然，亦要感謝香港中文大學圖書館、香港大學圖書館、香港歷史檔案館、英國國家檔案館以及太古集團等提供資料，給予支援和協助，使本研究可克服種種困難，獲得今天的成果。

最後，要向太太李潔萍表示衷心感謝，她是第一位閱讀文稿之人，並多次協助校對，給予不少建言。此外，她大小家事一手抓，讓我不用操心，並在我身心疲累時為我打氣，令這項研究得以順利展開、維持和最終完成。

雖然得到各方友好和機構的大力幫助，但仍因沒法完全掌握政局的急速轉變、歷史的曲折漫長、企業的興衰傳承和人生的順逆起落，而令本書出現一些糠粃錯漏。對於某些疑而未決、模糊不清的地方，雖努力求證，但仍沒法做到完美無瑕，這雖是不願看見的，卻很難避免，但望讀者有以教我，指正批評，讓我們的研究可以做得更扎實、更豐富。如對本書有任何意見，請致函香港新界沙田香港中文大學香港亞太研究所或電郵 vzheng@cuhk.edu.hk 聯絡。

鄭宏泰

第一章

英國商人
在全球化發展中乘勢突圍

在十九世紀初，大英帝國進行全球擴張之時，激發像威廉‧渣甸（William Jardine）和占士‧馬地臣（James Matheson）等英國商人千里迢迢跑到東方淘金發財的動機，不但有入世禁慾、追求功業以爭取上帝救贖的宗教倫理，亦有為了求財逐利、敢於冒險的商業精神。拿破崙戰敗後，英國海軍獨步天下，加速英國商人向外擴張；歐洲重見和平後投入經濟重建，亦促使更多歐洲民眾往外闖；工業革命帶來的科技創新，不但令工業產品急需外部市場，亦要尋求外部原料配合生產；愈來愈多新科技應用於生產與生活之中，則既刺激了生產，亦刺激了消費，豐富了人類的物質生活，社會從此進入一個發展步伐前所未見地急速、變遷頻仍的年代。

在那個背景下，中國過去閉關鎖國的大門被英國以武力打開，香港更落入英國之手，淪為殖民地，一手促成這種變局的渣甸洋行乘時而起，憑著多重優勢，盡取東西貿易與開拓中國龐大市場之利。本研究的關注焦點——太古洋行施懷雅家族（Swire family）亦慕名而來，因為這個家族在英國經過一段時間摸索後，認為以中國為中心的東方貿易及龐大市場很有潛力，這一決定及俟後的多方面努力，令太古洋行在大英帝國的蔭護下，在中國市場獲得巨大發展，日後能與渣甸洋行分庭抗禮，在香港、中華大地、英國，甚至全世界均名聲響亮。對於這樣一家極富傳奇色彩的家族企業，其發展歷程或故事，儘管應從商業視角出發，但同時亦必須置於文化、歷史或時代大環境中審視，才能看到當中應運而生、乘時而起的關鍵所在，亦能較為立體地了解其如何能在大勢已去時調整適應、變陣求存。在逐頁掀開施懷雅家族多代人與太古洋行的發展篇章之前，且先勾勒那個時代的發展背景、營商特點、研究方法，以及核心研究課題。

全球化浪潮的企業開拓

在學術界，不少學者把十九世紀視為人類社會發展過程中一個重要的分水嶺。英國宏觀經濟史學家 Maddison（2007 and 2008）有關全球經濟發展歷史的定量研究揭示，人類社會在進入十九世紀後，人口與人均生產總值均錄得幾何級的爆發性上升，若以加數式尺度（arithmetic scale）圖形表達，幾乎成 90 度上升之勢；若以對數式尺度（logarithmic scale）圖形表達，雖不至於 90 度那麼急劇，但亦相去不遠（表 1-1）。研究結果中，歐洲及其分支地區（北美洲與澳大利亞洲）帶領全球，其他地區如日本、亞洲四小龍、中國內地、東盟及印度等，則在稍後時間以不同步伐陸續追趕（Maddison Historical Statistics, no year）。

若把 Maddison 這一重要發現，融合到美國專欄作家 Friedman（2010）有關全球化三個不同年代的討論中，更能夠加強我們對人類社會前進路途的認識。Friedman 把全球化分為三個年代或階段：1492 至 1800 年的第一個年代，1800 至 2000 年的第二個年代，以及 2000 至今的第三個年代。按他的分析，自哥倫布發現新大陸，令人類社會進入全球化年代，山川海洋的地理阻隔被打破。這個年代的生產力主要依賴人力、畜力或風力，基本上仍十分傳統，沒有出現跳躍式發展。

至於本研究的重點，關注自 1800 至 2000 年的全球化 2.0 年代，因科技發明與應用日廣所激發的工業革命，給人類社會無論生產或生活等不同層面，帶來了翻天覆地的變化。就以拉近地域距離的運輸工具為例，先有蒸汽輪船在十九世紀初葉的發明和投入應用，令全球各地人、貨、資訊交流的速度及數量大幅增加。火車的發明與鋪設強化了大型運輸的能力，令運輸成本大降。電報及電話的先後發明與應用，令各地通訊有了巨大變遷。到了二十世紀中葉，尤其二戰之後，民用航空飛機投入服務，再令全球交流有了另一階段的飛躍。

傳統社會的經濟發展可用人力車作比喻，因其基本上依靠人力推動，生產

表 1-1：1000 至 2000 年西方與非西方經濟體人均本地生產總值（以加數式尺度及對數式尺度表達）

(a) 對數式尺度

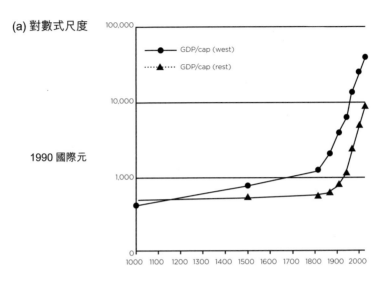

1990 國際元

(b) 加數式尺度

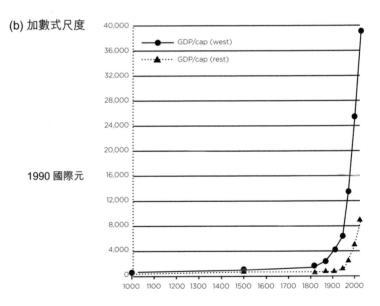

1990 國際元

資料來源：Maddison, 2008: 95

因素（factor of production）只有土地及勞動力，資本及企業精神的存量極少，甚至可以說微不足道，因此發展動力不大、經濟長期停滯不前、人民整體生活水平難獲重大改善。然而，自進入全球化 2.0 年代，因為本文開首提及的宗教倫理、商業精神，以及拿破崙戰敗後歐洲人一窩蜂往外闖等原因，這種局面明顯產生了巨大變化，生產因素中的資本及企業家精神大幅度提升，令經濟體由「兩輪驅動」的人力車搖身一變成為了「四輪驅動」的汽車，發展速度與規模乃脫胎換骨（鄭宏泰、陸觀豪，2013）。一個不爭的現實是，自十九世紀開始，現代資本主義社會的發展，就如同牛頓第一定律「動者恆動」的法則般，令經濟體系充滿動力，發展腳步一個比一個快，資本主義一詞更變成了創造財富的有力保證（Braudel, 1981-1984）。

在那個前所未見的全球化大潮中，如何乘時而起，採用何種方法更好地攫取發展機遇，建基立業，自然是值得深入探討且備受注視的課題。如何注入或維持企業家族精神，明顯乃關鍵之一；組織企業以開拓商機、賺取財富，則屬關鍵之二；呼朋喚友，聯合更多志同道合者，集結更大資本以組織更大企業，作更具規模的投資，則可視作關鍵之三；當然還有其他不同創新，其核心是各師各法，在自由公平環境中各展所長，謀求最大利益。

無論是進入全球化 1.0、2.0 或是 3.0 年代，由於每次均起源於西方世界，他們自然在方方面面捷足先登、領先全球。就以具創造性的企業家與具影響力的企業為例，他們率先引入新產品、新生產方法、開拓新市場、攫取新原材料或半原材料供應，甚至推出新商業組織模式等等（Schumpeter，1934：66）。若集中於後者的例子，現時資本主義社會所沿用的公司、銀行及股票市場制度，或是組織商會、凝聚商業網絡等方法，其實都由他們率先引入，令其可在建基立業、開拓商機時佔盡優勢，壟斷市場、指點江山。

家族企業作為建基立業的起步

相信是受熊彼得（Joseph Schumpeter）有關企業家理論的影響或啟發，美國經濟與商業學者 Gilder 更為扼要地指出，企業家才是推動資本主義不斷發展的核心力量。他如下一段描述，可謂道盡了當中關鍵：

當代的資本主義理論犯了一個致命的錯誤：一種對資本家（企業家）的極端不信任，只相信購買力的不斷循環，市場的無形之手、貨物和金錢互為流動；其實，現代經濟學就如一大堆數字遊戲，在主角（企業家）缺席下上演。（Gilder, 1984:15）

也即是說，促進資本主義發展的核心人物，或負面上說的「幕後黑手」，不是自由經濟學派眼中的甚麼「無形之手」，而是控制這雙「無形之手」的主角──企業家、生意人。更直白一點，便是大小家族企業的領軍人。

沿著這個角度看，我們不難發現，要打拚事業、開拓商機，甚至經營跨地域、跨文化的生意和貿易，並非個人單打獨鬥能夠應對得來。社會信任薄弱，政經與商業、金融制度不健全等，必然會增加營商成本和風險，窒礙經濟發展。於是，被視為最原始、組織最簡單，亦最有競爭力的家族企業，乃應運而生，大行其道，成為不少具野心，立志要有一番作為的企業領軍人的不二之選，可見這種模式的企業組織，實乃追求功業者的起步。

然而，對於家族企業這種組織模式，社會總會貼上負面標籤──儘管近年來開始有所改變，給予了較正面的肯定，但社會或學術界過去總是視之為保守落後、不能配合社會發展步伐的歷史產物，其中尤以美國學者 Chandler 的論說最備受注視，影響亦最深。Chandler 指出，家族企業組織簡單、根基薄弱、營運欠效率，不能配合時代發展步伐，尤其當企業壯大至跨國規模時，受

過高等教育並擁有專業資歷的非家族管理人才，才是企業發展的希望，因為他們能夠帶來不同層面的專業知識與創新，為企業注入發展動力，最終走向「管理資本主義」（managerial capitalism）。他這種一錘定音的論調（Chandler, 1977; Chandler and Tedlow, 1985），令家族企業變成了「阿婆的裹腳布」（又長又臭），無論社會或家族企業中人均想棄之如敝屣，改變組織模式。

順作補充的是，相對於洋人家族企業，華人家族企業受到的批評尤甚，幾乎被認為是保守落後、一無是處的代名詞。影響所及，不少本質上屬家族企業的組織，總是不願以此自居，例如在香港，有些家族企業在上市後仍維持家族掌控，當因此被形容為家族企業時，他們深感不快，要急急澄清本身不是家族企業；在內地，不少家族企業寧可稱為民營企業，亦不願被稱為家族企業。家族企業彷彿成為一種詛咒，令家族中人失去以此作為發展基石的自信，亦被視為乃窒礙具才幹與實力的人加入、作出貢獻的原因所在。然而，無論接受與否，中外社會不少過百年的企業其實均屬家族企業，而不少新創立的企業，亦總是以家族企業的模式面世，揭示我們對家族企業的了解，不應只看表面印象，而應從更多層面及更現實的角度視之。

可是，這裡必須思考或另作補充的問題是：為何不同社會與文化的商業組織——尤其是佔經濟體中最大部份的中小企業——總是由家族企業主導？它又為何充滿韌力，歷史上一直是不少人操奇計贏時必然選擇的組織模式？到創業及發展過程中遭逢不同挑戰，甚至傳承接班時，又為何總是以家族為核心思考？當中的不同因由與重要特質，又帶來更多值得深思的問題，不是輕易一句「不合時代發展」或「走向管理資本主義」等理論可以輕易回答與解釋。

這裡且先說說，家族企業為何自傳統至現代均大行其道，成為不同經濟體最重要的組成部份這一特殊現象。據 Nenadic 有關英國維多利亞女皇（Queen Victoria）時代中小企業發展的分析，由於社會及商業環境變化急速，那時中

小企業的存活率極低，極難傳承超過兩三代，情況有如中國人所說的「富不過三代」。而他認為，這主要是由於商業環境變化多端，風起雲湧，社會或商界則缺乏信任，因此窒礙了企業發展；若要代際傳承能夠成功，企業得以繼續發展，必然需要不同層面的創新，例如打破傳統以維護企業發展的制度，而家族社會網絡，則屬其中有助企業發展的重要組成部份（Nenadic, 1993）。

這裡帶出極重要的問題是：你想賺錢，他想賺錢，人人均想賺錢，揚名立萬，讓個人及家族的物質生活得到改善，惟在資源稀缺的環境下，必然產生明爭暗鬥，而市場環境、政經及社會等的變遷又難以預測，往往只有那些掌握市場資訊、競爭力較大者才能大獲其利，力量較弱者只能獲小益，甚至蒙受損失，遭到吞噬；有些人看通當中的關鍵所在，便採取聯盟模式，壯大自身的競爭力以增加勝算。以上種種情況，揭示了商業社會的森林規則：弱肉強食、適者生存。由此帶出的現實問題是：哪些組織或制度最為可靠？最值得信任？能夠支持個人上陣殺敵而不會遭到「起尾注」或「掉轉槍頭」的打擊及背叛？

由於家族關係血濃於水，是禍福與共的命運共同體，家族企業乃應運而生。這種組織模式，具有多項先天優勢：一、容易集合家族內部資源，包括經濟及人力資源，有助企業創立與開拓；二、成員的信任與忠誠度高，不用花時間建立互信，或是設立防範制度、簽訂合約，亦能保證忠誠可靠；三、具高度向心力與行動一致性，容易達成或凝聚共識，迅速作出決定與行動，更具效率；四、企業與家族的禍福成敗互相結合，承擔了榮辱盈虧，能夠更好地激發積極性與主動性；五、家族與企業存在更大互補，可彼此支持。理論上，愈是敢於冒險的生意、風險愈高，回報亦應愈高，因此更加需要可信和可靠組織的配合，一來提供最大的物質與非物質支持，二來是當遇到困難時可成為避風港，給予照料或治療。而家族則是這樣的天然組織，能夠給予最好的全方位支持。

由於家族企業具有多重優勢，非其他社會與商業組織能及，不少一心希望幹一番事業的企業家，乃選擇以這種組織模式，作為建立功業的第一步。本研究所聚焦的約翰施懷雅父子公司（John Swire & Sons Co），及其在華最先設立的太古洋行（原名 Butterfield & Swire Co，即現時太古集團，Swire Group），正正亦是家族企業。他們不但一如所願，在那個波譎雲詭的商海中得到更好發揮，讓企業不斷壯大，家族財富與社會影響力亦水漲船高、持續提升，並代代相傳，至今已跨越兩個世紀。由此可見，作為原始商業組織模式的家族企業，無論是企業生命或是發展潛質，其實均非如坊間想像般薄弱或一無是處。深入了解當中原因所在，讓家族企業的真實面貌呈現在世人面前，有更完整的了解，乃顯得十分必要。

利物浦的興起與商業網絡的擴張

令家族企業歷久不衰，且具有不同優勢與特點的，是那種以家族為核心的商業與社會網絡。毋庸置疑的是，長期以來，商業網絡被視為促進經濟及商業活動的重要部份，相關的學術研究為數不少（Bourdieu, 1984; Bourdieu and Wacquant, 1992; Coleman, 1988）。所謂商業網絡，是指以人脈及社會關係結合商業利益，藉共同信守規則，以追求或維護共同利益的互相配合行為（Cookson, 1997: 1）。這種網絡有些以血緣為主，有些以業緣或地緣為主，當然亦有些是多項因素的混合。發跡於英國利物浦的施懷雅家族，其成長與擴張歷程，則可謂充份利用了那個商業網絡，這裡不妨作一個具體說明。

在中國內地，無論是徽商、晉商、浙商，或是香港人較為認識的粵商、潮商等等，以地域為單位組織的商幫網絡由來已久，影響力之巨大亦人盡皆知（林樹建，1995；吳克明，2006；劉建生、燕紅忠、石濤、任若非，2008）。在英國，早在工業革命之前，以地域為界線的商幫網絡同樣十分活躍，支持他

們在生意投資上不斷開拓與發展。作為本研究關注重點的利物浦商人，便是其中一股備受關注的商業群體與市場力量，他們早在奴隸貿易時已透過彼此合作、結成網絡以減少內部競爭，讓人看到那種非正式組織的威力（McDade, 2011; Haggerty and Haggerty, 2011 and 2017）。到工業興起之後，由於利物浦擁有優良的海港及火車網絡，與周邊工業重鎮如曼徹斯特（Manchester）、里茲（Leeds）、約克（York）、謝菲爾德（Sheffield）和布雷福德（Bradford）等地緊密連結起來，商業活動極為活躍，令利物浦在英國甚至世界貿易中佔有一席之地。

某層面上，工業革命的起步，是從無數以家族為單位的工匠小作坊開始的，他們在簡陋的環境中敢於嘗試、靈活變通，逐步引入不同的新發明或新生產方式，提升生產力，最終滙聚成工業化的滾滾洪流，令經濟獲得了前所未見的巨大發展（Berg, 1993; Smail, 1994; Rose, 1994）。城市化亦隨即興起，促使不少鄉鎮民眾向城市聚集，利物浦便是在這個過程中不斷發展起來。

一個常被引述的指標是，進入 1800 年代，利物浦的城市與商業急速發展，人口持續攀升，例如在 1831 至 1851 年的 20 年間，利物浦區的人口由165,175 人大幅上升至 375,955 人，飆升多達 1.28 倍。就以 1851 年計算，移民——即並非蘭開夏郡出生者——佔人口的接近一半（49.4%），可見數量之龐大（Lawton, 2000: 102-105）。默西河（River Mersey）兩岸與利物浦港口的商業活動極為活躍，整個城市可謂充滿活力。值得注意的是，那時的商業活動，不單來自本地或本國，反而較多來自外地，主要是美洲和澳大利亞洲，當然亦有一定數量來自東方世界。而中國這個名字，開始成為當地商人群體中具有巨大資源和市場含意的代名詞。

必須指出的是，當時的利物浦已經發展成英國的航運重鎮，在當地註冊的船公司佔全國近半，碼頭、貨倉、造船及維修等設施應有盡有，當然還有銀

行、保險等金融服務，商業十分發達。對於當時利物浦商業的盛況和活力無限，有學者這樣形容：

> （利物浦）是一座貨物與資訊雲集，巨富與窮鬼並存，雜亂辦公樓、富麗商行與貨倉交疊紛陳，體力工人肩摩轂擊，到處一片繁華的城市。（Bickers, 2019: 18）

眾所周知，在城市化起飛階段，總會呈現這種亂中有序、生機勃發、商業興旺，移民不斷湧入的情況。當然，利物浦的城市化較全球其他城市早得多，而這種開風氣之先、早行一步的發展，自然給利物浦商人帶來更多強大的競爭優勢，既可把利物浦建設成國際商業大都會，又讓其在全球化的商業拓展浪潮中指點江山（Milne, 2000; Lawton, 2000）。

接著的問題是，隨著英國工業化與城市化不斷發展，大規模生產的大量貨物，需要尋求更大市場，同時亦要維持原料的持續供應，這樣才能維持工廠運作，創造更多就業，為企業帶來更大盈利。而解決這些問題的方法，自然是向全球進發，尋找不同投資機會——既出售英國的工業產品，又收購全球的生產原料；交通運輸的跳躍式進步，又加速了這些前所未見的跨地域貿易，令商業網絡的重要性更為關鍵地呈現出來。

正如前文提及 Nenadic（1993）的研究發現，由於早年社會嚴重缺乏互信，加上制度不夠健全，生意經營的風險不少，尤其是開拓海外市場，更要面對跨文化、跨地理及跨制度的重大挑戰，企業創立時往往只能以家族企業的模式應對，商業網絡的組成亦是以家族為單位，以此克服各種投資風險。當商業網絡不斷壯大後，則會在家族以外，沿著地緣或業緣等不同條件與關係擴散出去。

即是說，乘著工業革命與英國向全球不斷擴張的東風，利物浦商人利用商

業網絡克服生意風險、提升投資機遇，並不斷強化這種網絡的內涵，包括了姻親、共同教會、同窗書友，甚至相同的社交聯誼組織等等，令其網絡圈子更加呈現出糾纏重疊，進一步提升彼此間的情感與互信，難怪有分析把當時利物浦的商業網絡形容為「朋友與關係的連結」（knot of friends and relations），並有如下的概括性介紹：

> 這些是家族或專業關係。如果你挖掘這些人或家族的背景，你會發現企業利益與組織在不同層面緊密糾纏，覆蓋印度、澳洲、美洲，亦跨越英國各島與歐洲大陸。他們彼此相互認識，是鄰居、教會和各種團體組織的成員。他們透過會所、共濟會、地方民兵，或是打獵場上的聚會等，以社教化這些關係。他們與彼此的姐妹、堂兄弟與表親等通婚，亦聘用各自的兄弟、子女與姻親。這樣，他們便能建立一個扎根於默西河（the Mersey）的「利物浦世界」（a Liverpool world），並可將這種關係嫁接到孟買、墨爾本及上海，甚至美洲、歐洲等地方。（**Bickers, 2019: 52**）

本國生意不論，扎根於默西河並走向世界的利物浦商人，利用家族企業的核心組織，再結合利物浦商業群體的網絡，自十九世紀走遍全球，進行商業開拓，在不同生意投資上盡領風騷，樹立不少營商典範，促進了全球化與經濟發展。至於本研究聚焦的施懷雅家族，恰恰正是利用家族企業和商業網絡這兩種傳統組織，走遍全球，書寫傳奇。

尤其值得注意的是，這個家族與其他來自利物浦或英國各地的著名商人家族，建立了更緊密的關係，而這些關係又能父子相傳，持久地維持下去，並因應全球不同地方的商機，組織不同公司與模式，共同開拓。有關這些多年「世

交」家族的背景及資料，且挑選一些簡介如下：

其一是來自約克郡布雷福德（Bradford of York）的畢特菲家族（Butterfield family），乃當地羊毛精紡世家，施懷雅家族第一代創業時應與之有深入往來，尤其代理其貨品，遠銷世界。由於這種關係，加上畢特菲家族的成員亦想在東方建立銷售據點，於是與施懷雅家族第二代合夥，創立了太古洋行（Butterfield & Swire Co），惟這一合作卻因合夥人性格「擦出火花」而以分手告終。雖則如此，兩個家族之間仍維持緊密關係，在投資上長期保持良性互動、彼此配合。

其二是來自蘇格蘭格里洛克（Greenock of Scotland）的史葛家族（Scott family），乃英國極有名氣、歷史悠久的造船家族，且與利物浦商人關係緊密。他們與施懷雅家族的交往雖始於第二代，但之後不斷強化，例如太古輪船創立時，不少輪船便是由史葛家族的造船廠所鑄造。史葛家族不但參與施懷雅家族的多項投資，亦持有約翰施懷雅父子公司的一些股份，後人更曾出任該公司主席，可見兩個家族關係深厚，綿延多個世代。

其三是來自利物浦的賀特家族（Holt family），乃當地著名商人家族，相信早在施懷雅家族第一代創業時已有交往。到賀特家族的核心人物艾佛德·賀特（Alfred Holt）創立海洋蒸汽輪船公司（Ocean Steam Ship Co，即俗稱的「藍煙囪」輪船，Blue Funnel Line）時，施懷雅家族亦有投資，並代理該公司在東方的業務；而太古系其他生意，尤其太古輪船、天津駁船等，賀特家族同樣有投資，兩個家族的關係到了二十世紀七十年代，才因投資方向不同而減少互動。

其四及五是同樣來自利物浦的伊士梅家族（Ismay family）和嚴里爾家族（Imrie family），他們的父輩雖然同樣從商，亦有一定成就，但就如施懷雅家族般，到第二代才發揚光大。兩個家族各自的核心人物湯瑪士·伊士梅（Thomas Ismay）及威廉·嚴里爾（William Imrie）在進入商界後，合夥創立了一家伊士梅嚴里爾公司（Ismay, Imrie & Co），經營航運生意，並愈做愈好，日後創立航

運公司，是為遠洋蒸汽航運公司（Oceanic Steam Navigation Co，俗稱「白星輪船」，White Star Line），主要航行於歐美菲澳之間。施懷雅家族與這兩個家族有深入往來，既代理其美洲及澳洲航線，亦吸引他們投資太古輪船和太古糖廠等多項生意。白星輪船最受人注目的，相信是打造了世界最大的遊輪「鐵達尼號」（Titanic），而該遊輪在首航沉沒，則給這兩個家族帶來了極為巨大的打擊。

其六及七是同樣來自利物浦，但主要在澳洲發展的馬活家族（Marwood family）和羅利默家族（Lorimer family），他們在利物浦都是中等規模的商戶，因澳洲新開埠而選擇到那裡闖天下、尋機會，於是有了馬修‧馬活（Matthew Marwood）及占士‧羅利默（James Lorimer）在澳洲創業的舉動。施懷雅家族的第二代亦「聞風而至」，三個家族因同樣來自利物浦而走在一起，合夥做生意，共同開拓澳洲商機。這兩個家族，日後成為施懷雅家族不斷擴充澳洲業務時的主要合作夥伴。

其八是狄臣家族（Dixon family），這個家族的背景與施懷雅家族相似，同樣從事貿易代理兼投資航運，亦同樣是第二代（Joshua Dixon）走出利物浦，只是狄臣家族放眼美國市場，初期立足紐約，後轉到新奧爾良（New Orleans）。當然，由於施懷雅家族日後把發展重點放在亞洲，而狄臣家族則集中美洲，兩個家族的發展軌跡和遭遇乃有所不同，但狄臣家族在施懷雅家族開拓美洲生意時，仍提供了很多配合和強大的支持。

除了以上例子，其他還有姻親家族——例如馬田家族（Martin family）和費雅理家族（Fairie family），以及老客戶家族——例如雷夫邦家族（Rathbone family）及巴洛家族（Barlow family）等等。他們在施懷雅家族的發展路途上，不但提供資本（合夥或借貸）、資訊（商業或政治）、技術（如輪船鑄造、煉糖）等等的配合，亦有情感與信任的支持，助其乘風破浪，不斷前進，打下業務幾遍全球的商業王國。

可以這樣說，憑著家族企業與商業網絡的組織，施懷雅家族可與不少具實力和信譽的家族攜手並肩，既分享商業情報，亦謀求彼此合作，在開拓環球航運、國際貿易與工業生產等不同投資層面上，取得極為亮麗的成績。由此可見，被認為保守、落後、未能適應時代發展的家族企業與商業網絡，過去確實曾發揮重要的作用，現在和將來相信仍然舉足輕重，不能小覷。

研究焦點與本書結構

施懷雅家族的父祖輩雖然創業於家鄉利物浦，但到其擴張時期，則選擇了中華大地，在這裡建基立業、發光發熱，積聚龐大財富，書寫傳奇。很多到華找機會、求發財的英資洋行，當年均曾像渣甸洋行般染指鴉片，哪怕自 1850 年代末起鴉片貿易合法化，不少賣家或從中獲利者都辯稱鴉片本質上與洋酒沒大分別，但無可否認的是，鴉片對個人及社會帶來嚴重傷害，向華輸入鴉片是一項違背道德、損人以利己的生意。相對於此，太古洋行顯然深明其毒害，因此刻意與鴉片貿易保持距離，寧可不涉其中，不謀其利，既不用如其他洋行般背負鴉片販子的罵名，且能長期與中國人民及不同時期的中國政府維持較好的關係，有較高的互信。

至於到底是甚麼核心因素，令這個家族可在中華大地書寫傳奇、代代相傳延續超過 200 年，則是本研究力圖回答的關鍵問題。誠然，由於太古洋行歷史悠久，在香港、中華大地乃至世界商業中都具有重要地位，有關此公司的發展歷史、經營特點、商業網絡，以及其家族背景等分析，無論學術界、商界或大眾傳媒，過去均極為關注，單是學術界的研究成果便有不少，有些屬獨立研究，有些屬家族或企業支持的紀念性文集，汗牛充棟，當中有不少客觀中肯、有見地和具份量的分析（張仲禮、陳曾年、姚欣榮，1991；馮邦彥，1996；鍾寶賢，2016；Scott, 1914; Marriner and Hyde, 1967; Drage, 1970; Hook, 1977;

Falkus, 1990; Young, 1988; Swire Group, 1996; Hodgson and Gulliver, 2000; Nield, 2012; Bickers, 2019）。

本研究無意點評不同研究的重點發現與得失，只是想指出，他們大多聚焦於國與國之間的矛盾競爭、制度優劣，甚至是經濟大勢、企業發展歷史，或是制度沿革與城市演變等，鮮有從人物及家族入手。問題的關鍵是：到底這家傳承超過 200 年的企業，是否只由經濟或市場等宏觀因素促成？有良好的公司制度或社會政治制度，便能保證企業不斷壯大甚至歷久不衰嗎？

約翰施懷雅父子公司及太古洋行的發展，恰好見證了不同經濟體、不同市場波動甚至不同社會、政治制度及文化的衝擊，但這個家族和這家企業卻能發展至今，六代相傳，可見從企業領導者或企業家角度作分析，重要性不容忽略。可是，有關方面的研究，過去儘管亦有一些論說和探討，但大多集中於一人一事的專題討論，缺乏多代人的綜合分析，因此往往只呈現單一面向或單一人物，不夠全面。需知一家企業或是一個家族，要綿延不斷發展，不能只靠顯赫一時的一代一人，否則無論是家族或企業，必然會因那位風雲人物去世而消失於漫長歷史之中，沒可能持續不斷地發展下去。

基於此，本研究選擇因應家族和企業在不同年代與世代的遭遇及發展，進行較全方位的綜合研究，既深入分析創業一代的篳路藍縷，又分析在此之前的經驗與資本積累，同時又研究各代繼承人面對的不同變遷和挑戰，剖析他們行為背後的人生追求、危機應對，以及內心的所思所想，從而更為立體和全面地剖析企業、家族乃至社會的起落興替和輾轉發展。

在接著的第二章，筆者會追尋施懷雅家族發展繁衍的源頭，尤其剖析第一代創業的背景及成功元素，當然亦會思考其傳承接班的安排。而二代接班後如何作進一步開拓，甚至先後踏足北美洲、澳洲和亞洲等不同地方，同樣乃討論重點所在。

第三章會集中分析第二代經連串實地考察和探索後，最終決定在中華大地大展拳腳的經過，尤其會討論他們和友人創立太古洋行，不久又分手告終，只有名稱和業務保留下來，並在取得一定成績後進軍輪船運輸業，因為策略運用得宜，投資具眼光，生意不斷壯大，不久便名揚中華。

在第四章，探討焦點主要轉到第二代在香港開設糖廠的重大投資舉動上。儘管施懷雅家族並非在港創辦實業的第一家，但太古糖廠日後成為亞洲規模最大、產量最多的糖廠，則是不爭的事實，太古糖更因此成為家傳戶曉的品牌。更為重要的，是廠房所在的地皮，日後支持了集團更龐大地產項目的發展，帶動家族財富的另一次巨大增長。

第三代接班乃第五章的核心內容。第二代去世後，企業的領導大權沒有交到兒子手上，而是先行傳給老臣子，讓第三代繼續磨練，最後才由老臣子交棒，這種「迂迴」的傳承方法實在十分獨特，值得注視。儘管三代接班期間，接連遭遇第一及第二次世界大戰，給家族和企業帶來巨大衝擊，但基本上也能「捱」得過去，克服了「富不過三代」的窠臼，取得不錯的發展

二戰結束後，第四代走向領導前台時的階段發展，乃第六章的重點所在。由於看到飛機在二戰中發揮的巨大力量，第四代以此為發展方向，並取得重大突破，在運氣與機緣的配合下，入主了國泰航空公司，更帶領該公司不斷發展和壯大，日後壟斷了香港航空市場。另一方面，第四代上台後，針對人事任用與架構組織進行連番改革，亦為企業注入活力，可在香港經濟轉型期發揮更重要的角色，太古系本身亦從這個個程中不斷壯大起來。

第七章講述第五代接班與發展方向的進一步調整。由於香港社會和經濟不斷變遷，人口又因戰後嬰兒潮和移民大量湧入而持續攀升，令房屋需求有增無減，房地產市場變得火熱起來。施懷雅家族乃如不少商業目光銳利的香港巨商般，進行投資轉型，結束早已花開荼靡的煉糖及造船業，騰出珍貴地皮發展地

產，打造了日後的太古城、太古坊等名牌物業，令施懷雅家族的身家財富進一步暴升。

第八章探討家族另一波「兄落弟上」的傳承接班，那便是第五代的施約翰交棒予施雅迪的進程。由於這個接班時期剛巧碰上了中英兩國有關收回香港主權、結束殖民統治的連番談判，社會與市場極為波動，施懷雅家族如何駕馭變局，認清發展機遇所在，作出更好應對，自然乃極為重大的考驗。事後看來，正因他們作出了敏銳準確的判斷，太古集團才可以更好地完成接班，亦迎來了更寬廣的發展前路。

接著的第九章，分析新千禧世紀前後傳承接班的一些波折。與大約一個世紀前的接班模式相若，當第五代退下領導大位時，並非立即傳給已經長大成人且有一定表現的第六代兒子，而是交棒到輩份較高、年紀較長的非家族小股東手上，哪怕新領導突然因病去世，也沒有改由施懷雅家族第六代接替，仍是選擇非家族專業人士擔任。在非家族成員領導期間，儘管香港、中華大地、亞洲及全球經濟曾起巨大波浪，給太古集團帶來巨大挑戰，但基本上仍能保持活力，不斷發展，取得豐碩成果。

第十章聚焦第六代終於登上大位後的發展狀況。第六代擔起領導大旗時，集團剛好慶祝 200 週年，因此特別引來社會關注，亦最容易引來回顧與前瞻的討論和分析。新領導有意藉開拓業務以爭取表現，實在不難理解，至於擴大航空市場，可說是其中的重要投資舉動。然而，就在這段時間，香港先有社會動亂，影響集團發展，繼有新冠肺炎的全球大爆發，給國泰航空及旗下公司帶來致命打擊。面對接連出現的危機與挑戰，第六代如何應對，必然牽動家族和企業的命運，未來到底何去何從，則有待進一步觀察了。

第十一章是本書最後一章，主要針對多個發展現象或問題，提出一些理論觀察與分析。例如令家族揚名立萬的輪船和飛機運輸業，改變了人類社會的

接觸與交往模式，大大拉近了彼此距離，縮短了時間，企業家精神如何令施懷雅家族成為這兩種生意的領導者？又例如無論第一代最初創業，或是到日後開拓新生意或新市場，家族均十分依賴他們的「利物浦商人網絡」，這個網絡到底如何運作？有何特點？在聘用高層管理時，他們又十分重視來自牛津或劍橋大學的畢業生，採取不同的培訓制度與升遷標準，這種用人方式如何主導了企業發展？值得注意的，還有這個家族人丁不多，且身在千里之外的英國，但主要生意在亞洲，並長年由非家族專業人士管理，他們如何保持信任、授權與監察？至於商場如戰場，政治或社會環境變化多端，這個家族又如何應對危機，面對那些突如其來的挑戰，減低各種投資風險等等，亦會在本章中作綜合分析。

理論上，家族企業有別於國營企業，亦有別於非牟利的慈善企業，則其內部發展邏輯和原則，必然有其本身的獨特之處。更直白地說，作為企業的創立者和最大擁有者，家族必然掌握了對企業的管控和支配權，正因如此，關注家族的發展及生命周期等，必然可更好地了解企業發展的奧妙，不能反過來，這亦是筆者研究家族企業，並從家族視角入手的主要原因所在。

最後要補充的是，對於家族企業的研究方法，有些側重人物訪談，有些側重檔案資料，筆者過去偏向後者。但對於像渣甸家族或太古家族這樣的個案，由於檔案數目極為龐大，埋首其中，必如泥牛入海，所以不能「一本通書讀到老」，需另擇有效率的研究方法。鑑於過去對太古洋行及其家族的研究成果極豐，當中又有不少客觀中肯、有見地和具份量的分析，本研究乃主要基於這些研究成果，作進一步的綜合討論與分析，不另花精力於原始檔案的鉤沉。當然，對於某些存在疑問的，或是過去沒人研究或注意的地方，則還會回到原始檔案中尋找答案。即是說，本研究主要依重過去的學術成果，輔以一些分佈較廣、較零散、過去又被忽略的檔案資料，並從舊報章的點滴記錄中尋求印證，

力求更為立體全面地描繪太古洋行及施懷雅家族的發展故事。

結語

由全球化 1.0 進入 2.0 年代，發生這種重大轉變的背後，除了過去備受關注、討論眾多的科技原因外，其實還由於不少商業開拓、宗教傳播與軍事擴張，令人類社會的活動空間擴大，流動加快，但距離收窄；而眾多因素的交互糾纏，則令人類歷史發生了巨大轉變，不但塑造了國際新秩序，亦確立了經濟與商業行為，這些綜合行為，又浩浩蕩蕩地締造或形塑了氣勢宏大的全球化浪潮。

在這個歷史上少見的全球化浪潮中，若然掀開施懷雅家族的發展故事，不難發現他們恰恰投身其中，而且站在時代浪尖。他們自父祖輩開始，從原來的故鄉走向城市，然後有了 1816 年創業一代的站穩腳跟，把一家小公司世代相傳，不斷擴張壯大，日後成為跨國巨型企業。那個發展過程，可謂見證了一個家族或企業如何由小而大，由扎根利物浦至走向國際，甚至開拓位處「遠東」的中國，生意除了貿易，更有製糖、造船、航運，當然還有航空、地產、金融等在全球化 2.0 年代方興未艾的行業，施懷雅家族能夠緊緊抓著這些市場機會，做出成績，成為行業翹楚，因此奠下他們的領導地位。在以下篇章中，且讓我們一字一句細訴那個歷 200 年、傳六代人的傳奇故事。

第二章

企業家族

發跡繁衍的商業源頭

個人也好，家族也好，總有不同專長、不同喜好、走不同事業道路的情況。但在某些家族中，卻會出現人才專長、發展方向與追求目標皆高度一致的現象，所以歷史上總有一些諸如軍人家族、士大夫家族、工匠家族等等，至於本文聚焦的企業家族（或稱商人家族），長期以來亦吸引不少人的目光。所謂企業家族，當然指那些家族主要從事商業活動，其行為表現總讓人覺得他們「數口精」，善於投資計算，對市場及經濟波動具敏感觸角，彷彿天生便有那種精於營商的基因，對投身商界、開拓商機具有強烈的意欲及能量。出現這種現象的原因，一方面或者有其先天因素，另一方面則相信與後天的耳濡目染、學習和教化有關。

若細看太古洋行創立以來的發展，不難發現施懷雅家族的多代人都投身商業，亦精通計然之術，對經商表現出過人的靈敏。若再深入一點，更可以清晰地看到，這個家族的一些營商興趣或偏好，其實早在父祖輩已經深深烙印下來，因那一代人長期在商海打滾，更曾遭遇生意失敗、破產收場的痛苦打擊，揭示買賣營商不只是日常生活，而是極為深刻地體會過當中的辛辣艱苦。

祖輩營商的遭遇和教訓

　　無論是家族或企業，有關太古洋行發跡——或者說發展源頭——的「官方」說法，基本上都指向約翰‧施懷雅（John Swire, 1793-1847），視他為創始一代，並將他於 1816 年在利物浦創業視為集團的起點。他剛開始時創立那間公司的名字雖未見記錄，但相信近似約翰施懷雅公司（John Swire & Co），因為他在 1832 年將公司易名約翰施懷雅父子公司（John Swire & Sons Co），按慣常做法，公司的新名稱應與原名相差不遠。至於改名原因，估計是他創業已有 16 年，雖然兒子尚未長大，但已開始思考傳承及兒子接班等安排。

　　不過，追源溯本，從企業家族的角度說，約翰‧施懷雅在 1816 年創業，相信與家族背景有莫大關連，因為其堂兄弟李察‧施懷雅（Richard Swire）、其父森繆‧施懷雅（Samuel Swire, 1764-1839）及與他同名的祖父約翰‧施懷雅（John Swire, 1737-1799，下文稱祖施懷雅）均為商人，反映家族商業氣氛濃厚，家人在茶餘飯後都會論及營商之道。在耳濡目染下，約翰‧施懷雅自小認識到不少做生意的觀念、知識、技巧，社交圈子也以商人家庭為主，日常交際時也會接觸到家族建立的人脈與商業網絡。因此，在深入介紹約翰‧施懷雅如何奠下太古 200 年的根基前，值得先花點時間了解這個企業家族一脈相承的創業故事。

　　綜合各方資料顯示，施懷雅家族的先祖輩乃約克郡（Yorkshire）北部斯基普頓（Skipton）地區一條名叫康隆尼（Cononley）的村莊地主，在那裡生活多代，擁有一個不算很大的莊園。到祖施懷雅一代，由於他是家中次子，沒有繼承權，要過好生活

約翰‧施懷雅

便要靠自己打拚。當時正值英國工業革命，經濟生產和社會結構都有巨大轉變，祖施懷雅決定離開家鄉，移居到約克郡西面一個紡織業剛冒起的重鎮哈里法克斯（Halifax）生活，成為一名布商。有指他的妻子誕下一子森繆·施懷雅後早喪，祖施懷雅成為鰥夫，獨力撫養幼子，終生沒有續弦（Hodgson and Gulliver, 2000）。

　　祖施懷雅早年經商應頗順遂，獲利不少。之後他可能見房地產興旺，故將多年所得投入地產業，帶有今天所謂炒賣房地產的意味。可惜，他的投資目光和運氣欠佳，遇上了市道逆轉，不但本金化為烏有，更於 1795 年被迫破產。商場失利、由富而貧的滋味，相信是苦不堪言，極為難受。儘管有關祖施懷雅破產後的生活或掙扎的資料極少，但對於他破產三年多後走上絕路一幕的描述，已清晰地描繪出他離世時「人又老、錢又無」的悲涼情景：

　　1799 年 2 月一個寒夜，這個 62 歲的老人獨自在回鄉路上消失得無影無蹤，雪地上只遺下馬匹、禮帽和手杖。他的遺體後來才被發現，並送返哈里法克斯安葬。（鍾寶賢，2016：8）

　　對於祖施懷雅的死因，家族中人或者諱莫如深，沒再深究，但不難想像背後帶有濃烈的自殺色彩。無法接受生意失敗，或是破產後生活困頓等打擊，相信是祖施懷雅離奇去世的其中一個可能解釋。

　　祖父於 1795 年破產時，身為長孫的約翰·施懷雅只有兩歲，尚未懂事；而同樣走上從商之路的父親森繆·施懷雅，由於子承父業，主要亦從事布匹生意，他那時的生意按道理應該受到牽連。然而，有關森繆·施懷雅的生意狀況與遭遇的資料，卻同樣十分缺乏。祖施懷雅去世後，身為獨子的森繆·施懷雅自然要打理後事，至於有否父債子還，則不得而知，惟他日後重新上路，繼續

營商，則是十分肯定的。

由於森繆・施懷雅除了約翰・施懷雅外，還育有九名子女，可謂人丁眾多，而約翰・施懷雅年幼時又接受過不錯的教育，相信森繆・施懷雅在父親破產後獨自營商時，應曾有一段風光日子。然而，到了1808年，他本人又因經營失誤而掉進了破產困局。那時約翰・施懷雅只有15歲，已經懂事，亦正在求學，揭示父親的破產應該給他很大衝擊。

但是，由於約翰・施懷雅是在1812年才踏足社會，打工謀生，顯示他沒有因為父親破產隨即輟學，或是被迫出來賺錢養家，原因相信是其父那時只44歲，仍然有能力「擔起頭家」。事實上，以約翰・施懷雅乃家中長子，就算在他之上有多名姐姐，其下也應有不少弟妹，但他仍能繼續求學，可見其父生意破產一事，或者沒給家族財政帶來如想像般的沉重打擊。

進一步資料顯示，到了1812年，約翰・施懷雅開始投身社會，過著受僱打工的生活。他當時作出了一個重要決定，就是受利物浦的城市化吸引，離開哈里法克斯，投靠在利物浦經商的堂兄李察・施懷雅（Richard Swire）門下，為他打工。據說，堂兄早年經營百貨生意，曾於1810年破產，幸好後來迅速東山再起，重新建立了一間規模不大的公司。約翰・施懷雅在堂兄的公司工作了約四年時間，到了1816年，他與其祖父、父親及堂兄般決定自立門戶，人生事業從此發生微妙轉變。

從約翰・施懷雅的家族背景，可看到一些值得注意及思考的重點。首先，其祖、父及堂兄都從商，也曾遇上生意失利，掉進了破產困局，祖父更可能因此而自殺，父親亦無法東山再起，只有堂兄能重新出發，由此可見，當時商場風高浪急，偶有經營不善，便會破產收場。不過，哪怕家族在經營上碰到那麼多不如意事，生意風險亦極高，也沒窒礙約翰・施懷雅的創業心，最終還是選擇從商之路，可見這個家族具有「企業家族」（enterprising family）的色彩——

即是家族上下具有十分濃烈的經商創業精神。

可作補充的是，企業經營要代代相傳著實不容易。據英國學者 Milne（2000: 149-151）的考證，維多利亞時期的英國公司一般壽命很短，粗略估計，在利物浦，1855 年創立的公司，能夠維持超過 15 年，到 1870 年仍然存在的，只有五分一。據另一學者 Ward（1987）的研究，在美國，企業的壽命亦一般不長，十家企業中只有三家能傳過第二代，能傳過三代的只有 16%，絕大多數細小企業的存活時間不超過十年。連在商業制度相對完善而經營環境又較為穩定的 1980 年代，美國企業的壽命與存活率也那麼低，更遑論 200 年前工業革命後不久的英國，Milne 的考證恰好說明了當時企業生存實在不容易，「一雞死一雞鳴」的情況應甚為普遍。

用事後孔明的說法，若然約翰‧施懷雅的父祖輩不是破產收場，太古集團必然可以追溯至更久遠的源頭。儘管從企業存活的角度看，父祖輩的生意只經歷「一代而斬」，但有兩點至為關鍵，則值得肯定：其一是企業家族的經商氛圍與成長環境，應該令約翰‧施懷雅自小耳濡目染，學習了不少計然之術，最後走向創業；其二是父祖輩生意的失敗，應該讓他得到寶貴教訓，領略到企業生存的關鍵所在，有助他創業後行穩致遠，由他創立的太古洋行終於能夠存活下來，並父子相傳，日後成為跨越 200 年的長壽公司。

自立門戶的發展歷程

儘管經營生意風險不少，祖、父及堂兄均曾破產清盤收場，約翰‧施懷雅卻沒因此留下陰影，視創業經商為畏途，而是在堂兄公司打工多年後的 1816 年，毅然自立門戶，自己做起老闆來。按現實環境推斷，創業之初，由於受資金與經營條件制約，他應是在堂兄的公司中掛單——即租或借用堂兄辦公室一角，開始生意經營，相信是從事俗稱「皮包公司」的貿易中介生意。

具體來說，當時在利物浦市內或附近地區，工廠生產的棉紡布匹等貨品，都需要中介人代為推銷，尋找市場；另一方面，廠商又須購入海外原材料或是消費品等，約翰‧施懷雅便是從中找到生意空間，做起「跑單幫」的中介生意，一方面代生產商找銷售渠道，又代尋土產與原料，當然亦要安排運輸物流，以及替客戶交收貨款等。

　　進一步資料揭示，約翰‧施懷雅公司經營的貨品種類繁多，會從南美、北美、加爾各答等產地入口冧酒、糖、棉花、染料、麵粉、咖啡、木材、食油等，又會將曼徹斯特、里茲、謝菲爾德及布雷德福等地生產的羊毛及布匹等，出口至中國、日本及美國（Marriner and Hyde, 1967: 11-12）。期間，他要聯絡各地大小廠商、船公司及貿易行等，接觸到從事這些行業的商人家族，如第一章提及的賀特家族、史葛家族、羅利默家族、畢特菲家族、馬活家族等。經過多次交往接觸，大家對彼此的名號及經營手法已有所聞，要是對方做事能幹、信譽良好，自然會深入結交，成為公司日後發展的重要支柱。

　　可以想像，這種貿易中介生意不用投入太多資本，每宗生意的利潤雖不算多，但若有好網絡，客戶多，又勤奮工作，便能做到貨如輪轉，積少成多，也能賺取不俗的收入。從公司的發展歷程看，約翰‧施懷雅應該是摸索出了經營門路，漸入佳境，有兩點資料可作佐證：其一是他的名字及生意資料，不久就出現在當地商業名錄中，公司登記地址是市中心近海關大樓的「谷柏弄 9 號」（9 Cooper's Row），屬市內黃金地段（Bickers, 2019: 14）；住所則在「上議會街」（Upper Parliament Street），也是不錯的區域，反映他的生意應不斷向好，有餘力改善工作及生活環境（Marriner and Hyde, 1967: 11）。

　　其二是到了 1822 年，已屆 29 歲的約翰‧施懷雅，在創業六年後宣佈結束王老五生活，迎娶瑪莉亞‧羅斯（Maria Louisa Roose）為妻。羅斯小姐的父親莊拿芬‧羅斯（Jonathan Roose）是一名船主，既擁有一定財力，亦熟悉

船務生意，二人聯婚，揭示約翰・施懷雅已在商界嶄露頭角，才能娶得船主女兒為妻，而岳父的船主背景，更為他日後的生意發展提供不少助力。順作補充的是，莊拿芬・羅斯原來亦曾經歷生意失敗，遭到破產的洗禮（Bickers, 2019: 17），只是他能東山再起，可見這段婚姻既是商業家族的結合，又進一步印證經營失敗在當時乃尋常事，往往是一將功成萬骨枯。

婚後，瑪莉亞・羅斯誕下五名子女，其中一名出生不久後夭折，另外兩名未及成年便去世，只有 1825 年出生的 JS・施懷雅（John Samuel Swire）及 1830 年出生的 WH・施懷雅（William Hudson Swire）能長大成人（Bickers, 2019: 15），可見在那個年代，嬰兒及小孩的死亡率極高。憑著那門貿易生意，約翰・施懷雅可養妻活兒，給孩子供書教學，相信他亦如父祖輩般，在日常生活中向孩子灌輸營商計然之道，而兩名兒子長大成人後，果然繼承衣缽，把家族生意發揚光大。

成家立室後，約翰・施懷雅的生意應該發展得更加順利，個人名望及財富與日俱增。不久後，他與不少成功商人一樣，開始參與社會及公益事務，體現「富則兼善天下」、「發財立品」等美德，同時替自己爭取社會地位、認同及名聲。如他加入美國商會（American Chamber of Commerce），成為活躍成員，又曾在一間名為「利物浦護理院」（Liverpool Infirmary）的公益機構擔任董事。值得注意的是，與他同樣名列董事的，有一位名叫約翰・格萊斯頓（John Gladstone）的商人，他正是後來四度出任英國首相的威廉・格萊斯頓（William E. Gladstone）的父親，在共事期間，二人應有不少交流，甚至結為好友。可想而知，透過參與社會事務與慈善公益活動，約翰・施懷雅除了行善積德外，還能建立自己的名聲，編織商業網絡與人脈關係，對生意發展甚有幫助。

到了 1832 年，快將年屆 40 歲的約翰・施懷雅，似乎開始思考家族企業的傳承，故將公司易名約翰施懷雅父子公司（John Swire & Sons Co.）。雖然那

時他的兒子年紀尚幼，分別只有七歲及二歲，但在公司的名字中為兒子設一席位，反映他希望生意能父子相傳，而這一點日後亦如其所願，公司茁壯成長，甚至傳了六代。由於無論公司資金、營商門路，以及人脈網絡等，都是由約翰‧施懷雅一手開展的，並成為日後跨國生意的根基，故溯本追源，把他算作創業第一代，也是家族發跡的起點。不過，部份研究者對企業的創辦年份有不同看法，一指應以 1816 年，即約翰‧施懷雅開始創業那年作起點，另一方則認為應從 1832 年公司正式易名起計算。太古洋行的官方說法是 1816 年，即採納前者主張。

易名後，公司保持發展，貿易生意續見增長。由於累積了足夠的實力及信譽，在 1834 年，約翰施懷雅父子公司獲一家名叫「布羅洛蒂」（Burrow & Nottage）的船公司授權為代理，該公司主要經營英國到丹麥的航線，可見約翰‧施懷雅的公司不再只是經營中介貿易生意了。此外，相信他在英美貿易中亦佔有一定份額，才會加入美國商會，當美國政府在 1834 年增加入口稅時，他亦連同其他利物浦商人提出抗議，反映他在商場和社會上應頗為活躍。

大約在 1830 年代末，約翰‧施懷雅開始把生意網絡擴展至葡萄牙及地中海，主要入口砵酒、魚醬及當地各種土特產。還有，相信是由岳父牽線，他曾於 1840 年入股一艘載重 200 噸，名為 Christiana 號的貨船，嘗試作更多元的投資。可惜，該船於 1841 年 1 月在加勒比海的海地水域航行時沉沒，令他蒙受不少損失（Bickers, 2019: 15-16）。

1847 年 8 月 12 日，約翰‧施懷雅去世，享年 54 歲，兩子當時分別為 22 及 17 歲。據悉，他死後留下 12,000 英鎊遺產，粗略估計約值 2019 年的 100 萬英鎊，即 1,100 萬港元左右，用今天的標準而言並不豐厚，但在那個年代已經是相當大的一筆金額（Bickers, 2019: 16-17）。由此可見，施懷雅家族雖說不上是豪門巨族，但經過約翰‧施懷雅赤手空拳的打拚，家底已相當殷實，留下

了一間基礎穩固的公司。不過，更重要的無形遺產，是個人與家族多代熱衷營商的氛圍、經商原則及作風、商業網絡，以及一盤具發展潛力的生意，這些均成為日後兩子突破發圍的重點所在。

可能是看多了身邊人投資失敗的下場，約翰·施懷雅的經商作風相當穩健，每步都慎終如始，就如中國人常說的「小心駛得萬年船」。他在遺囑中更特意強調這個原則，叮囑兒子緊記。他的臨終遺訓，不但留在JS·施懷雅等兒孫心中，相信也成為太古洋行營商之道。

> 穩健、小心，並要有真誠的信仰，開支上要節約。一旦失去了我辛苦
> 工作給你留下的——你或者會知道，就像很多人的所作所為般——
> 便要面對貧窮的刺肉之痛。（**Bickers, 2019: 16**）

家族中有祖、父及堂兄生意失敗破產的慘痛經歷，岳父亦曾遇上滑鐵盧，他本人投資 Christiana 號貨船又血本無歸，各種切身的投資教訓，讓約翰·施懷雅深刻地體會到，從商猶如在風高浪急的大海航行，偶爾失誤都可能釀成大禍，令公司在商海中沉沒。正因如此，由他 19 歲踏足社會到 23 歲自立門戶，此後經商 30 年，一直步步為營，幸好他的苦心與汗水並沒白費，在城市化與工業化不斷發展的過程中乘勢而起，迎來了愈來愈多的機會，沒如父祖輩般破產收場，更成為一間歷史超過二百年企業的奠基者。

在人生快走到盡頭時，約翰·施懷雅給兒子與後代留下「穩健、小心，並要有真誠的信仰，開支上要節約」的經驗總結，這個擲地有聲的教訓，日後確實影響了兒子的經營哲學，決定了企業發展的成敗，值得重視。無論從哪個角度看，作為太古集團發跡的始祖，約翰·施懷雅窮一生精力打下的商業基石，實在應該得到充份重視和肯定。

守業與開拓並舉的子承父業

對於子承父業，中外社會往往貼上負面標籤，令繼承者覺得有如雞肋，彷彿怎樣做都會被人看低一線。不過對於生長在企業家族的 JS·施懷雅兩兄弟而言，或者並沒太糾結於這些負面想法，也不認為如果無法守業會令自己蒙羞，所以很快便選擇接受父親去世後留下的生意。或許是這種敢於承擔及專注做該做的事，不理會周遭閒言閒語的想法，令他們能積極發展生意，公司很快取得突破，業績節節上揚，擺脫了靠父蔭的形象，亦為公司帶來了脫胎換骨的新景象。

正如前述，約翰·施懷雅去世時，JS·施懷雅和 WH·施懷雅分別只有 22 及 17 歲，長兄剛踏足社會，幼弟則仍然在學。兩人生意及社會經驗欠奉，也未長時間跟隨父親學習實際的營商之道，再加上除了公司改名外，約翰·施懷雅生前未有條理地計劃傳承，這樣的接班安排理論上是相當大的缺漏，很容易產生問題，窒礙企業發展。但在現實上，兩兄弟接班——嚴格來說是長兄主持大局，幼弟因年紀較幼，只是聽從兄長指揮——並經歷一段時間摸索後，很快便掌握了生意經營的竅門，令公司繼續邁出發展步伐。

這裡要先補充一些 JS·施懷雅兩兄弟的成長與教育經歷。據 Bickers 指出，兩兄弟生於利物浦，由於父親在經商過程中積累了一定財富，一家人搬進中產階級聚居的「合寶街」（Hope Street），鄰居多為船主、經紀、律師與圖書館員等，日常來往的多是小康及中上階層的富裕家族。至於兩兄弟求學的地方，相信是默西河對岸具名氣的「羅士曉學校」（Rosehill School），這所學校雖然規模不大，但是由甚有名望的寶文牧師（Revd Edward Bowan）主持，並以「為教育紳士子弟」（for the education of gentlemen's sons）而聞名（Bickers, 2019: 17），反映 JS·施懷雅兩兄弟在富裕環境中成長，並接受過良好的教育。

正因父親在經營上軌道後財富日豐，是新崛起的富裕階層，放假時，一家可能會如其他有閒錢的鄰居般，到離家不遠一個名叫「班哥」（Bangor）的地

方野餐或度假，那是中上階層常去的熱門地點，有輪船及火車可達，交通算是便利（Bickers, 2019: 17）。年輕時的 JS・施懷雅據說曾加入利物浦當地的民兵組織，除接受軍事訓練外，亦會參與一些打獵活動（Bickers, 2019: 17），這是當時社會的高尚消閒，可見約翰・施懷雅的生意已取得一定成績，不吝嗇為兩子提供更充裕的培訓和成長歷練。

以學歷論，雖然 JS・施懷雅兩兄弟都沒有大學學位，似乎不及其後代，但以當時的社會環境及條件而言，他們的教育水平已較同代人高。而且，羅士曉學校不但重視宗教和操行，亦傳授現代知識，幫助學生培養高瞻遠矚的視野，兩兄弟日後能擁有走向世界的商業視野、開拓市場的勇氣、樂於吸收新事物等特質，相信學校教育居功不少。更為重要的是，JS・施懷雅兩兄弟接掌家族企業的年代，正值大英帝國憑著先進科技與強大軍力東征西伐，國力如日方中，工業革命與城市化急速前進，產生了無數新事物，加上父親早年建立的營商網絡——尤其利物浦的商人群體，令他們猶如站在巨人的肩膀上，能夠以極具競爭力的不同創新方法，向全球不同地方開拓生意、搶佔市場。

兩兄弟接掌的只屬小生意，相信員工不多，管理並不複雜，他們自幼對生意經營已耳濡目染，加上學歷不錯，JS・施懷雅本人又天生聰敏，要有效將之管理好，應該不會太困難。儘管如此，JS・施懷雅明顯沒有表現出過度自信或傲慢，而是清楚自己經驗不足，仍然是「新手」，故初期沒有太多改變，反而步步為營，不敢掉以輕心，甚有「謀定而後動」的味道。

在繼承生意之初，相信 JS・施懷雅兩兄弟仍時刻緊記亡父遺訓，經商要「穩健、小心，並要有真誠的信仰，開支上要節約」，所以沒有急於擴張，而是先行鞏固與客戶的關係，包括曼徹斯特、里茲、約克、謝菲爾德、布雷德福等地區的商戶，爭取其信任與支持，亦嘗試掌握他們的強弱與市場需要，以提供更適合的服務或作出生意上的取捨。正因他們採取先穩定業務、不急於發展的

策略，哪怕其正式接班是在父親去世後才開始，基本上仍能順利接手，令公司可以繼續發展。

1848 年，美國西岸的三藩市發現金礦，消息轟動全球，吸引不少人為發財湧往當地「淘金」，「舊金山」之名由此而來；約三年後，澳洲東岸亦發現金礦，尋夢者同樣蜂擁奔至，澳洲日後則被俗稱為「新金山」。JS・施懷雅兩兄弟明顯也很關注這兩波「淘金」與移民的浪潮，認為當中有不少商機。因為他們經過兩年時間的摸索，對公司生意的運作及前景已相當清楚，亦了解若將主力放在國內市場，發展空間始終會受到局限；相反，若能在父親建立的基礎上進一步拓展，擴大海外市場，則有機會令公司規模作幾何級數的上升，甚至成為一間名揚四海的跨國企業。

走出去尋找不同機遇

據說，關於開拓生意，JS・施懷雅有一句格言，便是：「你應向前看，搶佔先機，這比落後於人時才去爭佔位置更可取」（Bickers, 2019: 23）。正是本著這種「向前看，搶佔先機」的營商哲學，JS・施懷雅把父親留下來的小公司發揚光大，並把這種營商哲學或心得傳給子孫後代，叮囑他們學習緊記，這不但給企業注入積極進取的動力，更能維持企業長青，得以代代相傳 200 多年。

JS・施懷雅

至於 JS・施懷雅兩兄弟在這種思想的驅使下，可能早在 1848 年已開始向外闖，但加快外闖步伐與投資力度的舉動，相信是受那兩波「淘金浪潮」牽引所致。

當然，由於亡父告誡他們經營上必須「穩健、小心」，哪怕 JS・施懷雅

雄心勃勃要發展跨國業務，他遠赴美國尋找商機時仍顯得小心翼翼。據估計，他可能約在 1848 年——即舊金山發現金礦時，已踏足美國東岸的重大商埠紐約，翌年再轉到波士頓，目的同樣是為了尋找商機。但兩兄弟明顯有共識，在進行重大投資與開拓之前，必須小心謹慎，事先做好深入了解，掌握市場狀況，評估風險得失，才作出決定。

由於父親的生意過去較集中於北美洲——尤其東岸，該地大物博，又曾是英國殖民地；至於澳洲及紐西蘭更是大英帝國屬土，有很多有利生意投資的條件，所以兩兄弟很自然地把開拓與投資的目光集中於這幾個地方，希望加大與當地的貿易往來，亦特別關注那裡的動態和發展。到了 1854 年 2 月，即兩兄弟正式接班六年多後，幼弟 WH · 施懷雅（當時 24 歲）亦親身前往美國，考察業務。此舉一方面帶有了解當地情況，摸索發展潛力的意味，另一方面相信是為了和他們的客戶或供應商會晤，探討進一步加強生意往來（Marriner and Hyde, 1967: 13）。

據太古洋行的老臣子 JH · 史葛（James Henry Scott）晚年回憶時指，WH · 施懷雅趁著那次美國之行期間，曾在當地創立了施懷雅兄弟公司（Swire Bros Co），但 Marriner and Hyde（1967: 46）在深入考證後則指這一說法沒有確證，認為可能是記憶出錯。儘管如此，自父親臨終至兩兄弟接班初年，他們應逐步強化了與美國方面的生意往來，主要顯示於如下兩個層面：

其一是和利物浦出生並在新奧爾良（New Orleans）經營棉花生意的羅渣士（Thomas Rogers）合作，吸納他成為約翰施懷雅父子公司的合夥人，負責將新奧爾良的棉花輸往利物浦。雖然施懷雅與羅渣士兩個家族素有交往，理應對雙方做人處事頗有了解，但合作過程似乎並不順暢，這次夥伴關係在 1857 年便畫上了句號。

其二是和父親生前已與之有生意來往的狄臣家族（Dixon family）增加合

作，包括投資與業務往來，主要是雙方在深入接觸及商討後，兩兄弟將資金投入到對方旗下一艘名為「Evangeline」號的輪船，[1] 成為股東之一。據悉，那艘船主要往來於利物浦、紐約及新奧爾良，與他們的貿易生意有直接關係。這次投資合作為時較久，也反映當時二人手上的資本較充裕，可以作其他方面的發展了（Bickers, 2019: 22-23）。

儘管有關 WH·施懷雅曾否在美國成立公司一事存有疑問，但他們早期確實增加在當地的投資，惟可能因營商環境不如預期，成績並不理想，或是合作過程中出現新問題，令他們後來收縮了相關的投資。

到了 1855 年夏天，長兄 JS·施懷雅踏上了另一條考察之路，前往被稱為新金山的澳洲，主要留駐墨爾本（Melbourne）附近。據說，他在出發前曾許下「若然不成功，兩年內便返家；若幸運，起碼會在那裡打拚十年」的壯語（Bickers, 2019: 25），反映他相信當地大有可為，若能獲幸運之神眷顧，將會花長時間深耕細作。JS·施懷雅並非以蜻蜓點水的方式考察當地投資，而是深入研究那些他有興趣的生意。例如初時他覺得淘金有機會，於是亦「落場」（參與其中）試試，很快發現這門生意早有太多人參與，已接近飽和，便轉投養羊畜牧之業，後因察覺同樣無利可圖，也沒發展前景，亦毫不留戀地與之一刀兩斷，另覓目標。

最終吸引他的，是老本行的百貨貿易生意。不可不知的是，澳洲的墨爾本於 1837 年正式開埠，設立成為維多利亞州（Victoria）首府時，人口稀少，是自 1851 年發現金礦，吸引了四方八面的移民湧入後，才令社會與經濟結構急變。就以維多利亞州的人口為例，1850 年只有 76,000 人，到了 1855 年已上升至 364,000 人，五年間大增近四倍，作為首府的墨爾本吸引力更大，商業活動在人口急增下日趨熾熱。

由此帶來的是日常生活所需必然大增，JS·施懷雅從中看到商機，於是在

1855 年創立了施懷雅兄弟公司（Swire Brothers Co），主要是從利物浦輸入英國不同地方的貨品（Swire Group, 1996），如愛爾蘭燕麥片、蘇格蘭威士忌、金巴蘭火腿，以及啤酒、豌豆、火藥及地毯等，再把澳洲特產如羊毛、礦產等貨品運回英國，從中獲利（Bickers, 2019: 25-26）。

由於生意具潛力，JS・施懷雅起了留在澳洲大展拳腳的念頭，亦與當地英人社會有更多深入接觸。1855 年，他加入墨爾本商會，獲選為會董，之後更成為當地打獵會（Melbourne Hunt Club）的成員（Marriner and Hyde, 1967: 13-14; Bickers, 2019: 26），連番舉動，可見他積極參與當地政商精英的社交活動，拓展及強化個人商業網絡。

自 1855 年創立施懷雅兄弟公司，至 1858 年離開澳洲返回利物浦，JS・施懷雅在這段期間從事過如下不少生意：

一、開拓航運代理生意：其中重點是代理了伊士梅家族與嚴里爾家族經營的白星輪船（White Star Line）的亞洲與澳洲航線，令 JS・施懷雅對亞洲與澳洲的生意有更多接觸。而這家白星輪船公司，日後建造了當時全球最大的輪船鐵達尼號，最後釀成巨大災難。

二、另組公司在利物浦生產黑啤「Dagger Stout」，再輸往澳洲。此啤酒成為著名品牌，生意日後全交到了與家族有親屬關係的 JP・奧拜恩（Jonathan Porter O'Brien）及其子 P・奧拜恩（Percy O'Brien）手中（Marriner and Hyde, 1967: 53）。

三、與不少同樣來自利物浦的商人家族（例如羅利默家族及馬活家族）進行多方合作，開展綜合投資，例如一方面吸納羅利默家族的成員入股施懷雅兄弟公司，另一方面兩兄弟又投資到「羅利默羅馬公司」（Lorimer Rome & Co）。上文提及的啤酒釀製生意，即由羅利默羅馬公司主導，惟此公司日後出現業務爭拗，最後於 1893 年結束營業。

一方面發展澳洲生意，另一方面維持美洲生意，生意層面與範疇又不斷增加，公司在利物浦的總部，各種事務自然日趨頻繁，令工作能力較弱的 WH・施懷雅在經營管理上大感吃力，加上他的身體健康一直欠佳，於是多次催促 JS・施懷雅返英，主持大局。到了 1858 年，察覺到問題不能再拖之後，JS・施懷雅乃毅然離開澳洲，返回利物浦。

由於十九世紀初葉掀起了闖蕩新世界的浪潮，新舊金山發現金礦尤其推波助瀾，加上本身生意又早與海外世界有多方面的實質連結與互動，令施懷雅兩兄弟不甘後人，先後親赴美洲和澳洲看個究竟，尋找發展機會。雖然美洲方面的開拓無功而還，澳洲的摸索卻找到了一些苗頭，家族生意與投資因此有了不錯的發展，但畢竟不是重大突破，真正令其脫胎換骨、壯大起來的舞台，最後還是中華大地。在澳洲生活期間，JS・施懷雅了解到華工採礦，並代理白星輪船業務等，對中國市場有初步認知和了解，而下一階段，則要待走出去尋找機會時才能發掘得到了。

成家立室的人生另一階段

1847 年接掌家族企業時，JS・施懷雅與弟弟均正值青壯，亦未結婚。隨著時光飛逝，打拚事業、奔走西東近十年後，到了 1850 年代中葉，他們各自都已有戀愛，幼弟 WH・施懷雅由於身在利物浦，有較多接觸本地異性機會。兩兄弟在 1850 年代末先後結婚，既標誌著人生走入另一階段，亦相信埋下日後兄弟分家、各走西東的種子。

承接上文，在胞弟多番催促下，JS・施懷雅於 1858 年回到利物浦，而就在那一年，WH・施懷雅結婚，妻子為瑪莉・馬田（Mary Martin）。原來早在進入 1850 年代時，年過 20 歲的 WH・施懷雅已開始跟瑪莉・馬田戀愛，她的父親森繆・馬田（Samuel Martin）乃利物浦一名保險經紀，大家無論在居

住社區或商業上均有接觸，可能約翰・施懷雅與森繆・馬田之間亦早有交往。WH・施懷雅一人打理業務期間，瑪莉・馬田相信亦曾「幫頭幫尾」，給予助力，兩人在JS・施懷雅未回利物浦之前已訂婚，並在他回來後共偕連理。婚後，夫婦育有五名子女，家庭成員與生活開支等乃有很大變化。

　　胞弟婚後翌年的 1859 年 11 月，已屆 34 歲的 JS・施懷雅亦宣佈結婚，妻子是海倫・費雅理（Helen A. Fairie），她的父親亞當・費雅理（Adam Fairie）來自英國格里洛克（Greenock）地區一個煉糖世家，海倫・費雅理與瑪莉・馬田早有交往，顯示 JS・施懷雅與海倫・費雅理這段婚姻，可能是瑪莉・馬田穿針引線的結果（Bickers, 2019: 21）。婚後翌年，海倫・費雅理誕下一子杰克・施懷雅（英文與祖父相同，都是 John Swire，惟親友一般稱之為 Jack，本書簡稱為杰克・施懷雅）。不幸的是，翌年（1862 年）相信是某次前往渡假時，在希臘一個名叫士米娜（Smyrna）的地方，海倫・費雅理突然去世，年僅 25 歲（Marriner and Hyde, 1967:16; Bickers, 2019: 33）。

　　妻子猝逝，令 JS・施懷雅極為傷心，他把襁褓中的幼子交給胞弟照顧，因胞弟夫婦育有年紀相若的孩子，較為方便，他本人則帶著沉重和悲傷的心情，全心全意地投入到生意之中。據 Marriner and Hyde（1967: 19）的分析，妻子早逝激發了 JS・施懷雅「要創造一份能讓他感到自豪且可傳給子孫後代的生意」（try to create a business that he would be proud to hand down to future generations）的鬥志，當然，初時他亦可能是為了讓自己忘掉傷痛，因此更加埋頭苦幹，寄情事業。直至 19 年後的 1881 年 10 月，JS・施懷雅才續弦，繼室名叫瑪莉・華倫（Marry Warren），她亦來自商人家族，父親是利物浦一名船主，具有一定經濟實力。兩年後的 1883 年，瑪莉・華倫誕下一子，是為 GW・施懷雅（George Warren Swire）（Marriner and Hyde, 1967:16; Bickers, 2019: 164）。

自 22 歲繼承父業，到 37 歲喪妻後決心「要創造一份能讓他感到自豪且可傳給子孫後代的生意」，JS・施懷雅經歷 15 年的磨練，已非吳下阿蒙。多重資料顯示，那時的 JS・施懷雅，不但財力增長了不少，營商經驗亦今非昔比，個人信譽和商業網絡同樣有所深化，可說是能夠更上層樓的條件。

　　在財力方面，到了 1867 年，據說單是 JS・施懷雅個人——即不包括約翰施懷雅父子公司——名下的存款總額，便已達其父去世時留下的 20 倍（Bickers, 2019: 28）。若以當年的遺產到了 2019 年約值 1,100 萬港元計，20 倍即達今日的 2 億多港元了。由此可見，在過去 20 年間，哪怕曾有不少社會與經濟巨大波動，JS・施懷雅的財富卻能保持不錯增長。

　　在商業網絡方面，1861 年利物浦的人口登記資料，指 JS・施懷雅是一名「美洲與澳洲商人」（American and Australian merchant），即是其生意集中於美洲和澳洲。他與前文提及那些在美洲及澳洲均有生意投資的羅渣士家族、狄臣家族、羅利默家族及畢特菲家族等關係深厚，不但在某些生意上充當其代理，在其他不同層面上亦有投資合作，商業網絡之緊密可見一斑。

　　在個人信譽方面，1862 年英倫銀行利物浦代理行對約翰施懷雅父子公司的評語是：「（公司）乃很好信用的代表」（stand in very good credit）（Bickers, 2019: 27-28）。眾所周知，銀行對客戶的信貸評級是以償還借貸為標準的，約翰施懷雅父子公司能獲得如此高評級，反映過去（包括其父親的時期）準時還款的紀錄良好。緊守父訓，經營上時刻保持「穩健、小心，並要有真誠的信仰，開支上要節約」，相信是其中的原因所在。

　　在營商經驗方面，無論是在利物浦、美洲或澳洲，他都表現出對商業環境與商機的敏感度，察覺到哪些生意具發展空間，哪些只是虛有其表，能作出更有利的投資。例如，在澳洲期間，他覺得挖金或畜牧因須太多人投身其中，發展空間不大，於是乃轉攻貿易生意，供給當地愈來愈多的移民，揭示了他生意

觸角的敏銳;而他經營上十分強調「開支節約」,成為能夠獲得較好盈利的關鍵;至於他為自己打造誠實可靠的商人形象,強化與利物浦商人的關係網絡,又屬重要一環。

可以說,生於商人家族,JS·施懷雅明白到企業經營困難不少,商場上尤其風高浪急,偶有不慎便會如曾祖及祖輩般破產收場,於是他時刻緊守父訓,事事穩健小心,當生意能夠順利發展,自然不會出現諸如過度舉債、貨不對辦、商業糾紛等影響商譽或誠信的事情,能在商人網絡中得到更多稱頌與接納,建立更好信譽;而這些被視作「軟實力」(soft power)的東西,又成為他日後能夠揚名立萬的根本所在。

結語

祖孫三代均以營商為業,父祖兩代又曾破產收場,到了約翰·施懷雅一代才算打破宿命,走出企業短壽的詛咒。當他打拚了 16 年,確定公司發展穩定,加上人到中年,自然會想到傳承之事,希望企業能不斷壯大,並代代延續下去。約翰·施懷雅一生努力打下的基石,成為家族發跡的源頭,因此他可被視作創業一代,本書亦以此視之。

利物浦商人領先潮流,到 JS·施懷雅兩兄弟接班後,以良好的教育背景和國際視野,深明全球化所提供的巨大商機,因此選擇了「往外闖」,尋找更大的發展空間。儘管這個過程碰到不少困難與挑戰,但他們緊守「穩健、小心,並要有真誠的信仰,開支上要節約」的父訓,本身也具卓越才幹、辛勤努力,加上大英帝國憑著船堅砲利,所向披靡,在全球不同角落都佔有絕對支配的地位,所以兩兄弟的經營能克服種種障礙,汲取養份,令無論是 JS·施懷雅本人,或是約翰施懷雅父子公司,均能在這個過程中不斷發展起來。當然,從規模和實力上說,那時的約翰施懷雅父子公司仍只是一家中等規模的企業而已,

並不起眼，要待找到更能發揮的巨大舞台，才能施展渾身解數，在英國、中國，乃至世界商業歷史上留下濃彩重墨的筆跡。有關這方面的發展，只能留待俟後各章再作深入討論了。

註釋

1   由於經營輪船需要投入的資本不少，並非很多家族能獨力承擔，銀行借貸與公開集資又不容易，那時英國便興起了由不同家族合股購入或經營一兩艘船的做法，家族很多時亦會利用這種方法擴張船隊，壯大其航運生意。

第三章

太古初開
貿易航運的渾身解數

對於身為「鬼佬」的施懷雅家族，在華創立公司時，竟然改了一個寓意深遠，又令人琅琅上口的名字——太古——一事，坊間有不少以訛傳訛的傳說，例如「情婦寫大吉」之說（即洋行大班問名於華人情婦，她文墨有限，寫下「大吉」二字，卻被誤認為「太古」），或是「大班見大吉」之說（即大班見中國人新年時家家戶戶均貼上「大吉」揮春，知為吉祥之意，本意想為公司取名「大吉」，卻誤寫為「太古」）等等，不一而足。惟據太古洋行老臣子 JH·史葛所言，「太古」之名非民間所謂「大吉」的筆誤，而是出自英國當年駐上海領事、漢學家密特樂（Thomas Taylor Meadows）的手筆，他從中國典籍中得到靈感，想出了這個令人印象難忘的名字，沿用至今（Scott, 1914: 2）。

承接上一章的討論，自 1816 年約翰·施懷雅自立門戶，創立貿易公司，在小心經營並取得成功後，父子相傳。到 JS·施懷雅一代接手，在克服接班問題後，很自然地想到進一步擴張開拓的問題，兄弟二人因此先後踏足美洲和澳洲，尋找發展機會。雖然過程有點收穫，公司亦能不斷發展，但尚未足以令其揚名立萬，躋身跨國大型企業之列，直至他們把發展目光投向中華大地的龐大市場，局面才隨之轉變，太古之名從此家傳戶曉。本章將集中探討 JS·施懷雅這一指揮大局、四出奔走的發展歷程。

決心闖蕩東方的直接開拓

自喪妻後埋首生意的 JS·施懷雅，相信花了不少腦筋與心血，思考 1860 年代英國與世界的商業環境與發展潛能，而他作出的重大結論或決定，相信是往外闖、聚焦東方世界及發展國際貿易。但為何他那時會選擇中國和日本等東方世界，而非西方世界的成員如美國或澳洲呢？相信那與整體歷史和局勢有關。

具體地說，中國自 1851 年起，便深受太平天國之亂困擾，長江以南大片土地遭到蹂躪，商業、生產與生活大受打擊，亂事持續十多年，最終在 1864 年才被平定。在美國，因解放黑奴事件激發內部分裂，導致 1861 年爆發曠日持久的內戰，南北之間互相攻伐，同樣令商業、生產與生活大受打擊，戰事最終於 1865 年結束。從戰火破壞程度、經濟復元速度、對文化及體制的熟悉程度等看，JS·施懷雅那時似乎不應捨西方而取東方，惟現實上他卻偏偏選擇棄美就中，並在 1866 年年底踏上了親赴中國的道路。

對於 JS·施懷雅當時為何採取這種投資方向，不少人都大惑不解，坊間亦少有深入分析，JS·施懷雅生前亦沒作任何解釋，就連家族中人似乎亦說不出所以然。不過，有三項環境因素，或者可以提供一些參考：其一是大英帝國國力如日方中，擁有先進武器，所向披靡，對清政府可以予取予攜，成為英國商人在華發展的強大助力與後盾，對美國政府則不能如此；其二是中國南方雖然受到十多年戰火蹂躪，但全國人口倍多於美國，市場潛力因此亦同比例放大；其三是約翰施懷雅父子公司及他本人西方式的營運與生意網絡具有一定優勢，這些優勢在中國能好好發揮，在美國則未必能如此。

這些都是深層次的商業空間與發展機會評估，因此 JS·施懷雅那時開拓中國市場的選擇，反映他看問題不光看表面，而是極有深度。正因他能更好地把握市場發展潛質與本身優勢所在，那次「棄美就中」的投資方向選擇，結果給

他帶來了家族與事業上的重大突破，施懷雅家族的名字從此與中國緊密地連結在一起。到底JS‧施懷雅在 1866 年踏足中華大地後有何重要舉動呢？創立太古洋行的過程又有甚麼波折或阻礙呢？之後的發展路途又有那些遭遇呢？

1866 年 12 月 1 日《字林西報》（*North China Daily News*）刊登了一份到達上海的乘客名單（passengers list），在長長的名單中，可以找到一個熟悉的名字：JS‧施懷雅，與他同行的是一位名叫朗格（William Lang）的年輕人。朗格的父親乃美國南部一名有地位的商人，可惜公司在 1865 倒閉，朗格乃投靠 JS‧施懷雅。二人不懼旅途險阻千里迢迢從英國來到上海，目的是為公司尋找新出路，開拓投資新戰線。綜合不同資料顯示，他們在 1866 年 10 月從倫敦出發，乘坐鐵行船公司（P&O Steam Navigation Co）旗下的「阿丹號」（Aden），經過近兩個月航程，在 11 月下旬抵達香港，稍作停留後繼續北上，於 11 月底到達上海。

雖說 JS‧施懷雅已定下投資中國的方向，但促使他當時必須動身東來，是另有原因的。原來自 1850 年代起，約翰施懷雅父子公司已開始小規模地把英國的工業產品轉售中國，到 1864 年時，因應中華大地恢復平靜，產品需求增加，他們乃委託瓊記洋行（Augustine Heard & Co）及披士頓布奧洋行（Preston Bruell & Co）作東方代理，[1] 惟後者的表現長期令他不滿，甚至出現帳目不清等問題。於是他派史調爾（R.N. Steele）東來了解，但情況一直未有改善。

JS‧施懷雅早已敲定要發展東方市場，但代理行一環卻出現缺口，這無疑令做事謹慎的他甚為不安與憂慮。最有效的解決方法，當然是自行設立據點，直接開拓東方市場，便能減少被中間人上下其手的機會，亦可降低交易成本。為了更清楚東方市場的情況，JS‧施懷雅決定親自出馬，帶同年輕的助手朗格東來，除了解決披士頓布奧洋行的帳目問題，還有考察生意門路，為另設商行作準備。這亦反映他要增加在華投資是腹稿早定、事在必行的了（Falkus, 1990;

Bickers, 2019）。

事實證明，在上海落腳後不久，JS・施懷雅明顯了解到披士頓布奧洋行的問題積重難返，唯有釜底抽薪，終止合作關係，並立即著手籌組新商行。1866 年，他與 RS・畢特菲達成合作協議，並於 12 月 4 日的《字林西報》上刊登了一則「啟事」（Notice），內容主要是：RS・畢特菲（Richard Shackleton Butterfield）、JS・施懷雅（John Samuel Swire）及 WH・施懷雅（William Hudson Swire）三名合夥人，創立了一家名叫「太古洋行」（Butterfield & Swire，簡稱 B&S，中文發音注明為 Taikoo Yuen Hong）的公司，開始營業。

啟事下方刊出公司地址，為福州路與四川路轉角位置，該址前身乃「費察洋行」（Fletcher & Co，原來的譯名是老吷禮喳洋行）寶號所在（Scott, 1914: 1; Bickers, 2019: 50; 鍾寶賢，2016：28）。也即是說，由約翰・施懷雅創立的家族企業，在半個世紀後終於伸延至中國，將在這個廣闊的舞台上揚名立萬，碩果纍纍。

1879 年出現在 *Chronicle and Directory for China* 上的太古洋行資料，最前的兩個名字分別是身在英國的 JS・施懷雅和上海的朗格。

從「太古洋行」這個中文名稱，未能讓人即時獲悉創辦人的背景及關係

等資料，但從英文名字 Butterfield & Swire 可見，RS·畢特菲的姓氏先行，JS·施懷雅兩兄弟則隨後，反映 RS·畢特菲應佔較重股份或處於領導位置。事實上，若從家族背景而言，來自約克郡布雷福德（Bradford）——準確說應在奇格里（Keighley）及夏和夫（Haworth）地區——的畢特菲家族，在家鄉開辦了羊毛精紡工廠，名聲甚響，產品透過利物浦行銷至全球不少地方。進一步資料顯示，RS·畢特菲是父親老畢特菲（Isaac Butterfield）六名孩子中的長子，看來很早便繼承了家族生意，尤其負起向外開拓的任務，可能早在約翰·施懷雅創業時期，兩個家族已有生意往來，關係菲淺（Bickers, 2019: 50-51）。

為了開拓東方市場，RS·畢特菲早於 1864 年已東來，並同樣委託披士頓布奧洋行作為代理。他與 JS·施懷雅很可能是在處理披士頓布奧洋行一事上加深了認識，有了不少交流與溝通，最後兩人均決定乾脆把代理踢走，自立門戶。RS·畢特菲那時亦身在上海——不排除雙方更早之前已在不同途徑上達成了共識，於是一拍即合，[2] 瞬即創立合夥公司，並在 1867 年 1 月 1 日正式開張營業（Scott, 1914: 1; Bickers, 2019: 50; 鍾寶賢，2016：28）。

在 1860 年代中葉，由於中國及美國先後結束內亂，社會趨穩，開始走向經濟重建，國際營商環境出現了一番轉變，無論是 JS·施懷雅、RS·畢特菲，甚至是另一位與 JS·施懷雅有生意合作的艾佛德·賀特（Alfred Holt），都英雄所見略同地同時看中了中國市場，覺得這個地方更適合他們生意的發展，因而希望加大業務投入。惟代理商表現卻未如理想，令 JS·施懷雅和 RS·畢特菲有了自立門戶，合組太古洋行之舉。可是，這家合夥企業經營不久便出現波折，甚至拆夥告終，其發展進程令人意外，當中原因過去更甚少人提及。

人走留名的繼續發展

正如上一章粗略提及，那時企業的壽命一般不長（Milne, 2000），但儘管

如此，相信不會有太多人預計到，太古洋行創立只有一年多便宣佈拆夥，讓人覺得他們當初走在一起是思慮不周、了解不深的錯誤決定，這亦與JS·施懷雅為人穩健小心、做事謹慎，尤其曾被瓊記洋行大班形容為「一位聰明人，如針般銳利和冷靜」的個性不符（Bickers, 2019: 45）。較合理的解釋，其一是大家均想早日結束與披士頓布奧洋行的代理關係，其二是大家在上海停留時間不長，亦另有不少其他事務處理，所以未能花太多時間互相了解，結果在實質合作後，才發現對方與自己的期望有很大落差，由於分歧矛盾太巨大，已無法妥協或解決，只好手起刀落，早作了斷。

從發展脈絡上看，太古洋行開業後，主要代理兩個家族的貨品。負責推廣業務及營運的，包括前文提及代表JS·施懷雅的朗格，以及一名來自約克郡及曼徹斯特郡的年輕人牛比（R.N. Newby），他乃RS·畢特菲的親信，於1865年被派到上海，了解披士頓布奧洋行的情況。除這兩個家族的代表外，洋行還聘請了到滬不足一年，只有21歲的JH·史葛（James Henry Scott）為洋行總務與管帳（book-keeper and general factotum），管理財政大權，可見他深得信任（Marriner and Hyde, 1967: 23）。此外，還有一位名叫帝沙（De Sa）的葡籍員工，負責文書工作。有了基本班底後，洋行的業務於焉展開（Scott, 1914: 3-5）。

JH·史葛一開始便獲得信任，與他的來頭大有關係，這裡先補充一些關於他的資料。首先，他毛遂自薦，千里迢迢來上海找JS·施懷雅，拿著一封由艾佛德·賀特所寫的介紹信，表明希望能在JS·施懷雅手下工作。艾佛德·賀特是施懷雅家族的老拍檔，他們於1865年聯同多個利物浦家族，合力創立海洋蒸汽輪船公司（Ocean Steam Ship Co），主要從事由英國到東方的遠洋輪船運輸。艾佛德·賀特願意為JH·史葛寫推薦信，揭示二人關係菲淺（Marriner and Hyde, 1967: 17-18）。

此外，JH·史葛本身亦是格里洛克（Greenock）一個顯赫家族的成員，

其父 CC‧史葛（C.C. Scott）經營的「史葛工程造船公司」（Scott Ship and Engineering Co）在當地赫赫有名。由於 JH‧史葛乃第三子，估計在家族企業中難有大發揮，於是寧可另闢蹊徑，外出打工。他初期在格拉斯哥一家銀行當學徒，至 1866 年，決定前往被當時英國社會視為「機會處處」的東方，謀求更好發展。正因來自航運家族，令 JH‧史葛認識艾佛德‧賀特，據說他更獲對方贈送船票，乘坐公司旗下的 Achilles 號東來。在那個年代，遠航船票價值不菲，進一步反映他們有相當交情。

由於太古洋行上至老闆下至員工，當時都是初到上海，對當地營商環境及市場缺乏深入了解，故 JH‧史葛日後把這段創立初期形容為「摸黑前行」（groping in the dark）（Scott, 1914: 3）。或許因起步發展不順，腳步蹣跚，影響 RS‧畢特菲對太古洋行前景的看法，埋下日後分道揚鑣的伏線。但隨著時間推展，洋行的運作漸見暢順，JS‧施懷雅不用再將全副精神投放在上海的生意上，於是在 1867 年 4 月轉往日本，籌劃創立另一間貿易公司，打算與在中國時做的一樣，直接開拓當地業務。

太古洋行的業務漸入佳境時，RS‧畢特菲與施懷雅兄弟之間的分歧卻不減反增，甚至到了無法再合作的地步。到了 1868 年 8 月，即洋行成立不足二年，他們決定「和平分手」。至於拆夥的方式，有說法指是 RS‧畢特菲退出上海太古洋行，JS‧施懷雅兄弟則退出他們早前與 RS‧畢特菲合夥投資美國的生意（Marriner and Hyde, 1967）。即是說，中國的太古洋行生意此後由施懷雅兩兄弟擁有，美國的生意則由 RS‧畢特菲本人獨資擁有，兩者再不相干。

然而，這次拆夥並沒「公告天下」，施懷雅兄弟又選擇保留洋行原來名稱，即英文的 Butterfield & Swire Co 及中文的太古洋行；加上 RS‧畢特菲又在 1868 年底退股不久突然去世，由於大家對事件了解不清，令結果本屬好來好去的分手，惹起不少流言蜚語，甚至有謠言指當時太古洋行陷入財困，RS‧畢特

菲之所以早逝，是因擔心債務虧損云云（Bickers, 2019: 80）。這些謠言雖不至於嚴重影響洋行的生意，相信亦對施懷雅兄弟做成一定困擾。

雖然太古洋行成立一年多便拆夥的確實原因已無從考證，但最大的可能相信是「脾氣不合」（incompatibility of temperament），主要合夥人性格迥異、處事作風不同，引致關係破裂。有研究指，RS‧畢特菲和 JS‧施懷雅同屬性格強硬固執之人，說話率直，律人律己都相當嚴格，共事時難免會出現「火星撞地球」的情況，若無法成功磨合，便會一拍兩散（Marriner and Hyde, 1967: 21）。

事實上，被形容為「虔誠衛理會教徒」（an earnest Wesleyan Methodist）的 RS‧畢特菲，雖然節約勤勞，做事認真，但亦有主觀極強、不近人情的另一面，相信與 JS‧施懷雅合作起來時，容易出現問題。特別是公司運作初期不太順利，他一旦對某些事有懷疑，便很容易產生信任問題，據說這亦成為他們的「分手理由」，綜合的分析是「性格與信任問題」（a matter of personality and trust）（Bickers, 2019: 50-51）。

雖然洋行以畢特菲的姓氏先行，但三位合夥人卻有兩位來自施懷雅家族，所以出現 RS‧畢特菲離去的結局。當然亦不排除是因為他不看好中國市場，偏好美國市場，所以選擇主動離去。須作補充的是，雖然施懷雅兩兄弟與 RS‧畢特菲分手收場，但事件並沒影響他們與畢特菲家族的關係，兩個家族仍維持不少業務往來與投資合作，例如 RS‧畢特菲胞弟 HI‧畢特菲（Henry Isaac Butterfield）便多次投資在由施懷雅家族牽頭的生意中，日後的太古輪船和太古糖廠，便是其中例子。

據說，在退股時，RS‧畢特菲曾答允以年息五厘借出 4 萬英鎊給 JS‧施懷雅，支持太古洋行的生意發展，惟這一承諾卻因他在該年年底突然去世而未能全部兌現。為此，JS‧施懷雅曾入稟法院，向其遺產執行人追討，相關糾

照片左邊為太古洋行建築物

紛引人關注。在法庭訴訟上，JS‧施懷雅曾說出當年導致分手的一些原因：「畢特菲先生在我要求下從我們公司中退出 —— 他苛索太多，太令我困擾」（Marriner and Hyde, 1967: 21），辛辣言詞其實亦折射了大家「火星撞地球」的強硬性格。

　　無論是家族分家，或是企業拆夥，其實都有助消除內部矛盾與困擾，令各方的責任更加清晰，因此往往能夠提升企業的積極性和主動性。太古洋行的情況明顯亦是如此，在接下來迎來了更突出的發展。舉例說，RS‧畢特菲退出一年多後的 1870 年，太古洋行已因業務不斷擴張，而在香港、[3] 橫濱及福州開設分行，之後再增加了汕頭、天津、漢口、大阪、廈門和芝罘等地的業務，可見其開拓步伐加快（Marriner and Hyde, 1967: 21; Beasdale, 2002: 130-141）。這些發展腳步，相信又讓 JS‧施懷雅更加確信自己的投資目光，尤其是對中國市場的判斷，於是有了下一階段更為遠大的生意擴張。

　　儘管與 RS‧畢特菲的合作並不愉快，但雙方的商業互動，其實帶出第一

章提及的利物浦商人網絡，這裡值得多作一點補充。在環球商業體制尚沒今天發達的年代，由生產貨品，到運輸至海外市場銷售，再到資金回流生產者手中，整個循環系統十分漫長，牽涉不少複雜環節，無論資本、精力及時間投入均甚為巨大，由此引伸的風險自然不少。為了應對這些一環扣一環的投資風險，利物浦商人以家族為單位，並以情誼、誠信、擔保及互相投資等不同元素，打造商業網絡，藉以化解投資風險，提升生意效益。除了一般貿易的代理安排外，關係更為緊密的老客戶，會採取一種稱為「共同帳戶」的合作方法，讓大家建立利益共同體關係。

就以太古洋行代理曼徹斯特的棉紡織品銷往中國為例，張仲禮、陳曾年、姚欣榮（1991：23）的研究提出了具體的運作和安排。他們指出，來自曼徹斯特的巴洛家族（Barlow family）與施懷雅家族建立共同帳戶，當巴洛家族把貨品委託太古洋行銷售時，會承擔相當於發票價格五分之二的資金，施懷雅家族則承擔餘下的五分之三，付款方式是約翰施懷雅父子公司給巴洛家族發出六個月期票作為貨款，巴洛家族若有資金需要，可拿著這期票到銀行貼現借貸。該批貨品會由太古輪船運輸到華，出售並扣除開支後，把淨收益按比例分配，屬於巴洛家族的一份以滙票形式寄回倫敦，使期票兌現，完成整個合作循環。

推而廣之，太古洋行代理的其他大宗商品，甚至是中國貨品如茶葉、絲綢等輸往英國，均按照這一模式進行，令資本流轉更為有效，大家分享利潤，亦可減低投資風險。更為重要的，是讓不同享名聲、有誠信、具實力的商人家族建立起緊密的商業關係，如前兩章及上文提及的賀特家族、史葛家族、羅利默家族、畢特菲家族、馬活家族、嚴里爾家族、伊士梅家族及巴洛家族等等，均通過了考驗，大家互有不少商業往來，又是利益的「命運共同體」，關係緊密自不待言。而這個商業關係網絡一直成為施懷雅家族開拓新市場、創立新生意時的重要支撐。

太古輪船的揚帆出海

　　全球化 2.0 年代其中一項重要的技術突破是交通運輸，無論是早期的蒸汽火車及輪船，或後期的飛機，施懷雅家族都有積極投資，在相關行業扮演了重要角色。這裡先談輪船業，下一章再談飛機航運業。輪船如火車般，是大型交通工具，又能跨地域運輸大量貨品，令遠洋貨運的成本大幅降低，有助客貨流通。隨著造船技術的進步，洲與洲之間的距離大大縮短，跨洲貿易越見蓬勃，商業目光銳利的 JS・施懷雅，顯然如不少走在時代尖端的企業家般，洞悉當中的機會，因此盡一切努力集結資本，投入其中，奠下家族企業發展的極重要基石。像他那般別具視野的船主們，成為連結全球不同地方的推手，領導角色之重，可想而知。

　　無論約翰・施懷雅或是 JS・施懷雅兩兄弟，他們從事跨國貿易日子不短，對航運生意應該都不陌生。他們在生意有一定發展之後，亦曾把資金入股貨船（上一章提及的「Evangeline」號輪船）的合夥經營，雖然虧損收場，但基本上沒影響他們對航運生意潛力無限的判斷。更重要的是，在 JS・施懷雅心目中，航運生意與其國際貿易的中介代理可以相互配合，產生「肥水不流別人田」的界外效益。

　　自蒸汽輪船投入市場後，航運業的發展前景更是看好，不少商人均加大投資，如上一節提及，賀特家族於 1865 年創立海洋蒸汽輪船公司（Ocean Steam Ship Co），[4] 與他們有不少生意往來的施懷雅兄弟亦以 WH・施懷雅的名義入股，開始了施懷雅兄弟與賀特兄弟在投資方面的緊密合作，太古洋行則成為這家輪船公司的東方代理（Marriner and Hyde, 1967: 17-18; Falkus, 1990: 5），標誌著施懷雅家族的航運生意向前邁進一大步。

　　1869 年，蘇彝士運河開通，從此由英國開出的輪船，不用沿非洲西端經好望角繞個大圈再至亞洲，而是能經地中海，穿蘇彝士運河而入，「令中國與

歐洲之間的航程大大縮短了 3,000 公里」（Falkus, 1990: 6），至於蒸汽輪船的進一步發展及投入，加上蘇彝士運河開通後的有效運作，令東西貿易有了更大發展，東方的貨品可以更新鮮快捷地大量運到歐洲，價格下降，吸引更多顧客，銷量自然大升，太古洋行的代理生意發展更順利。

從太古洋行的發展中，JS・施懷雅應該發現，由於中國地大物博，人口眾多，其國內的航運市場其實亦潛力巨大，值得投資開拓。為此，他曾游說多年好友艾佛德・賀特，尋求進一步合作，創立專營中國航運生意的公司。惟艾佛德・賀特鍾情跨國遠洋航運，對中國國內航運興趣較少，因此只肯作為新公司的小股東，不願成為領軍人。由是之故，JS・施懷雅決定親自擔大旗，主導發展計劃。

經過連番努力，尤其以個人與家族關係，透過利物浦商人群體進行私下集資，JS・施懷雅除了獲得賀特家族的資金，還有諸如來自利物浦的雷夫邦家族（Rathbone family）、伊士梅家族（Ismay family）、嚴里爾家族（Imrie family）；來自倫敦的戴爾家族（Dale family），以及來自曼徹斯特的巴洛家族（Barlow

航行中的太古輪船

family）等支持，籌集到多達 36 萬英鎊的開業資本，於 1872 年在倫敦註冊成立了中國航運公司（China Navigation Co，俗稱太古輪船公司）。順作補充的是，這些家族與施懷雅家族交往多年，甚至已超過兩代人，在多方生意、投資及股份互控等上有緊密交往。

公司選擇在倫敦註冊，一來因為早在 1870 年，約翰施懷雅父子公司已由利物浦搬到倫敦，太古輪船在那裡註冊成立，可更好地配合公司發展；二來因倫敦作為英國首都兼國際大都會，具有突出的國際網絡與地位，總部設在那裡，更有助業務拓展（Marriner and Hyde, 1967; Bickers, 2019; 鍾寶賢，2016）；三來是太古洋行於那年獲英國及外國保險（British & Foreign Assurance）與皇家交易保險（Royal Exchange Assurance）這兩家英國著名保險公司委任為代理（Swire Group, 1996: 14），航運與保險唇齒相依，業務相互糾纏，公司總部集中在同一地方，自然更有助溝通互動。

這裡須先介紹創立太古輪船前中國航運市場的情況。第二次鴉片戰爭之後，中英簽訂了《天津草約》及《北京條約》，允許外國貨船在中國指定商埠航行，因此在 1862 年美資旗昌洋行在上海開創了中國第一家外資航運公司——上海航運公司（Shanghai Navigation Co，俗稱旗昌輪船公司）。由於搶得頭啖湯，旗昌輪船公司的生意發展不錯，之後雖有寶順洋行、瓊記洋行及渣甸洋行的輪船先後投入競爭，力圖分割市場份額，但都一一被擊退，旗昌輪船的業務幾乎壟斷了整個市場（張仲禮、陳曾年、姚欣榮，1991；劉詩平，2010）。JS·施懷雅很可能亦是看到當時市場的局面和特質，才作出了開拓中國航運市場的決定。而且他不懼強敵，反而擺明車馬要與旗昌輪船直接競爭，這相信是考慮到自己背後有眾多實力雄厚的利物浦船主及巨商支持有關。

要打勝這場硬仗，資金與人才缺一不可。由於有利物浦的家族網絡支持，彈藥糧草已備，接下來便是挑選領軍人物。JS·施懷雅選定了早年隨他來華的

朗格，擔任太古洋行及太古輪船的實務領導。朗格在洋行工作多年，深受 JS·施懷雅信任，並於 1869 年獲吸納為合夥人，填補 RS·畢特菲離開後的空缺。同時，由太古洋行作為太古輪船的總代理，讓兩者的業務有前文提及的互利互惠界外效應，可以有更好的發揮。

朗格無疑具有突出的領導才幹，明白要讓新開辦的太古輪船打開局面，最重要是覓得能全面掌握輪船實務與推廣客戶（俗稱「攬載」）的人才，主管其事。在多方打聽與考慮後，他於 1873 年聘任來自澳門的 HB·安德葛（Henry B. Endicott，另譯晏爾吉）及鄭觀應，前者擔任太古輪船「航運專員」（類似船務經理），後者出任太古洋行買辦，即是一人掌船務運作，一人負責推銷。由於兩人對航運業操作十分熟悉，亦深懂商場的競爭竅門與客戶所需，基本上合作無間，太古業務亦磨拳擦掌，準備好挑戰國內航運業的龍頭旗昌輪船公司。

在討論太古輪船的發展前，先介紹 HB·安德葛及鄭觀應這兩位新添猛將。先說 HB·安德葛，他乃歐亞混血兒，是澳門土生葡人，家族在澳門定居多年，與瓊記洋行有深入交往，其父 JB·安德葛（James Bridges Endicott）從事輪船物資供應的生意，與蜑家「鹽水妹」吳亞嬌走在一起，誕下 HB·安德葛，之後老安德葛與吳亞嬌分開，HB·安德葛長大後被父親安排到美國接受教育，學成返華後，精通中英葡三語。他先是參與家族生意，後來轉到瓊記洋行工作了一段不短時間，主要是參與船務經營和管理，並因這方面的背景獲朗格看中，在 1873 年時「挖角」到太古輪船，那時 HB·安德葛已年逾 50 歲，是一位具深厚經驗的老行尊（Bickers, 2019: 68-69）。

至於鄭觀應，他祖籍中山，家族早年移居澳門，其父鄭文瑞從商，家底殷實。由於寄望考取功名，鄭觀應早年讀的是四書五經，惟童試屢試不第，至 17 歲時轉到上海學習商務，並自修英文。之後，他因掌握中英雙語，加上天資聰敏靈活，獲親友舉薦為寶順洋行買辦，曾參與寶順洋行與旗昌洋行在航運生意

上的角力。1867 年，寶順洋行破產，[5] 鄭觀應改為自立門戶，涉獵航運生意，並與「說起英語來就像一個英國人」的渣甸洋行上海買辦唐廷樞，以及其他中山籍買辦們一起入股英資公正輪船公司（Union Steam Navigation Co），可見他在不同層面上對航運生意了解不少。正因鄭觀應具有與別不同的航運生意背景，更對國內外的商業環境有深刻認識，他同樣獲得朗格招手，於 1873 年加入太古洋行擔任買辦（劉詩平，2010；鍾寶賢，2016；Bickers, 2019）。

招聘安德葛和鄭觀應的同時，JS · 施懷雅還祭出一招先聲奪人的絕技，便是授權朗格，收購正籌劃賣盤的公正輪船公司。原來，由於經營表現欠佳，公正輪船公司早打算退出市場，正四處物識買家，惟當時有能力接手的只有旗昌洋行，故旗昌洋行擺出高姿態，將收購價壓得極低。當雙方僵持不下時，JS · 施懷雅指示朗格乘虛而入，以迅雷不及掩耳的速度與之達成交易，以 26 萬兩白銀收購了公正輪船公司的輪船及資產（劉討平，2010：200）。[6] 此舉不但將旗昌洋行殺個措手不及，亦令太古輪船可以即時開門營業，因為公正輪船公司旗下除擁有兩艘輪船「惇信號」（Tunsin）及「記連加號」（Glengyle）外，[7] 還在上海法租界及長江口岸設有碼頭、岸邊浮標及倉庫等，太古不用再花資金及時間，興建相關的基礎設施，實在一舉多得，極有效益（張仲禮、陳曾年、姚欣榮，1991；Bickers, 2019: 71-72）。太古輪船之後再委託格拉斯哥一家名叫安吉利士（A&J Inglis）造船公司訂造輪船，名為「北京號」，於 1873 年落水投入服務（Marriner and Hyde, 1967: 60）。

可以這樣說，太古輪船創立時的多番投資、聘任與收購佈局，揭示了以 JS · 施懷雅為最高指揮的領導層，對不同層面的問題早已考慮周詳，因此能作出迅速有效的決定，任用賢能，讓他們在不同崗位上發揮所長。太古輪船正式開業後，作為新加入的競爭者，當然想盡辦法打響名堂，吸引更多顧客，故他們從服務入手，對大小客戶同樣歡迎，不會把小客戶拒諸門外或冷面相對。這

種以客為先的「攬載」招式，不但成功招徠生意，更令公司與大小客戶建立良好、穩固的長期關係，因此生意滔滔。

挑戰旗昌輪船的結局與連鎖效應

俗語有云：「多個香爐多隻鬼」，航運生意亦然。作為市場壟斷者的旗昌洋行，對太古輪船加入市場，由於覺得其規模不及自己龐大，初期表現得漠視輕敵，一心以為這家公司只能如其他小型船公司般，從事低端業務，主流業務基本上不能與自己匹敵；若太古輪船敢染指他們壟斷的航線，他們只要打出減價戰便能輕易將其擊倒，繼而吞併。儘管突襲公正輪船一事已預見了太古輪船不能小覷，但旗昌輪船依舊表現傲慢，未有把這個剛投身市場的對手放在眼內，結果付出沉重的代價。

開局已氣勢如虹的太古輪船選擇正面迎擊，開設與旗昌輪船相同的航線，迫使旗昌輪船使出減價戰這種以本傷人的招式，而且減幅巨大。然而，令旗昌輪船大感意外的是，JS・施懷雅不但沒有驚惶失措，陷於困窘，反而表現得有備而來、成竹在胸，不徐不疾地以更大的減幅反擊，此舉雖令太古輪船收入大減，但對旗昌輪船的傷害卻更為巨大。結果，旗昌輪船主動求和，JS・施懷雅那時乃由英國親赴上海談判，最終於 1874 年達成了「齊價」協議，共同分享長江上下游航線的市場。儘管雙方具體

太古輪船安信號

佔比不詳，但作為新秀的太古輪船，能與原壟斷者旗昌輪船分享市場，畢竟極具意義，JS·施懷雅對此高度重視，自不難理解（張仲禮、陳曾年、姚欣榮，1991；劉詩平，2010）。

令太古輪船在這次直接對碰的競爭中「以小勝大」的關鍵，自然是朗格、HB·安德葛及鄭觀應這個表現卓著的領導班子，他們管理太古輪船時，推出很多促銷並能提升營運的方法，如強調理性管理、重視服務細節、關心客戶需求、注意船隊效率等。他們也獲得豐厚的財富及名望作回報，如朗格分享了作為合夥人的利潤、HB·安得葛獲得了僅次於JS·施懷雅的高額年薪，而鄭觀應則贏得了「太古鄭」的頭銜，反映他為太古洋行作的巨大貢獻及影響力（Bickers, 2019: 70）。

知人善任，令人才發揮重大作用，當然乃太古輪船在這次短兵相接獲勝的重中之重，但策略運用得宜，才是致勝所在。割喉式減價戰不利原來的壟斷者，道理很簡單，作為市場壟斷者，佔有絕大多數市場份額，減價意味著總收入銳減，幅度愈大，傷害愈大。但是，對於新投入市場者，特別是太古洋行這類具實力的競爭者而言，由於沒有原來的市場與收入包袱，輕裝上陣，所以具有很大的減價空間，不怕大幅減價，相信這亦是JS·施懷雅放手讓領導班子硬碰硬的原因，作出比旗昌輪船更大的減幅，終令其求饒，回到談判桌上。JS·施懷雅亦表現出大將之風，見好便收，於是有了共享市場的「齊價」協議。

因應太古洋行與太古輪船在這場割喉式競爭後和氣收場，太古系業務更為繁盛地發展起來，JS·施懷雅於 1874 年更作出了重大人事佈局，包括吸納夏理臣（W.D. Harrison）及 JH·史葛為合夥人，提升其積極性與投入感。接著的 1875 及 1876 年再吸納金維爾（Frederick R. Gamwell）與麥景濤（Edward Mackintosh）為合夥人（Bickers, 2019: 80），前者是 JS·施懷雅左右手，負責倫敦事務，[8] 後者乃太古洋行創立時首位到來打理業務的員工，兩人均是跟隨

JS·施懷雅多年忠實部下。[9]

太古輪船毅然進入中國航運市場，無畏旗昌輪船壟斷的強勢，以進取方式迎擊減價戰，最終取得勝利，奠下市場地位。這時，中國航運市場其實亦正在發生重大變化，其中尤以兩股競爭力量——輪船招商局及渣甸洋行——的不斷壯大，最備受注視，極為深刻地左右了市場的發展。

先說輪船招商局。洋務運動期間，時任北洋大臣李鴻章等改革派官員，看到中國航運市場竟然完全由洋資企業壟斷，對國內物流是一個安全隱患；再加上中國幅員廣大，滿清政府亦需要有效的漕運及海運，以處理稅收糧食等運輸，故李鴻章於 1872 年上奏朝廷，建議設立一家「商為承辦、官為維持」，俗稱「官督商辦」的輪船公司，獲得通過。於是，1873 年 1 月輪船招商局正式誕生，中國有了國營的大型航運公司。

由於公司帶有「官」的色彩，優勢與缺點無可避免地共存，起步階段走得很不暢順，效率與競爭力均難以發揮。為此，到了 1873 年 7 月，李鴻章決定把深諳航運事務的渣甸洋行上海買辦唐廷樞「挖」過來，任為「總辦」，交予管理大權，至於另外兩位同樣對洋務及商業有深厚了解的成員——徐潤及盛宣懷——亦加入輪船招商局，令其氣象一新，競爭力驟升，成為一股不容小覷的市場力量。初期，輪船招商局較集中於官府漕運生意，與旗昌、太古輪船等尚未有直接競爭，但隨著業務不斷擴展，大家就難免要「兵戎相見」（朱蔭貴，2008）。

再說渣甸洋行的航運業。過去靠走私鴉片起家的渣甸洋行，因應 1850 年代末鴉片「合法化」後厚利持續下滑，乃籌劃開拓其他生意，而方興未艾的中國航運業，成為吸引其投資的重點所在。經過連番綢繆後，渣甸洋行於 1873 年斥巨資成立了華海輪船公司（China Coast Steam Navigation Co），經營重心放在天津與上海之間的航線上，並如太古輪船般，擺明車馬挑戰旗昌輪船，採

取先發制人的策略，先行發起減價戰，迫使旗昌輪船以降價回應，然後雙方回到談判桌，達成了「齊價」協議，分享市場份額（劉詩平，2010：209-210；鍾寶賢，2016：35）。

也即是說，旗昌輪船與太古輪船就長江航線的直接競爭「和氣」收場之後，輪船招商局與渣甸洋行的旗下華海輪船又雙雙進入市場，令市場變得「擠逼起來」，角逐日趨激烈。一如所料，起初只是某些航線的重疊，或是攬載貨客時的明爭暗鬥，但隨著業務不斷發展，很自然地會觸碰到更大層面的市場份額如何分配的問題。為追求利潤，各方人馬自然互不相讓，演變成割喉式價格戰，以求將對手趕出市場。

具體地說，輪船招商局擺脫創立初期的弱勢，運費回到具競爭力的水平，加上有官營優勢，在全國有不同航線，足以與旗昌、太古及渣甸三家洋行旗下的輪船公司競爭，令這些外資大為緊張，並化敵為友，聯合起來，意欲以「三合一」對抗輪船招商局，一場牽涉更多航線、降幅更大的減價戰由此而生。儘管三家洋資意圖合力擊潰輪船招商局，但自由市場下，減價戰的競爭一視同仁，一家減價，各方只能跟隨，否則便會門堪羅雀，所以必然同受牽連。而要在這場混戰中取得勝利，公司的財力、營運效率以及領導能力是關鍵所在。

由於 JS・施懷雅的營商哲學一直強調企業要盡量減輕成本，以維持市場競爭力（Bickers, 2019: 81），太古輪船在這次來勢更猛的價格戰中，雖然盈利銳減，但仍站得住腳。華海輪船的經營效率雖不如太古輪船，但畢竟背後的渣甸洋行財力雄厚，所以哪怕盈利大幅下滑，仍能勉強撐持。與之相對，過去壟斷市場的巨頭旗昌輪船可謂最受打擊，在大規模減價戰的衝擊下四面受敵。由於過去不少航線都由其一家壟斷，養成了經營成本較高、運作欠效率等尾大不掉的問題，並在全面開放競爭後一一暴露出來，令客源減少，收入大跌，市場份額不斷萎縮，甚至瀕於破產邊緣。

經歷接近兩年的價格戰，到了 1876 年，旗昌輪船的母公司旗昌洋行，決定出售其手上擁有的輪船、碼頭、貨倉及航線等直接與間接利益。原因有三，一來旗昌輪船虧損連年，資金流動日益困難；二來他們覺得中國航運市場的競爭太大，自身的營運效率難及同業，發展空間不大；三來老家美國正大力投資修築鐵路，急需大量資本投入。更令人意外的是，旗昌洋行沒有找同聲同氣的太古洋行或渣甸洋行，而是接洽輪船招商局，雖說可能是因為他們經評估後，覺得轉售輪船招商局的出價會更高，但這亦反映旗昌洋行與其他兩家洋行的矛盾，畢竟，與其爭奪市場的最大對手，還是太古洋行與渣甸洋行。

　　對於旗昌洋行有意轉售旗下一切投資和生意，退出在華業務，唐廷樞、徐潤和盛宣懷在深思細慮後認為機不可失，於是向全國籌集資金，於 1877 年 2 月宣佈全面收購旗昌輪船，成人之美，讓旗昌洋行套現，把資金投回美國市場。此舉相信是中國歷史上首次由華資企業收購洋資企業，令招商局一躍成為中華大地最大的航運公司，完成收購後擁有 30 艘輪船，而那時渣甸洋行和太古洋行只各有八和六艘而已（鍾寶賢，2016：37）。這次收購舉動，可說寫下中國航運業重要一筆。

　　接近兩年的減價戰，導致旗昌輪船易手，無疑令輪船招商局一度氣勢如虹，促使太古洋行和渣甸洋行採取進一步減價手段。雖然問題似見惡化，然而各方也開始出現了應該坐下來談判的氣氛。結果，在同年 12 月，太古輪船率先和輪船招商局達成為期三年的「齊價」協議：長江航線，太古輪船佔 45%，輪船招商局佔 55%；上海至寧波航線，雙方各佔一半。為此，JS・施懷雅又如上一次般專程由倫敦到華，與輪船招商局簽訂協議。半年後，渣甸洋行亦與輪船招商局達成為期三年的「齊價」協議：上海至天津航線，華海輪船佔 40%，輪船招商局佔 60%；上海至福州航線，雙方各位一半（張仲禮、陳曾年、姚欣榮，1991；劉詩平，2010：212）。從此，三方確定了市場份額佔比，乃全心全

力投入發展業務。

　　資本主義社會的其中一項指導思想是市場競爭，在單一貨品或服務市場中，要擊倒財力與經營欠佳的企業，價格戰是最直接和最有效的武器。精通商戰的JS・施懷雅顯然深明此道，亦相信一早已做好準備，所以在成本控制、資本支援及領導層的應變三方面大花心血，讓太古輪船在那場曠日持久的割喉戰中佔盡上風，聲名鵲起，哪怕輪船招商局收購了旗昌輪船後在市場擁有巨大力量與優勢，仍能在長江航線的「齊價」協議中佔比達 45%。相對而言，資本實力與政治影響力均較雄厚，又是英資龍頭的渣甸洋行，旗下的華海輪船在上海至天津航線只能佔 40%，相比之下，太古輪船無疑是小勝一回（劉詩平，2010；鍾寶賢，2016）。

胞弟退股的內部再分裂

　　在你死我活的市場競爭中低估對手，或在戰爭中輕敵，以為必勝，均可能

太古輪船下水

會造成致命打擊。在對戰的過程中，哪怕早已進行全面的沙盤推演，每一步都有相應對策，局勢仍可能有出乎意料的演變。因此自掀開了價格戰後，JS·施懷雅時刻關注事態發展，以便及時應對，最終才能取得勝利。然而，就在結果未定之時，家族內部卻出現嚴重紛亂，令其不得不分神處理。至於價格戰結束後，又遇上國際經濟環境下滑，促使他必須絞盡腦汁，綢繆應對。若非有強烈的事業心，作為家族及企業領軍人的他相信早就放棄拓展，改為守成享受人生了。

具體地說，當熱愛工作的 JS·施懷雅全心全力開拓中國及日本的貿易與航運生意之時，其弟 WH·施懷雅則負責管理位於倫敦的約翰施懷雅父子公司，惟他一直覺得工作量過多，壓力沉重，難以應對，連生意不斷取得突破性成績亦未能提振他的熱誠及投入感。雖然隨著業務擴充，公司已聘用了更多人手協助，但最後他仍因工作壓力及私人理由而選擇離去。由於約翰施懷雅父子公司是兄弟二人共同擁有的公司，弟弟求去不但令領導層出現空缺，JS·施懷雅要在倫敦中國兩邊奔走，更會影響公司財政，牽動整個集團的發展前路。而且兩兄弟當初接手公司，自然是希望兄弟同心，繼承父業，故弟弟的決定無論在公在私，都一定大大影響到 JS·施懷雅。

上一章曾提及，WH·施懷雅較兄長早婚，並育有二子三女。不幸的是，妻子瑪莉·馬田健康欠佳，經常臥病在牀，難以兼顧日常家事與相夫教子。WH·施懷雅的身體狀況亦非理想，不如胞兄般身壯力健和充滿活力，常因不適而無法費神工作，由於自覺難以單獨應對沉重的工作量，故在 1858 年時，他才會多次催促兄長自澳洲返英。

到了 1869 年，結婚 11 年的瑪莉·馬田因健康惡化去世，享壽未滿 50 歲。此噩耗不但令 WH·施懷雅大受打擊，自此更要父代母職，照顧一眾年幼子女，同時打理約翰施懷雅父子公司日見繁重的公事；再加上當時岳父的健康

轉差，他亦要分神照料，並協助處理其名下的生意及相關事務。他本已是體弱多病之人，一時間連串重擔壓在身上，自然精疲力竭，身心健康都出現問題，甚至無法上班，令約翰施懷雅父子公司的工作積壓日多（Marriner and Hyde, 1967; Bickers, 2019）。

在深入思考後，WH·施懷雅多次向胞兄提出退股要求，但因退股必然要「埋單計數」，牽動資本撤離，所以兩兄弟曾作多次周詳討論。據悉，WH·施懷雅於 1876 年決定退股時，他在約翰施懷雅父子公司持有的股權資產為 136,819 英鎊，以公司當時的財政和投資狀況而言，要即時支付這個天文數字，必然會帶來極巨大的壓力。再加上當時太古輪船正與旗昌輪船、華海輪船及輪船招商局進行減價戰，企業財政吃緊，若此時突然抽走巨額資金，這場仗太古必輸無疑。

幸好到了 1876 年，兩兄弟終於達成共識，決定以逐步退股的方法讓 WH·施懷雅退出，他可即時取得 36,819 英鎊，餘下的 100,000 英鎊則以借貸方式支付——其中 20,000 英鎊於 1878 年支付；80,000 英鎊從 1882 年起分期。但後來付款方式有變，80,000 英鎊的尾數轉為存入兩兄弟的合夥帳戶，作繼續投資之用，到了 1880 年代底，帳戶內的金額已增值至 210,037 英鎊（Marriner and Hyde, 1967: 25）。[10] 自此，兩兄弟分道揚鑣，WH·施懷雅靜心休養，JS·施懷雅則留下繼續打拚，但公司名稱仍保持下來，不作任何改變，相信是為了紀念父親約翰·施懷雅的一份心意（Marriner and Hyde, 1967; Bickers, 2018; 鍾寶賢，2016）。

可惜，退股後的 WH·施懷雅並沒因工作減少而卻病延年，健康反而每況愈下，後來甚至長期臥病在床。退股八年後的 1884 年 7 月 14 日，他在久病不治下去世，享年只有 54 歲（Marriner and Hyde, 1967: 22）。至於他的五名遺孤，相信 JS·施懷雅就如對待自己兒子一樣，雖未能時刻陪伴在旁，但亦會提

供最好的照料。不過，從日後約翰施維雅父子公司或太古洋行的高層中均不見WH·施懷雅兒子的身影，反映就算兩家人私底下過從甚密，公事上應分得乾乾淨淨了。

在WH·施懷雅退出公司時，據說JS·施懷雅曾想引入新合夥人，[11] 填補資金缺口，但反覆思慮後最終沒落實，寧可自己「頂硬上」，在資金緊絀的情況下繼續經營，相信是擔心核心企業引入合夥人，容易出現意見分歧及爭拗。最終，他成功「捱」過了那段困難時期，並在日後的區域與環球經濟逐步復甦中，迎來更好的發展。

相較十年前RS·畢特菲因爭拗而拆夥，胞弟的退股肯定令JS·施懷雅更感失望及不解，甚至影響兄弟情誼。雖然情感上他或者未能釋懷，但從現實意義上，胞弟離開反而有「修剪家族樹」的效果，即如中國文化中的分家，令股權更集中於JS·施懷雅一房，能增加發展積極性，提升決策效率。至於他在胞弟退股後，推動公司發展時更能按照自己的心意，也更能表現出堅定的決心與鬥志。而無愧於亡父的期許，成為他最大的心願與寄託。

處理胞弟退股一事時，雖然太古輪船與旗昌輪船、華海輪船及輪船招商局的減價戰仍然持續，但旗昌輪船敗象已呈。當解決了退股問題後，輪船招商局收購旗昌輪船已成定局，之後太古輪船、華海輪船和輪船招商局三方達成齊價協議，這發展對於剛走出「分家」困擾的JS·施懷雅而言，無疑是十分重要的消息，因為兩個同時困擾他的不確定因素先後順利解決，讓他可以集中精力發展業務。

不過，消除內外發展困擾之後，地區與環球經濟卻陷入衰退，無論是太古洋行的國際貿易，或是太古輪船的中國航運生意，發展均欠理想，營業表現每況愈下，惟JS·施懷雅一直堅持「穩健、小心」與「開支上要節約」的經營原則，令太古系企業始終能以較輕成本，應對困難和挑戰，日後更能拓展更大市

場，取得更好更大成績。

逐步擴張的穩中前進

　　積極進取且具創新精神的企業家，就算其企業已表現理想，盈利豐厚，他們仍不會滿足，當發展達到一定水平後，又會爭取更高水平；當手上儲有一定「彈藥」（資本），且遇到突然湧現的機會時，會馬上抓住，進行發展，令企業不斷壯大擴張，成為業務多元化的集團。在企業家的身上，彷彿有用之不盡的精力、滿足不了的胃口，時刻都在綢繆如何更好地發展生意，尋找商機。

　　JS‧施懷雅正是企業家精神的好例子，他在 1870 至 1880 年代發展的多項生意，無疑是最好的印證。這裡先列舉一些規模較小的生意擴張，在下一章則重點探討更為巨大的策略投資，從而思考這種「永不滿足」的企業家背後的人生與事業追求特質。作為一家從事國際貿易的公司，JS‧施懷雅的發展目光，一直不只集中於英國、中國，或是美洲、澳洲；聚焦的生意，亦不只是貿易、航運，基本上是機會主導、利潤掛帥，與同年代強調自由經濟，不怕冒險，足跡走遍全世界的大多數英國商人並沒甚麼兩樣。

　　1870 年代初完成創辦太古輪船，令其揚帆出海後，JS‧施懷雅因為本身貿易生意的發展需要，於 1873 年在紐約創立施懷雅兄弟公司（Swire Bros Co）。之所以要在美國另起爐灶，相信與太古洋行 1869 年的「拆夥」事件有

太古輪船提貨單

關。根據當時的協議，中國的太古洋行留給施懷雅家族，美國的生意則全歸 RS·畢特菲（Bickers, 2019）。因此，JS·施懷雅若想繼續發展美國的生意，便需要另立寶號。在經過一段時間思考與籌劃之後，到了 1873 年，他直接在美國創立子公司，相信是延續過去約翰施懷雅父子公司在美國的貿易生意，包括各種各樣土特產與生產原料，尤其棉花、水果、靛青、麵粉等等（Bickers, 2019）。而上一章提及的狄臣家族，相信是這家公司的合夥人之一。

在美國創立施懷雅兄弟公司翌年的 1874 年，JS·施懷雅遇到了另一個有助擴張業務的好機會，惟那時他資本緊張，無法獨力投資，於是再一次想到透過固有商人網絡，尋找合適的合作夥伴。這次他找來的，就是下屬 JH·史葛的兄長，以及前合夥人 RS·畢特菲的胞弟，而透過這次合作，他因此亦擴大了生意層面與規模。

事緣史葛工程造船公司手上有三艘已鑄造完成的輪船遭原客戶「撻訂」（即落了定金後不履行合約），於是只好另覓買家，並找上了 JS·施懷雅。由於輪船的質素有保證，且屬現貨，出價亦相對便宜，JS·施懷雅當然覺得大有可為，值得買入，發展另一市場層面的航運生意。但當時他不少資金積壓在中國的航運業，又經歷長時間與旗昌輪船的「價格戰」，手上資本不足。但他並沒放棄這次大好機會，而是在深入思考後，游說 JH·史葛的兄長 H·史葛（Henry Scott），以及自兄長去世後成為家族領軍人的 HI·畢特菲（Henry Isaac Butterfield），[12] 聯手購入（Bickers, 2019: 85）。他更指，該生意可由太古洋行擔任總代理，以減少他們在營運管理等層面的煩惱。

建議最終得到兩人的接納，他們乃於 1875 年創立了海船組合公司（Coast Boats Ownery Co）。最先下水投入市場的，是「福州號」和「汕頭號」，之後因擴張業務又先後訂購了「牛莊號」、「烟台號」和「溫州號」等。海船組合公司主要經營中國沿岸非定點及非常設的航運服務，最大特色是由北（牛莊）而

南（汕頭）的包船，承載客貨，以把北方大豆與豆餅南輸為最主要業務（Swire Group, 1996; 鍾寶賢，2016；Bickers, 2019）。

　　同樣在 1875 年，因應英國棉紡產品出口大增的情況，太古洋行特別在曼徹斯特這個主要生產地設立分公司，處理當地各類棉紡出口，當中大部份產品輸往中國，揭示其自 1870 年代起對東方的貿易與投資不斷增加，甚至成為約翰施懷雅父子公司的營業額與投資中最重要的生意。與此同時，倫敦蘭開夏保險公司（London and Lancashire Insurance Co）亦在 1875 年委任太古洋行為遠東的保險生意代理，可見太古洋行的保險業務亦不斷發展（Bickers, 2019）。

　　除此之外，太古洋行在中國的航運業務亦不斷發展。太古輪船與華海輪船及輪船招商局在 1877 年簽訂各主要航線齊價協議的六年後，各方因應市場發展再進行連番談判，並於 1883 年達成新協議。出現這些變化的主要原因，是

1910 年準備下水的山西號

太古輪船與海船組合公司合併，組成更為龐大的公司，並擴張了北洋航線（上海至天津）。至於競爭對手渣甸洋行，則見長江航線有利可圖，故於 1879 年創立揚子輪船公司，參與長江航線的生意，後因應資源及強化競爭力，又把華海輪船與揚子輪船合併為印華輪船公司（Indo-China Steam Navigation）。但輪船招商局在這段時期沒有作出相應的擴張舉動，結果在敵進我退下，太古輪船和印華輪船所佔的市場份額有增無減，輪船招商局則不斷萎縮。[13]

到了 1886 及 1892 年，三方因應市場轉變，還簽訂了兩次齊價協議，總體狀況是太古與印華輪船的總體份額有所增加，輪船招商局則一再減少（張仲禮、陳曾年、姚欣榮，1991；劉詩平，2010；Scott, 1914; Bickers, 2019）。以上進程，多少反映了 JS・施懷雅領導下的太古輪船，生意與投資基本上都朝著持續壯大與發展的道路前進。

在 1870 至 1880 年的 20 年間，在 JS・施懷雅帶領下，以約翰施懷雅父子公司為領導的整個集團，無論是航運、貿易或保險，三者均有不錯發展，原因與這三項生意存在相互牽連、共生共榮的關係有關。扼要地說，貿易需要航運配合，而航運與貨物貿易又需保險包底，可見三者之間環環緊扣，令約翰施懷雅父子公司、太古洋行、太古輪船，乃至保險代理等不同業務與投資之間，有了不少協同效應，無論貿易、航運均在那段時期錄得不錯發展，保險生意亦水漲船高，施懷雅家族的財富因此亦持續攀升。

結語

企業要做大做強，領軍人必須具備一股常人難及的雄心，熱切追求更大成功，同時又要有不屈不撓、不怕吃苦的鬥志；懂得知人善任、靈活變通，當然亦十分重要。從本章的發展進程看，自 1867 年在上海創立太古洋行，然後又有不同生意投資和擴張，過程看似一帆風順，其實曾遭遇不少挑戰，包括內部

矛盾與分裂、外部對手的割喉競爭與虎視眈眈。任何挑戰若然處理不當，應對失敗，均可令企業在競爭激烈的商海中被淘汰，甚至沒頂，如 JS・施懷雅祖輩的企業般破產收場。相信是汲取了先輩的教訓，尤其緊記父親生前留下做生意必須「穩健、小心」與「開支上要節約」的經營原則，JS・施懷雅不但在商場中左右馳騁，更把旗下生意愈做愈大，不久即蛻變成一家規模宏大的國際企業。

作為一家生意分佈全球不少重要城市，投資又牽涉貿易、航運及保險等不同層面的企業集團，其發展可以不斷取得突破，在各種競爭和挑戰面前輕鬆應對、克服種種困難，JS・施懷雅的領導自然極為重要，但同樣不能忽略或抹煞的，還有管理團隊的努力和貢獻。因為 JS・施懷雅一直需要在全球奔走，不可能長期留在一個地方，或是走上前線，所以只能作方向性指揮，而因應時、地與市場環境變化作實務性管理的責任，便落到那些深得其信賴的骨幹領導身上，像朗格、JH・史葛、金維爾、麥景濤等沒有投入資本的合夥人，他們來自商人家族，具有深厚商業經驗與知識，不但貢獻了一己才能，亦發揮了高度積極性和主動性，令整個集團可以應對不同挑戰，不斷發展，他們所扮演的角色，自然不應被忽略。

註釋

1   瓊記洋行乃老牌美資洋行，於 1841 年由赫德家族（Heard family）創立，主要從事茶葉、絲綢等貿易，當然亦有參與鴉片輸華。1860 年代初，此洋行開始成為約翰施懷雅父子公司的代理。披士頓布奧洋行成立於 1864 年，主要由利物浦商人披士頓（George F. Preston）和布奧（Samuel Bruell）合夥組成，前者乃洋酒經紀，後者是船務經紀，主要代理英國商人的貨品，包括畢特菲家族的棉紡貨品及施懷雅家族的百貨（Bickers, 2019: 43）。

2   此點反映在 WH・施懷雅的名字亦包括在內，而他那時不在上海，揭示創立合夥公司的做法，應該早有定案。

3   相對於渣甸洋行，太古洋行在香港的發展不但相對較遲，亦較淺。雖則 1867 年底 JS・施懷雅由倫敦東來時先在香港短暫停留，之後才轉到上海，但論真正開展業務則是立足上海，香港的位置較為次要，直至 1881 及 1900 年，才在香港籌劃創立太古糖廠及太古船塢。

4   由於這家公司旗下的輪船，燃煤的煙囪均塗上了藍色漆油，格外耀目突出，讓人留下深刻印象，因此又被俗稱為藍煙囪輪船公司。

5   正如上一章提及，早年的企業，壽命一般不太長，惟社會往往相信，倒閉者多為實力有限的中小型公司，但其實就算像寶順洋行這樣，曾在鴉片走私中獲取巨大利潤壯大起來的大公司，亦並非「大到不能倒」，而是同樣會在投資失誤時遇上市場逆轉、債台高築，於風高浪急的商海中沒頂，可見投資及經營風險之高，時刻不能輕視。

6   另一説是 19.9 萬兩白銀，折合值 6 萬英鎊（Bickers, 2019: 65）。

7   這兩艘船雖較為殘舊，但翻新後仍然可用，待日後新訂造的輪船相繼付運，投入服務才被淘汰，太古輪船的船隊自此讓人耳目一新。

8   金維爾在 1858 年已來到東方，乃絲綢核查師，對絲綢有深厚了解，初時在一家名叫邵立利洋行（Shaw Ripley & Co）的公司工作，後來自立門戶，代理曼徹斯特的棉紡織品，但相信生意載浮載沉，沒有太大發展，所以到了 1875 年，他獲邀加入約翰施懷雅父子公司，成為合夥人，並一直在那裡協助 JS・施懷雅打理業務（Marriner and Hyde, 1967: 23）。

9   麥景濤亦來自商人家族，其父乃西印度商人，因經營不善而破產，他因此亦如朗格一樣，走上了為人「打工」的受僱道路。早期在利物浦任貿易文員，1869 年轉到約翰施懷雅父子公司，負責船務工作，1870 年 5 月被調到東方，主持香港辦事處業務，並因在經營管理上取得突出成績而獲提升為合夥人（Bickers, 2019: 59）。

10   從 1882 年的 80,000 英鎊，八年間增加了 130,037 英鎊，可見公司獲利不菲，WH・施懷雅選擇退出，在投資角度而言實在不甚明智。

11   太古洋行雖吸納了朗格、JH・史葛及麥景濤等員工為合夥人，惟他們都沒投入金錢資本，只貢獻人力資本，所以未能填補資金缺口，JS・施懷雅寧願以減少其他投資與壓縮開支等方法應對。

12   此點亦説明，雖然 JS・施懷雅與 RS・畢特菲 1869 年「分手」收場，日後甚至出現糾紛，但兩個家族仍能維持穩固的商業友誼，某層面上反映無論拆夥或糾紛，都有對事不對人的理性色彩，甚為難得。

13   輪船招商局收購旗昌輪船後，鄭觀應在唐廷樞游説下離開太古洋行，轉投其下，此舉曾令他與太古洋行鬧得極不愉快（夏東元，1995；陳麗蓮，2011）。雖則如此，鄭觀應離開後，太古洋行的天津買辦仍由其胞弟之出任，其中山同鄉及親友莫幹生亦獲聘為太古洋行的香港買辦（莫應淮，1985；丁新豹，2009），至於其他諸如楊梅南及李享衢等，則隨著太古洋行生意不斷擴大，成為上海及汕頭等地的買辦。

第四章

開設糖廠
投資香港的另闢天地

成功企業家的其中一些重要特質，包括熱愛工作，有用不完的精力，時刻不能停下來；其次是對生意發展總有滿足不了的胃口，一心希望不斷壯大自己的商業王國，哪怕生意已取得不錯成績，令人羨慕，身家財富多到一生花不完，仍表現出一種未能滿足的狀態，渴望開拓其他生意，而當機會出現，評估過後覺得有發展空間時，便會立即出手，緊抓不放，哪怕花盡心力、傾盡投資，亦要爭取成功。這種追求是享受開拓過程，並非為了成功目的，從這點而言，JS · 施懷雅的行為，其實與經濟社會學家熊彼得所定義的創新式企業家的若干特質，呈現不少相似之處（Schumpeter, 1934）。不過，激發 JS · 施懷雅決心進軍煉糖業，據說還有一個另類原因，便是他曾在航運生意上受渣甸洋行大班威廉 · 凱瑟克（William Keswick）的盛氣凌人刺激，要還以顏色，將其擊倒，於是決心進軍對方壟斷的生意，與之直接競爭（Bickers, 2019）。

對於競爭對手之間的爭奪和怨憤，外人難以置喙，惟從企業精神角度說，JS · 施懷雅具有對事業或建立心目中商業王國的追求，哪怕他已創立了一個跨國企業，奠下個人在航運及國際貿易的重要地位，名成利就，而且已年過半百，進入行將就木的暮年，仍表現得極為進取，不斷尋覓商機，時刻了解競爭對手的一舉一動，將心比心地思考生意經營的成敗得失。這樣的一種經營及發展態度，相信促使他在 1880 年代作出連番重大的策略調動，除了上一章提及合併太古輪船與海船組合公司，強化航運生意競爭外，還決心走進實業生產，1881 年在香港創立被稱為他「最後的兒子」的太古糖廠（Taikoo Sugar Refinery Co）。[1] 到底這次重大投資的來龍去脈如何？建廠過程遭遇何種挑戰？投產後有何表現？產生何種影響？JS · 施懷雅的人生又出現了何種變化？本章聚焦於此作出說明，從而分析 JS · 施懷雅的企業家精神與人生重大追求。

投身實業的營商方向調整

從現實意義上說，代理中介的生意，其實不用投入太多資本，亦不牽涉生產技術與程序。正因如此，JS·施懷雅的父親當年選擇作為代理人，相信是因可投入的資本不多，投資回報期不長，可以掌握的事情則較多，即是投資風險可以盡量減少，當然，投資回報亦不會太高。至於JS·施懷雅兩兄弟接掌父業後，由於羽翼未豐，初期亦沿著這個方向走，但在他們建立起穩固的商業網絡、積累一定資本、擁有相當的工業生產知識後，尤其當發現製造業可獲得巨大的利潤回報時，自然大力開拓。在香港設立煉糖工廠，進軍煉糖業，是其中備受注目，亦令太古洋行名聲更響的重要投資舉動，本章將聚焦於此，了解當中的來龍去脈。

在深入討論之前，要先回答 JS·施懷雅是基於哪些因素而選擇將煉糖廠設在香港。香港開埠後雖說主力發展轉口貿易，但並不表示沒有發展實業。煉糖業曾經名揚亞洲，而最先將這行業引入香港，並以現代化機械設備進行生產的，則是渣甸洋行。該行於 1875 年成立中華煉糖廠（又名中華火車糖局，China Sugar Refinery Co），設於港島東角（即今日銅鑼灣），所產食糖因質優味美，行銷中華大地、日本、東南亞、澳洲等市場，將那些以傳統方式生產的土糖打得落花流水，可謂壟斷了東亞。

煉糖作為一種「落地」生產的工業，不如輪船航運般具有「流動性」，選擇已經闢作殖民地的香港落腳，自有一定重要考慮。至於數量龐大的生產原料，主要來自華南、台灣、東南亞，製成品則主要輸往中華大地與日本。無論原料輸入或製成品輸出，均需輪船配合，銷售渠道由洋行自己代理，一項投資即可令集團旗下不同業務獲得更好發展，產生明顯的「肥水不流別人田」效果。由此可見，那時渣甸洋行選擇在香港開設煉糖廠，實在是很有商業頭腦的精明決定。

在發展中國航運市場時，太古洋行曾先後多次與渣甸洋行交手，討價還價的談判過程自然不會氣氛融洽，言笑晏晏，據說 JS·施懷雅在交手期間曾受了威廉·凱瑟克不少鳥氣，甚至損害到太古洋行的商業利益，令他曾先後說出「他恨我如毒藥」（he hates me like poison），以及「沒事情比打倒凱瑟克更能令我高興」（nothing has pleased me more than beating Keswick）等「氣」言（Bickers, 2019: 83），反映他對渣甸洋行及威廉·凱瑟克的積怨。事實上，同樣為英資洋行，渣甸洋行因為財雄勢大，又在英國及港英政府具濃厚的政治影響力，常予人橫蠻霸道之感，長期被視為「遠東的強大獨裁者」（powerful Dictators of Far East）（*Hong Kong Telegraph*, 31 March 1882），無論是對政府官員，乃至同行或競爭對手，總是表現出高高在上、咄咄迫人的傲慢態度。

從某個角度看，JS·施懷雅對於商人參政，或是與政府過從甚密等行為，一直表現得甚為不屑。他十分強調商人應一心從商，把工作放在首位，不要如某些商人般染指政治（這裡應是另有所指）。他本身的核心興趣或一生精力也集中於此，極不願意分心於政治之上。他甚至看不起那些爭取政治事業或是喜好政治名譽的人。他日後亦曾告誡有意競選國會議員的 JH·史葛，勸他不要因政治而傷害了投資，認為投資才是生存的依靠（Marriner and Hyde, 1967: 2）。至於令 JS·施懷雅對商人染指政治那麼反感的深層次原因，相信亦與渣甸洋行一直自恃有政治後台，恣意攫取利益，對其他市場參與者不公的個人感受有關。

商業腦筋靈活、投資目光銳利的 JS·施懷雅，很明顯亦看到把煉糖業設在香港的好處，以及此生意與太古洋行其他生意相輔相成的關鍵，尤其可讓航運及貿易兩項核心生意獲得更好發展，填補旗下輪船去程或回程的船艙空位，降低平均運輸成本，有助提升協同效應。更為重要的是，他擁有進入這一行業所需的生產技術及商業網絡，因為他亡妻的父親費雅理家族，乃英國格里洛克的

煉糖世家,他要投身其中,自然很容易就能夠找到支援。也即是說,一方面是利益的考慮,另一方面是為了整個集團內部業務的互相配合,加上生產技術的門路,JS·施懷雅要創立煉糖廠,無疑是萬事俱備,只欠東風,而那個東風便是資本。

為此,他一如創立其他生意時那般,向利物浦的商業網絡入手,一眾深交多年的商人家族則作出了積極回應,包括賀特家族、伊士梅家族、嚴馬里家族、巴洛家族、狄臣家族及賀爾家族(Hall family)等均投入資本,作為始創股東,令太古糖廠在很短時間內集得19.8萬英鎊的資本,隨即於1881年6月邁出實質的創建腳步,[2]密鑼緊鼓地準備購地興建工廠、訂製機械設備、物色廠務領軍人等(張仲禮、陳曾年、姚欣榮,1991;鍾寶賢,2016;Marriner and Hyde, 1967; Bickers, 2019)。

不過,投資糖廠一開始便遇到小風波,原來JS·施懷雅在香港覓地興建廠房,並看中鰂魚涌海旁一塊地皮,此事為渣甸洋行知悉,據鍾寶賢所述,後來該地皮被政府公開拍賣時,卻被人「試圖抬價,最終令地皮成交價跳升至近四萬五千港元,遠超太古預期」,JS·施懷雅對這種惡意行為則報以「一件瑣碎惱事……有如兩位大將軍爭奪帝國時,其中一人在對方床上放了一隻蚤子一樣」的幽默回應(鍾寶賢,2016:56-57),施懷雅家族與凱瑟克家族之間的矛盾和競爭,可謂不講自明。

從某個角度看,JS·施懷雅決心進運煉糖業,在香港設廠,應是既有情感主導的恩仇考慮,又有經濟主導的利潤考慮,當然還有商業管理上如何讓不同投資與生意相輔相成,發揮協同效應的綜合考慮。不同因素之間,又揭示了同屬英資的太古洋行與渣甸洋行之間應有不少裂痕嫌隙,並非如坊間所想的異國遇同鄉,定必較他人親近。相反,由於他們在政治參與、待人接物上存有甚大分歧,再加上生意有直接而激烈的競爭,故互相看不過眼亦不足為奇了。

此外，JS・施懷雅進一步斥巨資於中華大地，既說明過去投資回報令其滿意，亦折射他認為中國——或者說東方世界——龐大市場潛能仍有待開發，他樂意投入其中，甚至不惜以個人誠信押注，向利物浦商業網絡籌集資本，結果則證明其決定正確，太古糖廠甚至是整個太古集團，隨後迎來更為耀目的發展。

開設糖廠的進程和遭遇

常說「萬事起頭難」，誠然，要開創一樣新東西、興辦一種新事業，由於沒有先例可循，沒有任何頭緒，大家總是舉步維艱，不易進行。創新型企業家當然明白當中的問題和困難，並總是憑著那份執著與堅強的意志，想方設法令其創意與構思得到落實。毫無疑問，JS・施懷雅提出創立太古糖廠一事，雖並非創新，染有更多像是經濟學家卻士拿（Israel Kirzner）心目中「模仿式企業家」的色彩（Kirzner, 1973 and 1979），但要言及履及地令這種創立企業的行動得到落實，還需講得出、做得到的堅強意志。到底 1880 年代初，JS・施懷雅在香港開設煉糖廠一事的進程及遭遇如何呢？

一如任何重大工業生產，在集結資本進行建設時，必然要考慮工廠選址、交通網絡、能源及原材料供應，甚至勞動力與製成品銷售等實務性問題。太古糖廠的情況則略為複雜，因為公司一開始就決定原材料由外地輸入，製成品輸往外地，主要運輸工具則是輪船。正因如此，在選址上，除了要求有足夠平地興建工廠及員工宿舍，還要靠近深水海岸，用以興建吃水夠深的輪船碼頭。由於整個工程規模不小，尤其牽涉開闢山坡、挖深海床、修築堤岸及收集水源等重大工程問題，不但要投入的資本較多、所花的時間亦較長。

從資料上看，這個被形容為 JS・施懷雅「最後的兒子」（the last child）的太古糖廠（Marriner and Hyde, 1967: 98），廠房建築等基本設施於 1883 年初落

太古糖廠

成，之後便是安裝當時最先進的生產設備，當各項測試完成後於 1884 年正式
投產，並委任了在煉糖生產方面具深厚經驗的蘇格蘭裔麥賢泰（John McIntyre）
出任廠長。太古糖廠的成立刷新了多項香港紀錄：其一是廠房樓高六層，乃當
時香港島最高的建築物，並率先引入電燈照明。其二是投入生產後，它成為亞
洲最大煉糖廠，產量在全世界排第二位。其三是彈丸大小的香港，一時間有了
三間煉糖廠，產品行銷亞洲甚至全球，可謂盛極一時（Bickers, 2019: 98）。

　　不幸的是，太古糖廠起步不順。投產時的 1884 年，滿清與法國因安南
（越南）問題開戰，影響市場氣氛，然後是國際食糖市場因歐洲及亞洲產量
過剩而崩潰，糖價大跌，掉進、「生產一噸虧蝕一噸」的局面，令工廠蒙受巨

大虧損，作為工廠領軍人的麥賢泰因管理方式古板，未能因時制宜，調整產量，最後被 JS・施懷雅解僱，改由擁有化學博士學位的德國籍青年工程師科恩（Ferdinand H. Korn）接替（Bickers, 2019: 83-84）。

在那個國際食糖市場的低迷期，受打擊的不只是新投產的太古糖廠，還有渣甸洋行的中華糖廠和華商創立的利源糖廠，其中後者經營狀況更差，虧損更巨。JS・施懷雅相信也一度面目無光，曾指糖廠「損害我們的信用和聲譽」，因他發起這項生意時曾誇下海口，承諾糖廠每年可為股東帶來 8%-10% 的股息回報（Marriner and Hyde, 1967: 101 and 109），惟那時形勢急轉，不但派股息無望，股本更因虧損而萎縮，情況令人擔憂，對他亦甚有壓力。

投產首年的太古糖廠虧損嚴重，當中原因除了糖價大跌，還有產量未能完全用滿，令平均生產成本高企。到了翌年，一方面原材料來價因市場低迷而大幅下調，另一方面則是產量全面開動，令平均生產成本驟降，競爭力亦有所提升，經營條件大為改善。為此，儘管糖廠仍未能獲利，但因財政狀況明顯改善，加上太古洋行免去了糖廠的代理費用，1885 年，JS・施懷雅首次向股東們派息 5%（Marriner and Hyde, 1967: 101）。

JS・施懷雅那次派息舉動，雖有兌現早年集資時所下承諾的色彩，但更重要的目的，相信是為了即將與渣甸洋行進行的談判創造有利條件。原來那時太古糖廠正私下與渣甸洋行大班展開談判，希望能如航運生意般達成某些互不競爭協議，避免割喉相殘。太古糖廠向股東派息，自然是要向對方傳遞一個清晰信息：太古糖廠資本充裕，不怕打持久戰。

進入 1886 年，持續低迷的食糖市場首先將資本實力不足的利源糖廠淘汰，迫於無奈以 190 萬港元的價錢，把廠房及一切生產設備售予中華糖廠，渣甸洋行吞併利源後，實力自然壯大不少（*Hong Kong Daily Press,* 4 February 1886）。不過，JS・施懷雅顯然沒被這局面嚇倒，而是宣佈再次向股東派息

5%，哪怕當時糖廠未有利潤，太古洋行仍免去所有代理費用，自然是為了再次證明自己實力雄厚，無懼對抗到底。

之後，太古與渣甸洋行應該達成了私下協議，減少割喉式直接競爭，國際食糖市場隨後亦逐步走出低谷。正因種種經營環境改變，太古糖廠在 1887 年立即錄得巨額利潤，若與中華糖廠比較，更顯得異常突出。就以資本投入和利潤金額為例，中華糖廠的總投資額達 43 萬英鎊，1887 年錄得的利潤為 19.9 萬港元；太古糖廠的總投資額不及其一半，只有 19.8 萬英鎊，但同年錄得的利潤卻達 45 萬港元，倍多於中華糖廠，其投資效益的高低，可謂一目了然（Marriner and Hyde, 1967: 101）。

生意投資之所以充滿風險，是因為市場存在很多不確定因素，非個人力量或主觀意願可以轉移，哪怕事前作好周詳計劃，亦無法確保萬無一失，當出乎意料的事情發生，沒法順利解決時，便只能如利源糖廠般被別人吞併，市場弱肉強食之殘酷，清楚明晰。毫無疑問，1884 年那場國際食糖低迷期，給 JS・施懷雅帶來很大的考驗，他維持給股東派息的應對策略，具有既可安內，又能攘外的效果，成功因素包括背後有雄厚資本撐腰、洋行及工廠運作有效率、經營成本控制得宜等，缺一不可，讓他可「捱」過那段長達兩年多的食糖市場低迷期，之後才能迎來光輝日子。

成為優質洋糖的代名詞

從某層面上說，國際糖價大跌一事，既有汰弱留強的直接一面，亦有帶動產品促銷的較間接一面。前者屬普遍現象，迫使那些經營欠佳的糖廠結業，例如利源糖廠；後者較罕見，不易察覺和容易了解，太古糖廠日後的銷售，則反映了這次「因禍得福」，值得深入一點分析。

簡單而言，利用現代科技以機械化生產的新款式食糖——簡稱「洋糖」，

太古糖廠大門入口

無論味道、色澤、粗細，乃至於包裝、保存等，均較以傳統方式生產的「土糖」優良突出。在一分錢一分貨的市場規律主導下，洋糖價錢高昂，被視為高檔次貨品，一般民眾難以負擔，無緣一嚐滋味，結果反而窒礙其銷售。可是，自國際糖價大跌後，洋糖與土糖的價格差距收窄至十分接近的水平，普羅市民自然樂意轉吃洋糖，當吃慣了鮮甜美味的洋糖後，就再也不願回頭吃土糖了，哪怕日後洋糖價格略為回升，仍然大受歡迎。

換句話說，那場為時不短的食糖市場低迷期，一方面因為糖價大跌，令不少煉糖廠——無論生產洋糖或土糖——倒閉，能夠留下來的，都屬資本實力較強，生產成本控制得較低，較具競爭力者；另一方面亦因糖價大跌，令洋糖較易為普羅民眾負擔，銷量乃大幅上升，市場佔有率不斷擴大，土糖幾乎遭到全面淘汰。太古糖廠設廠時已走「規模經濟」路線，投入最先進的生產設備，

以提煉亞洲內的最大產量，自然更具生產效益，因而能在食糖的市場「風暴」中成為最大贏家，太古糖的名字從此傳播開去，日後甚至因廣受消費者歡迎，成為了食糖的代名詞，深入民心，這是後話。

當然，要達至這樣的市場效果，可是漫漫長路，其中常有困難與挑戰接連出現，太古糖廠的經歷可作為一個例證。扼要地說，因為食糖銷量持續攀升，無論是原料輸入或製成品輸出，均拉動了代理及輪船運輸的生意，這點 JS·施懷雅自然早已預料得到；當產量進一步擴大，需要擴建廠房，運輸量又已超出填補倉位程度，可自置輪船作專項（原材料及製成品）運輸時，JS·施懷雅決定向銀行借貸，而非向股東再集資。結果，糖廠的規模進一步擴大，並添置了兩艘專門用於運載原材料及成品糖的輪船，令其競爭力進一步提升，惟公司債務卻因此高企不下，既給經營帶來了巨大壓力，亦影響了整體盈利表現。

另一方面是滙率波動帶來的投資或盈利風險。眾所周知，亞洲的主要市場是中國及日本等地，都採取銀本位的貨幣制度，英國則是金本位，JS·施懷雅及其股東們的投資輸出和盈利回流，都以英鎊結算，但當時國際金融環境巨大波動，太古糖廠的銷售收入在貨幣兌換時折損極多，削弱公司盈利。據估計，自 1891 至 1900 年大約十年間，太古糖廠因滙率波動導致的損失，便高達 23.7 萬英鎊（Marriner and Hyde, 1967: 108-109），比當年投資設立太古糖廠的金額還要高，可見當時滙兌市場之波動，以及太古糖廠每年生意額之巨大（參考另一節討論）。可以想像，若然不是滙率波動削弱盈利，太古糖廠股東們的回報，必然更為可觀。

不論發展過程的崎嶇困難，糖廠生意基本上符合 JS·施懷雅當年預期，不但企業能夠不斷成長，給股東帶來的回報亦十分可觀。有分析作出如下扼要介紹：

1884 年除外，每年均有派息，除 1895 年外（從儲備中支付 3% 股息），[3] 所派股息從沒低於 5%。那四年除外，其他年份的股息達 10%-15%，高峰年份是 1890、1892、1893 及 1898 年，利潤分別錄得 142,767、124,656、131,209 及 155,460 英鎊。對於面值 20 萬英鎊的投資而言，這是最值得信賴的回報了。自 1884 至 1900 年這段期間，公司賺得的利潤超過 100 萬英鎊，除略少於三分一用於派發股息，其餘投入到固定資產，或是撥作儲備。（Marriner and Hyde, 1967: 109-110）

必須指出的是，糖廠投資不但如輪船生意般，成為約翰施懷雅父子公司另一得意之作，也給整個集團帶來巨大的協同效應，令無論是代理生意或是輪船生意，均更有效益地發展起來，JS·施懷雅的身家財富自然亦在這個過程中進一步膨脹。

在不斷擴張中思考接班交棒

太古糖廠這家被視為 JS·施懷雅「最後的兒子」的企業從誕生、成長，然後走出穩健的發展腳步，除了給投資者帶來可觀盈利，更給整個集團帶來巨大的協同效應。可以想像，太古糖廠的原料採購與產品銷售，依靠太古洋行代理統籌，中介費用穩定而可觀；原料輸入與製成品輸出又依靠太古輪船承運；各項生意的同時增加，帶動職工人數急升，均很自然地帶動了約翰施懷雅父子公司所代理的保險生意，獲得不錯的增長。更加令人意外的投資，當然是創立太古糖廠時購入的大片地皮，價值隨著日子的過去不斷上漲，日後帶來極為豐厚的「意外回報」，這是後話。

太古糖廠的投資，給太古集團和施懷雅家族帶來極豐厚的回報，在協同

1911 年，停泊於上海的「臨安號」和「北京號」。

效應進一步發揮下，自 1880 至 1890 年代，太古輪船的業務表現屢見突破，其中尤以長江上下游及往來天津、寧波等固定航線，市場佔比的持續上升最為明顯，加上太古洋行同時代理藍煙囱的遠洋航運，太古輪船成了業內無人不識的名字。那時的太古洋行，已在全中國近 20 個重大城市設有分行，此點與太古輪船旗下的船隻總是以中國重要城市命名有關，亦反映其對中國本地市場的重視。

太古輪船日漸躍升至中國航運業的龍頭地位，情況就連時任中國海關總監赫德（Robert Hart）亦有留意，所以他於 1884 年在北京會見 JS‧施懷雅時，特別讚許太古輪船實力強大，並提及據他所掌握的資料，太古洋行旗下已投入服務或仍在建造中的輪船總數多達 53 艘，[4] 數目令人咋舌，而且每星期均有一艘定時由上海開往歐洲（可能指藍煙囱輪船），在中國及世界航運市場上扮演了極吃重的角色（Bickers, 2019: 111）。

隨著多項生意不斷發展，集團事務日漸繁忙，僱員愈來愈多，JS‧施懷雅為了記住每名管理層的資料，身上長年帶著小型筆記本，扼要記錄他們的名字、簡稱、年薪、之前的工作或僱主等個人資料。就如當年唐太宗把主要官員

的名字寫在屏風上，隨時記錄他們的政績和過失，作為提升和貶降的參考。有些離去的員工，該頁會被撕掉，可能反映 JS・施懷雅對其不滿；有些只是用筆劃掉，亦有註明離去或去世時間（Bickers, 2019: 113）。從這些細節可看到，JS・施懷雅十分注意員工的背景和表現，忠誠更是十分重要的聘用和升遷條件。雖然他在挑選員工時甚為「腌尖挑剔」（精挑細選），但一經錄用，員工可獲優厚的待遇，亦會有較高的授權，故不少員工都選擇留下長期工作。

隨著生意愈做愈大，身家財富不斷膨脹，JS・施懷雅的年紀也愈來愈大，家族的生命週期亦進入另一階段。原來，就在他努力集結資本，興辦煉糖廠的同時，年屆 56 歲的他在 1881 年 10 月 18 日宣佈再婚，結束近 20 年單身生活，續弦妻子是瑪莉・華倫（Mary Warren）。那時，獨子杰克・施懷雅 21 歲，應已進入牛津大學了。婚後兩年的 1883 年，妻子誕下一子，是為 GW・施懷雅（George Warren Swire），與胞兄之間的年齡相差 23 歲。

到了 1889 年，28 歲的杰克・施懷雅亦宣佈結婚，妻子艾美莉・祈士頓（Emily Kidsdon）來自格拉斯哥一個船主家族，與施懷雅家族可謂門當戶對。1893 年，妻子誕下長子 JK・施懷雅（John Kidston Swire），之後再於 1897 年誕下次子 AG・施懷雅（Alexander Glen Swire）。杰克・施懷雅結婚時，JS・施懷雅已年過 60 歲，一般應該把繁重的工作交給兒子或員工們，因長子自牛津大學畢業，已成家立室，亦快到而立之年，有足夠能力與成熟條件接掌生意，所以他其實可以放慢腳步、享受人生了。但現實上，具有「工作狂」企業家特點的他並沒逐步退下火線，而是一如往昔地，保持著那股不斷開拓的雄心，無論航運、製糖、洋行與保險等業務，仍繼續行全力開火的進取策略。

就在杰克・施懷雅結婚那年，與 JS・施懷雅相知相交，合夥一起經營生意多年的羅利馬家族領軍人占士・羅利馬（James Lorimer）於澳洲墨爾本去世，相信令他頗為傷感。更令他感慨的是，自占士・羅利馬去世，家族企業傳給一

早年汽車上的太古糖宣傳

眾兒子後不出四年時間，便因管理不善而倒閉，此點自然讓步入晚年，正在思考接班問題的JS・施懷雅覺得，傳承之事一點也不簡單。受羅利馬家族生意倒閉影響，他迫於無奈，只好將澳洲業務交由其他公司代理，終結了與羅利馬家族近半個世紀的商業關係（Bickers, 2019: 121）。

羅利馬家族生意倒閉那年，太古輪船與主要競爭對手輪船招商局和印華輪船，就中國航運市場的份額佔比問題再次進行談判，並達成另一次「齊價協議」。太古輪船因發展勢頭更好，增加了長江航線和北洋航線的市場份額，這自然是JS・施懷雅過去一直採取積極發展策略的結果（張仲禮、陳曾年、姚欣榮，1991）。有分析指出，那時的太古輪船因持續壯大，已可與其他兩家公司

分庭抗禮，三分天下，甚至是當中最強大的。另有資料指出，在 1894 年時，太古擁有 29 艘輪船，[5] 總載重為 34,000 噸；招商局擁有 26 艘輪船，總載重為 23,000 噸；渣甸擁有 22 艘輪船，總載重為 24,000 噸（鍾寶賢，2016：42），可見無論船隻數目或總載重量，太古輪船均已經拋離競爭對手，位列榜首了。

　　無論是約翰施懷雅父子公司，或是太古洋行與太古輪船，業務不斷發展，實力日大，但在這個過程中，不少貢獻青春服務多年的員工，都已經進入晚年，並先後退休，離華返英。其中一直在太古輪船工作，緊守崗位，為公司作出巨大貢獻的晏爾吉於 1895 年因心臟病去世，令 JS・施懷雅甚為傷感。至於一直在倫敦負責打理約翰施懷雅父子公司的合夥人金維爾，亦於 1896 年退休。儘管 JS・施懷雅仍自覺身體壯健，每天工作不斷，但畢竟也感到時日無多，人生已進入「倒數」階段。據兒子杰克・施懷雅憶述，父親從沒詢問他有否興趣到家族公司工作（Bickers, 2019: 204），一直給他很大的自由度，從不強迫他一定要繼承父業，或為接班做準備。

　　儘管 JS・施懷雅並沒刻意安排長子及早進入公司工作，但兩父子對接班相信已有默契，原因是對公司的責任感和使命感。杰克・施懷雅曾提到，促使他走上接班之路的主要原因，是他覺得自己有責任延續家族傳奇，更要肩負或照顧大量員工的福祉，所以從「大我」的角度出發，日後擔起了領導家族企業的大旗。

　　1898 年，JS・施懷雅長年居於倫敦，仍舊為發展業務而操心，一如既往地吩咐下屬如何應對客戶與合夥人要求。同年 7 月，德國「鐵血宰相」卑斯麥（Otto von Bismarck）去世，德國政治出現微妙轉變，他曾十分注視。到 11 月時，JS・施懷雅曾出現較嚴重的健康問題，需要停下工作接受治療近一個月。到病情好轉後，他又立即投入工作，只是改為留在倫敦洛丁山（Notting Hill）的家族大宅，而非倫敦必力打街（Billiter Street）的辦公室。同年 12 月 1 日，

一個普通的日子，JS・施懷雅完成上午工作後停下來休息，下午時據說突然心臟停頓，於寓所內安靜去世，享年 72 歲（Bickers, 2019: 168-169）。

對於 JS・施懷雅的死訊，不只家人感到悲傷，多年合作夥伴如賀特家族、伊士梅家族、嚴馬里家族、畢特菲家族及史葛家族，相知好友，集團旗下職工，其他認識或是有過接觸的人士，均表示哀悼；約翰施懷雅父子公司、太古洋行、太古輪船，甚至渣甸洋行等，亦下半旗致哀，反映他多年努力所獲的尊敬。去世五天後，他遺體下葬於百福德郡（Bedfordshire）的禮頓布撒（Leighton Buzzard），喪禮那天遇上大雨，令人倍感悲傷（Bickers, 2019: 169-173）。

回頭看，當年 JS・施懷雅的父親去世時，留給他們兩兄弟的，只是一間規模細小的公司，每人只獲 1,000 英鎊遺產。到他們接手後，生意不斷取得突破，其間雖經歷弟弟退股，兩兄弟分道揚鑣，但 JS・施懷雅仍獨力撐持下去，並在經過近半個世紀的打拼後，將小公司壯大成為一家龐大的商業王國，業務與投資幾乎遍及全球，其領導能力和貢獻之巨大，可見一斑。JS・施懷雅去世後，撇除公司資產，他個人名下的財產為 22 萬英鎊（Bickers, 2019: 173），和父親去世時留下的 1,000 英鎊相比，增幅驚人，亦可視作 JS・施懷雅接掌父業後帶來巨大發展的註腳。

毫無疑問，JS・施懷雅乃約翰施懷雅父子公司及太古洋行的靈魂人物。從學理上說，他雖屬接班一代，卻展示了創業一代的個性與處事作風，具有極為旺盛的打拼雄心，一生有花不完的精力，不斷工作，不談退休，就算到了晚年，健康狀況持續下滑，仍在尋找新機會，一心帶領企業不斷發展，攀登一個接一個的事業高峰。

據說，在創立太古糖廠後，JS・施懷雅曾構思其他生意，例如造船及駁船，但因那時覺得潛在風險不少，投資回報卻沒太大把握，因此未立即付諸行動，這兩項投資，最後由接班人 JH・史葛在進入二十世紀初完成（Marriner and Hyde, 1967: 113）。可以這樣說，若非 JS・施懷雅一生專心致志地打拚生意，不屈不撓地應對各種內外挑戰，太古集團沒可能躋身跨國巨企業行列，施懷雅家族亦不可能在中國、英國，乃至世界商業歷史上寫下濃彩重墨一筆。

業績表現的綜合發展註腳

對於錙銖必較的企業家而言，最能說明其生意或事業表現的，必然是企業盈利的業績——即是生意能否賺錢，賺了多少等。若按照這一簡單指標檢視 JS・施懷雅的表現，甚至粗略比較他在倫敦業務與東方業務發展動力的差異，則可發現一些重要特點。

表 4-1 是約翰施懷雅父子公司與太古洋行 1868 至 1898 年間，每年盈利貢獻的綜合數據。東方的業務與投資，主要由太古洋行作旗艦，持有太古輪船、太古糖廠等生意，這些附屬公司的每年盈利，均需上繳太古洋行；太古洋行的綜合盈利，自然亦納入老家約翰施懷雅父子公司的帳目之下。而約翰施懷雅父子公司旗下除了太古洋行，還有本身以倫敦為中心的國際貿易，以及在美洲和澳洲的不同投資，當然還有保險生意的盈虧。換言之，此表格呈現了 1868 至 1896 年 30 年間，太古洋行與母公司約翰施懷雅父子公司的盈利狀況，從中可以看出 JS・施懷雅領導下不同生意和投資的綜合表現。

先看太古洋行。創行首三年的表現明顯欠佳，反映了與 RS・畢特菲合夥的磨合與糾紛等問題。1871 年錄得破紀錄的巨額利潤，[6] 之後多年下滑，可能與創立太古輪船初期，盈利受拖累有關。1873 至 1886 年，每年盈利只有 20,000 至 40,000 英鎊，而 1887 至 1897 年的盈利，則很多時在 40,000 至 60,000 英鎊之間。由此可見，基本上洋行每年均有盈利，沒出現虧損情況，惟這表現是否突出，由於沒有投入資本等數據，加上當年貨幣價值與今天有別，尚難作出準確判斷。

再看約翰施懷雅父子公司，其盈利狀況明顯較為遜色，並呈現巨大波動，某些年份——如 1873 至 1874 年，1881 至 1882 年——更出現頗為巨大的虧損。確實點說，把約翰施懷雅父子公司的盈利，扣減太古洋行的貢獻後，便是其本身投資的淨收益，惟這樣的年份不多，雖有某些年份高出不少，例如 1879 年、1888 至 1889 及 1897 年，但更多時則是低於太古洋行的盈利貢獻，在某些年份的差距尤其巨大，可見約翰施懷雅父子公司的綜合表現，遠較太古洋行遜色，此點或者可以揭示那時東方貿易與投資更具增長動力的問題，值得日後再作深入探討。

約翰施懷雅父子公司與太古洋行盈利差距巨大，且前者數據大幅波動，這

表 4-1：約翰施懷雅父子公司與太古洋行盈利表現：1868-1898

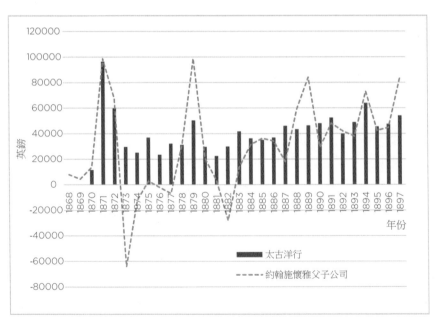

資料來源：Marriner and Hyde, 1967: 188-189

個情況背後不容忽視的原因，是當年英鎊兌白銀或其他貨幣，經常大起大落，給跨國貿易與投資帶來巨大衝擊。一方面，各項生意投資要面對貨幣滙率的轉變，另一方面，各地的生意結餘或信貸等回流英國時的風險，令像約翰施懷雅父子公司般的跨國企業，難免起伏甚大。對於這個問題，麥景濤曾建議JS·施懷雅改行「白銀金融」（silver finance），即是以白銀融資和結算，但遭JS·施懷雅反對，原因是擔心白銀金融帶來的「危險性與不安全性」（dangers and insecurity），結果自然令公司某些時候出現巨大虧損，某些時候有意外之財，帳目上較為波動（Marriner and Hyde, 1967: 108）。

由此引伸出來一點值得思考的問題，是英鎊滙率的巨大波動，長期以來困擾從事跨國貿易的公司。早年不少在華洋行結業倒閉，很多時便是因金融體系出現危機，滙率大幅波動，利息被拉高，令其借貸的負擔驟增，或是持有的資產價值大跌，產生賬面上的資不抵債，被迫清盤關門。曾屬英資大行，與渣甸洋行齊名的顛地洋行（Dent & Co），在 1860 年代不幸倒閉收場，其中一個致命原因亦與此有關，至於第二章提及早年不少企業難以長期經營、延續多個世代，相信亦與此問題甚有關連。

哪怕國際商海風高浪急、波濤洶湧，JS·施懷雅顯然能夠舉重若輕，作出有效駕馭，所以無論是約翰施懷雅父子公司、太古洋行或是其他企業，絕大多時均能賺得豐厚利潤，令整個集團乘風破浪、不斷前進，逐步壯大成為一家實力雄厚的跨國企業，尤其能夠與英資龍頭的渣甸洋行分庭抗禮，並駕齊驅。

結語

從父親手上繼承了那家細小公司後，正值青壯的JS·施懷雅表現得雄心壯志，足跡踏遍美洲、澳洲和亞洲，擴大投資，開發不少之前未曾涉獵的生意，無疑揭示了他作為企業家那種不怕冒險、勇於嘗試、積極進取的個性。當然，

父親的遺訓亦深入骨髓，令他可在冒險進取的同時保持穩健，做到有攻有守，這恰恰正是JS·施懷雅能夠大放異彩，令家族企業更上層樓的核心所在。

對於JS·施懷雅身上那股時刻進取，不斷打拚以建立家族商業王國的雄心，學術界其中一個較為普遍的說法，是他與生俱來具有企業家精神，不著眼於成功的果實，而是享受追尋理想的過程。但從某些層面上說，那又可能是受到別人刺激，定下挑戰目標所致。JS·施懷雅無論經營洋行（貿易中介）、航運，或是煉糖、保險等，其實都與渣甸洋行直接競爭，原因相信是他將這家財雄勢大的英資龍頭視為假想敵，起了「超越渣甸（洋行）成為太古組織中不可或缺部份」（to outdo Jardines, became an integral part of the Swire organization）的念頭（Marriner and Hyde, 1967: 112）。即是說，JS·施懷雅領導下的太古洋行，定下十分清晰的奮鬥目標，那就是挑戰市場的主導者渣甸洋行，藉此激發領導層朝著那個方向前進，情況就如功夫小子上擂台挑戰有實力、具名氣的高手，以樹立個人地位，為此刻苦鍛煉，令企業上下有了巨大發展動力，可以滾滾向前。

註釋

1. 太古洋行英文為 Butterfield & Swire Co，但太古糖廠創立時則直接用「太古」兩字的英文拼音「Taikoo」，揭示他們很可能覺得太古的名字已深入民心。

2. JS‧施懷雅籌建煉糖廠，進入實務工作階段的 1881 年，李敬亭（Lee King Ting 譯音）、陳溢新（Chun Yat Son 譯音）等華商亦宣佈進軍煉糖業，牽頭創立利源糖廠（Lee Yuen Sugar Refinery），設於灣仔寶靈頓與堅拿道之間，並因規模沒那麼龐大，較早便完成了廠房興建，投入生產（*China Mail,* 9 March 1883）。

3. 那年中日甲午戰爭爆發，由於中日乃太古糖廠最大的兩個市場，銷量大跌，利潤因此大受打擊。

4. 這個數字應加入了海船組合公司及藍煙囪旗下的輪船。據 JH‧史葛所述，在 1912 年時，太古輪船公司旗下船隻共有 58 艘，總載重量達 118,000 噸，其中四艘輪船各可載重 8,800 噸（Scott, 1914: 41-42），可見船隊實力強大。

5. 這裡的數字與前文講法有很大出入，相信沒包括藍煙囪和海船組合旗下的輪船，亦沒加入太古糖廠自置作運載原料及食糖出口，但由太古輪船代為經營的輪船之故。

6. 1871 年為何能獲得巨額利潤，原因尚未完全了解，值得日後深入探討。

第五章

三代接班

走出一二次世界大戰的整固

華人社會常說「富不過三代」，這放在老牌英資洋行太古集團身上，明顯並不適用，因為施懷雅家族自第一代創業站穩腳跟後，在第二代進一步壯大起來，成為跨國企業。到第三代接班後，哪怕遭遇了嚴峻的第一次世界大戰，烽火連天，百業蕭條，企業仍能站穩腳步，家族保持發展，克服種種困難，成功跨越「富不過三代」的門檻，日後更交棒至第四、第五代手中，再由他們帶領企業大放光芒。

無可否認，家業傳承的過程，除了不能迴避家族的生命週期，更無法排除企業發展的生命週期，同時亦受國家、社會，甚至科技、潮流等大環境變遷所制約，如何像流水般在不同變動因素中順勢而行、隨圓就方，化解各種問題挑戰，伺機爭取最有利的發展機會或空間，是接班者必須學習和掌握的領導竅門。從某層面上說，第三代粉墨登場後，基本上都明白本身對家族和社會的責任與使命，知所進退，因此能完成上一代交託的重任，並為下一代打下更堅實發展基礎。

老臣主政的過渡性傳承

正如上一章提及，JS·施懷雅生前，表面上似乎沒為傳承接班問題做太多準備，惟其具體行動中，仍有不少思慮和安排的蛛絲馬跡。最特別的是，他去世後，太古洋行的領導大旗交到老臣子JH·史葛手上，而非如社會一般預期般交給已經年過37歲，已在家族公司中工作了一段不短時間的長子杰克·施懷雅。這種特殊安排，在華人社會看來尤其不可思議，甚至認為當中或有重大蹊蹺。

JS·施懷雅去世後，公司並沒交到兩名親生兒子手中，反而是青年時期由英國來華，投身太古洋行，一直深得器重的老臣子JH·史葛，按JS·施懷雅生前指示，獲委任為「資深合夥人」（Senior Partner），接替JS·施懷雅原來位置，成為太古洋行領軍人。長子杰克·施懷雅儘管實質上的行政工作增加了不少，但依舊只是合夥人；至於幼子GW·施懷雅當時只有15歲，尚在求學，在洋行中自然尚無甚麼實質角色。

JS·施懷雅在傳承接班問題上的安排奇兵突出，相信與他洞悉自己與長子之間存在一定隔閡有關。所謂「知子莫若父」，他深知兒子的個性與才幹，所以寧可順勢而行，不強迫兒子立即接手。由於杰克·施懷雅自喪母後由叔嬸照顧，父親則事業心極強，經常為工作廢寢忘餐，父子聚少離多，缺乏情感互動，自然難以建立深厚的感情，彼此的生活習慣和價值觀的差異亦相當巨大。

據分析，JS·施懷雅與杰克·施懷雅的父子關係「並不順暢」（not comfortable），主要被指乃觀點與視野出現歧異之故，作為父親的JS·施懷雅雖然時不時會給予意見或指示，卻覺得兒子不願聽取，或是陽奉陰違，此點雖令JS·施懷雅感到不快，但他也很明白兒子像自己般硬性子，逼迫不得，所以沒有以嚴父姿態要求他按自己指示行事（Bickers, 2019: 172）。

到JS·施懷雅再婚時，杰克·施懷雅已長大成人，進入牛津大學，據說

他與繼母之間關係欠佳，令父子關係更為複雜，若勉強他踏出校門後立即加入家族公司，為接班作準備，甚至可能會引起兒子極大的反彈或反抗。將生意交到一名心不甘情不願的人手中，對家族及企業都是禍非福，故寧可由他自由選擇，讓他準備好時才正式接手（Bickers, 2019: 204）。

或者是出於青年時期的「反叛」，或是為了刻意與父親保持距離，據說杰克·施懷雅早年對經營生意缺乏興趣，更沒有如父親般與生俱來的企業家精神和熱情，反而比較喜歡過鄉郊田園純樸的自然生活，不追求物質，亦不習慣商場的激烈競爭，被形容為「本質上是一位村夫」（by nature a countryman）（Bickers, 2019: 172），因此他大學畢業後沒有主動提出加入家族企業，為接班做準備。

據 JH·史葛憶述，杰克·施懷雅在 1885 年離開牛津大學後，沒有立即踏足社會找工作，而是展開認識世界之族，環遊世界，曾踏足中國及澳洲，並在澳洲停留夏秋二季，直至 1886 年底才回到倫敦，主動要求加入約翰施懷雅父子公司。到了 1888 年初，杰克·施懷雅獲委任為合夥人（Scott, 1914: 28），算是為子承父業邁出重要腳步，他翌年亦成家立室，有了自己的小家庭，與父親 JS·施懷雅的關係，相信亦有了新變化。

沿著以上脈絡看，不難察覺 JS·施懷雅及杰克·施懷雅兩父子，都對家族企業懷抱著一份承擔精神及責任感，同樣覺得公司是祖及父輩的心血結晶，這份基業應該奮力維持。或許正是基於這種共識與默契，父親沒有強迫兒子加入公司，反而靜待他調節好心態；兒子初期或者亦不想加入，到他想通自己責任所在後，又不太想與父親直接共事、朝夕相對，以免磨擦和矛盾，進一步損害關係或令雙方尷尬。面對這種局面，JS·施懷雅想出的應對方案，便是「老臣帶小主」，即是由 JH·史葛當兒子的導航員，指導他學習公司事務，自己則避免干涉太多。到他臨終前，或許覺得長子仍未有足夠領導力登上大位，因此寧

JH · 史葛

可「託孤」，由 JH · 史葛擔大旗，作為過渡性的安排。

這種以退為進的傳承方法，無疑甚為成功，主要因為 JH · 史葛乃太古洋行的「開國功臣」，年資極深，在公司和家族中的聲譽都很高，僅次於 JS · 施懷雅。而且他忠誠能幹，其家族與施懷雅家族一直關係深厚，亦有不少其他生意往來，由他在 JS · 施懷雅去世後擔起大旗，自然能獲得內外支持。杰克 · 施懷雅與 JH · 史葛關係良好，加上年齡及志趣較接近，隔閡較小，因此合作無間，相處融洽。

正因杰克 · 施懷雅與 JH · 史葛關係不錯，互相配合又發揮出不少正面效果，那個本來只屬過渡性的安排，後來延續了一段相當長的時間，甚至在杰克 · 施懷雅全面接管約翰施懷雅父子公司及太古系後，整體運作仍維持這個模式，直至 JH · 史葛於 1912 年離世才告終。此點亦反映了杰克 · 施懷雅對他的支持和敬重。

回到傳承接班的脈絡上。1905 年，JS · 施懷雅的二子 GW · 施懷雅剛過21 歲，便即加入公司成為合夥人，與兄長當年遲遲不加入截然不同。GW · 施懷雅一出校門便急不及待地參與家族生意，反映家族內部存有一些矛盾分歧，或兄弟間信任不足。據說，GW · 施懷雅的性格喜怒無常，亦不擅長待人接物與社交（Bickers, 2019: 203），若傳言無誤，未經磨煉的他似乎不適合一開始便進佔公司上層管理位置，但現實上因他擁有一定股份，當他要求行使有關權益時，杰克 · 施懷雅亦難以拒絕。

GW・施懷雅急於投身家族企業，相信有其生母（瑪莉・華倫）「母為子謀」的因素在內。瑪莉・華倫對杰克・施懷雅而言是繼母，據 Bickers 分析，兩人之間的關係並不好，時有爭拗，核心原因又與傳承接班問題有關。繼母可能擔心，若親兒子不在公司「守護」，權益就會受到吞併，於是要求 GW・施懷雅盡快加入約翰施懷雅父子公司。雖然杰克・施懷雅堅持異母弟弟要有能力並能勝任工作，才可出任合夥人，但因事情涉及他個人利益，如一再拒絕，恐怕予人瓜田李下的感覺。為免落人口實，他最終只好退一步讓 GW・施懷雅加入，但相信在商討的過程中，曾出現不少爭拗，進一步傷及家人關係（Bickers, 2019: 204）。

據說，杰克・施懷雅曾告誡胞弟，不會因為他乃父親的兒子，便一定讓其坐上管理大位，他本人過去亦沒獲父親安排進入公司，是直至年近 30 時才加入，父親去世後才有較大參與機會。杰克・施懷雅尤其提到，管理一門生意需有無私之心和強烈的責任感，因為約翰施懷雅父子公司代表了多方面的重大利益，更要養活數以千計的員工。所以他視領導公司為承先啟後、延續傳奇的責任，常自豪地向別人說，他從不多拿公司一分錢，「那份是他父親留下的工作，他不能不做」（Bickers, 2019: 204）。

由是觀之，杰克・施懷雅對於傳承接班、帶領家族企業繼續發展的問題，抱有較強的責任感與使命感，所以哪怕他沒有及早投身家族企業，但由於內心那份熱誠，加上亦有天賦才華，到真正踏上接班路時，自然能輕易駕御。到 GW・施懷雅年紀輕輕便要求加入領導團隊時，不禁令人聯想這是為了爭取個人權益，亦揭示兄弟或杰克・施懷雅與繼母之間存在一定矛盾，故在背後各有盤算。另一個特點是，在杰克・施懷雅走向接班的過程中，除了提及延續性、責任感外，亦開始強調包括員工在內的多方面利益，從某個角度說，領導者不再獨沽一味只講求家族利益，會令公司文化或發展方向出現一些調整及改變。

GW·施懷雅成為合夥人五年後的 1910 年，JH·史葛已年過 60 歲，健康轉差，在與施懷雅兄弟商討後，他安排了自己的長子哥連·史葛（Colin C. Scott）加入約翰施懷雅父子公司，成為合夥人，準備有朝一日他退下來時可讓兒子接棒。相對於 JS·施懷雅當年沒有為長子作出甚麼便利接班的安排，父子關係較好的 JH·史葛，明顯有較周詳的綢繆，揭示在不同富裕家族，按一般情況而言，及早擘劃後代接班乃甚為普遍之事。

資料顯示，同樣畢業於牛津大學的哥連·史葛，在加入約翰施懷雅父子公司前，曾在倫敦一家造船公司工作了三年，汲取經驗，之後轉到上海太古洋行，期間亦調往天津及香港等地的不同部門，了解不同層面的運作，直至 1910 年才返回倫敦，在總公司出任合夥人（Bickers, 2019: 203）。也即是說，他經歷了一段不短的實習與考驗，最後才轉入接班直路，登上高層管理的職位。到 1912 年，JH·史葛去世，享年 62 歲，杰克·施懷雅取而代之成為「資深合夥人」，正式擔起了太古洋行領軍人的大旗，亦結束了近 14 年的「過渡期」。[1]

傳承接班問題看似簡單，但背後其實存在不少不容忽略的利害矛盾，甚至有難以名狀的感情轇轕和恩怨，所以不能粗枝大葉，低估當中潛在的問題。在處理長子接班的問題上，由於 JS·施懷雅看通問題癥結，因此沒採取強硬高壓手法，寧可「無招勝有招」，不急於要求長子進入家族企業工作，學習實務，準備接班。JS·施懷雅深知長子既有才能，亦有使命感，因此寧可讓他「自由」選擇，當他自己願意加入時才給予配合，並採取迂迴路線，不由自己直接教導，以減少父子矛盾，而是藉老臣輔弼，逐步過渡的方法，最後順利完成整個接班進程。

JH·史葛領導下開拓道路的波折

來自商人家族的 JH·史葛，雖然心知自己是過渡性領導，但他沒如一般

過渡性領導般，採取「不作為」或「等退休」的態度，將重大舉動或投資策略留給未來新領導，而是如 JS・施懷雅般，當看到某些發展機會時，果斷採取行動，開拓商機，藉以壯大企業實力，開闢盈利新來源。至於 1900 及 1904 年他分別在香港和天津開展的造船生意與駁船服務，則屬最好的例證，亦對集團帶來巨大影響。

正如上一章提及，JS・施懷雅晚年，曾就這兩項投資作過深入探討，惟那時覺得要投入的資本不少，尤其造船生意，回報沒有充份把握或保障，更有不少不穩定或不確定的地方，因此沒有付諸行動（Marriner and Hyde, 1967: 113）。到 JH・史葛主政時，他覺得當時投資環境已改變，市場空間亦有改善，加上兩項新投資可與太古輪船及藍煙囪輪船產生更好的協同效應，帶來更多直接收益，所以拍板進行，這決定相信亦得到杰克・施懷雅的支持。當落實投資後，他便一如既往地向各個多年合作的生意夥伴家族——如賀特家族、史葛家族、畢特菲家族等私下集資，開展了各項開拓舉動。

首先是香港的造船業。一方面，太古輪船的業務不斷擴張，對訂製新船的需求有增加；另一方面，太古糖廠附近有塊不錯的地皮，略作填海擴建後，便能闢作船塢，加上 JH・史葛家族是英國老牌造船廠，具有豐富的造船技術和設備，亦有原料供應及專業人士網絡，於是聘請了史葛家族造船廠作為技術顧問。萬事俱備，太古洋行在 1900 年註冊成立了太古船塢（Taikoo Dockyard & Engineering Co），開始了移山填海、平整地皮、建造船塢等工程（鍾寶賢，2016；Bickers, 2019）。

造船是一項重工業，不但船塢需要廣闊的地皮，建築工程亦環環相扣，需要花很大的精力和時間建設。太古船塢的興建工程，前後歷時七年，到 1907 年才落成，可以為客戶鑄造新船。在這段漫長歲月裡，太古系旗下不同生意與投資時刻前進，絲毫沒有放慢或停下發展腳步。人事上亦有一些改變，如負責

打理約翰施懷雅父子公司實務的合夥人金維爾，自 1896 年退休後健康不斷走下坡，並於 1902 年去世。兩年後的 1904 年，一直負責香港業務的麥景濤亦在大病一場後去世，兩人均是集團開拓時期的老臣子。

到了 1907 年，經過多年籌建，太古船塢終於落成投產，可惜生不逢時，遇上美國出現嚴重信貸危機，影響金融穩定與流動性，利息被拉高，約翰施懷雅父子公司在美國及澳洲等地的業務都受到巨大打擊。此外，環球經濟亦受到拖累，令全球航運及造船業進入衰退期，儘管中國市場初期受到的影響較少，但餘波仍大大衝擊了遠東市場，太古輪船亦難以獨善其身。禍不單行的是，在 1908 及 1909 年連續兩年夏季，香港受到巨大颱風侵襲，港島北岸鰂魚涌區船塢處於「當風」位置，船塢受到嚴重破壞，損失甚巨。種種問題，令太古船塢投入經營後面對連年虧損，給太古系及約翰施懷雅父子公司帶來沉重的財政壓力。

至於開展駁船服務方面，JH·史葛因應天津的駁船及拖船市場具有不錯空間，加上認為相關生意能配合太古輪船和藍煙囪輪船的經營，於是在 1904 年拍板，在倫敦註冊成立天津駁船公司（Tientsin Tug & Lighter Co）。[2] 這項投資

早年的鰂魚涌太古船塢

亦吸納了賀特家族和史葛家族等加入，成為主要合夥人與投資者。相對於太古船塢，駁船（或稱拖船）生意沒那麼複雜，不但需要的資本沒那麼多，由籌辦到投入營運的時間亦較短，所以很快便能開門營業，為太古系帶來盈利。天津駁船公司投入服務的 1905 年，亦是前文提及 GW・施懷雅成為合夥人之時，算是為公司注入新的管治力量，而他更於 1906 年首次東遊，踏足中華大地考察業務。由於他是攝影「發燒友」（喜好者），當時帶同剛面世的照相機到處拍照，記錄下不少中國帝制時期的城鄉景觀和社會面貌（Bickers, 2019: 229）。

　　JH・史葛主政下的太古系，除了大興土木，創辦太古船塢公司和規模略小的天津駁船公司外，還夥同關係堅實的賀特家族，於 1908 年以藍煙囪輪船名義，購入尖沙咀半島酒店對出的海旁地皮，闢作貨倉碼頭，供其船隻停泊（Bickers, 2019: 194），工程於 1910 年完成並投入服務。同年，JH・史葛安排長子哥連・史葛代替自己，成為約翰施懷雅父子公司的合夥人核心考慮自然是為了接班安排。不可不知，碼頭貨倉投入營運之時，港英政府宣佈將隔鄰的地皮闢作九廣鐵路總站，令該地成為交通重要節點，不但客流、貨流大升，地皮價值亦同步上揚。

太古碼頭

貨倉投入運作後翌年的 1911 年，中華大地爆發「辛亥革命」，推翻清朝帝制，令中國在政治、經濟及社會等不同層面發生巨變，太古系的投資與生意自然受到衝擊。與此同時，與 JS・施懷雅和 JH・史葛相知相交大半生的賀特家族靈魂人物——艾佛德・賀特因病去世，令合作多個世代的各夥伴家族甚為傷感（Bickers, 2019: 194）。

　　儘管上一代的家族與企業靈魂人物先後去世，施懷雅家族、賀特家族與史葛家族仍維持著緊密關係，生意投資上有不少合作往來。施懷雅家族繼續持有藍煙囪輪船不少比例的股權，對方家族亦是太古輪船、太古糖廠、太古船塢和天津駁船等的主要投資者。艾佛德・賀特去世翌年，JH・史葛去世，消息令各個合夥家族同樣傷感，同時這亦標誌著，約翰施懷雅父子公司的過渡性領導終結，領導大權由杰克・施懷雅接替，太古系最高領導大權正式回到施懷雅家族手中。

　　對於 JH・史葛作為過渡性領導人物的角色和貢獻，不同人看法或有不同，因為太古船塢由創立到投入經營的崎嶇路途，曾令太古系承受巨大財政壓力，添加不少投資風險，揭示 JH・史葛不甘心扮演「不作為」的領軍人，於是採取多項進取投資，某程度上令集團一度陷於險境。

　　若要具體評估 JH・史葛任內的表現，用 Marriner 及 Hyde 提及公司盈利的一些數據，可以作簡單說明。表 5-1 是約翰施懷雅父子公司與太古洋行在 1899 至 1912 年間的盈利表現，從中可以清楚看到，情況與 JS・施懷雅任內相若，一方面，太古洋行歷年均有盈利，當中雖有一些波動，但並不太大；另一方面，約翰施懷雅父子公司的盈利表現則較波動，某些年份更是差強人意，出現巨大虧損。

　　具體來說，1899 年及 1902 至 1905 年間，約翰施懷雅父子公司的盈利略高於太古洋行，其他年份則較低，1906 年後低出不少，其中尤以 1910 年的巨

表 5-1：約翰施懷雅父子公司與太古洋行盈利表現：1899-1912

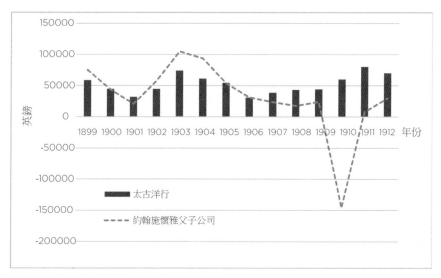

資料來源：Marriner and Hyde, 1967: 200

大虧損最為嚴重，關鍵相信與該年上海的「橡皮股票風潮」——即是因為炒賣橡膠股票引致泡沫爆破，股市大跌的事件——有關，由此牽動了銀行及錢莊大量倒閉，信貸緊縮，不但匯率出現巨大波動，利息亦被大幅拉高，無數企業，尤其那些利用信貸槓桿以推動投資擴張的企業乃受到巨大衝擊。當時，為了創立太古船塢及天津駁船，約翰施懷雅父子公司曾以英鎊借下巨債，加上太古輪船添置新船時亦多以借貸融資，於是在匯率波動、利息拉高，而生意又因經濟衰退而大幅萎縮的情況下，掉進了多重不利險境。

當然，從某層面上說，這些都是外部因素引致的困難，並非太古系企業經營不善之故，嚴格而言乃非戰之罪。但若回到當年，JS・施懷雅思考是否要投身這些生意時，以他一生積極進取的個性，最後還是「割愛」，不敢沾手，可見他對風險評估更為全面透徹，看得更長更遠，亦包括了外圍環境逆轉時如何

應對。聞戰鼓而思良將。同理，要評估 JH・史葛擔起大旗後的表現，則不能不思考 JS・施懷雅在面對相同問題時的決定與拿捏，這亦可作為 JH・史葛領導下太古系整體表現一個不容忽視的註腳。

杰克・施懷雅登位與一次世界大戰

1912 年 1 月 1 日，中華民國成立，標誌了中國歷史的新紀元。同年，一生為太古集團作出不少貢獻的 JH・史葛去世，領導約翰施懷雅父子公司的大

旗乃交回年過半百的杰克・施懷雅手上，JH・史葛的長子哥連・史葛則接替亡父的位置，同時獲委任為合夥人。即是說，那時的約翰施懷雅父子公司，仍維持施懷雅家族兩兄弟加一名史葛家族代表三腳鼎立的局面，而且可說都屬「新一代」，年齡相若，沒有「代溝」，按理應該可以更好合作，帶領集團走向更好前路。

然而，當時太古系面對的問題卻不簡單，一方面當然是太古船塢仍處於需要「輸血」的階段，另一方面是中華大地不同政治力量的明

杰克・施懷雅

爭暗鬥激化，外圍經濟環境低迷。更為嚴重的，則是由卑斯麥一手締造的歐洲「新興」國家德國，對領土擴張的野心日大，令歐洲戰雲密布。接替 JH・史葛登上大位的杰克・施懷雅，那時必須面對內外交困的多重挑戰，稍有應對失誤，必然令整個集團陷於萬劫不復之地。

任何新上任的領導，總是雄心萬丈，要有一番作為。杰克・施懷雅在太古系面對巨大挑戰時披甲上陣，明顯亦想大刀闊斧，作出一些重大變革或開拓，給集團注入更大活力，帶領全體員工再登高峰。其中一項重要舉動，是因應太

古船塢開業後面對經濟環境變差及激烈競爭，引致連年虧損的問題，主動與渣甸洋行最高決策人亨利‧凱瑟克（Henry Keswick）直接談判，促成類似「齊價協議」的安排，雙方不進行割喉競爭，共同開拓市場，[3] 令太古船塢終於擺脫虧損困局（鍾寶賢，2016：73）。可是，意料之外的巨變，卻在太古船塢的困局解決後不久出現，第一次世界大戰爆發，包括太古系在內的無數企業，甚至如施懷雅家族般的無數大小家族，均無可避免地捲入其中，受到巨大影響。

　　這裡要補充一點重要資料。自十九世紀中出現有限公司制度後，不少人認同此制度更有利於管控生意和投資風險，於是愈來愈多人爭相採用，杰克‧施懷雅那時亦應感受到營商環境的變化，因此不甘後人，於 1914 年 1 月 1 日將約翰施懷雅父子公司轉為有限公司。在新的註冊模式下，原來的合夥人身份變成了股東。當時公司有三名股東：杰克‧施懷雅、GW‧施懷雅和哥連‧史葛，日後再有一名非家族成員股東羅拔臣（Henry William Robertson）加入，可見其核心管理團隊人數不多，目的明顯是要確保決策效率（Bickers, 2019: 202）

　　約翰施懷雅父子公司轉為有限公司註冊後不久，第一次世界大戰爆發，英國乃主要參戰國，自然動員全國抗敵。對國家和家族具承擔精神的杰克‧施懷雅，亦表現出保家衛國的熱忱，雖然明知炮火無情，但仍在政府的呼籲及要求下，派出旗下多艘輪船開往歐洲，在戰場上為軍隊運送物資。與此同時，他又支持兒子及公司員工加入軍隊，開赴前線，為國殺敵。

　　資料顯示，杰克‧施懷雅兩名兒子均曾投入戰場，長子 JK‧施懷雅（又稱約克‧施懷雅）在戰爭爆發前的 1913 年，才踏出牛津大學校門便加入家族企業，初時應在倫敦的約翰施懷雅父子公司工作，翌年才乘坐藍煙囪輪船到港，參與香港的業務管理。同年 8 月，第一次世界大戰爆發，他於四個月後近聖誕節的 12 月被徵召入伍，隸屬埃塞克斯義勇騎兵隊（Essex Yeomanry），負

責在深水灣至香港仔一帶巡邏，因此贏得了「深水灣輕騎士」（Deepwater Bay Hussar）的稱號（Young, 1988: 90）。後來，他回到歐洲戰場，兩次在法國的戰役中受傷，其中第二次更因炸彈在身邊爆炸令他失去聽覺（Young, 1988: 90）。

至於杰克·施懷雅的幼子 AG·施懷雅，遭遇則更為不幸，他尚未畢業便加入軍隊，被派駐歐洲戰場。1915 年，他在比利時一個名叫伊珀爾（Ypres）的小鎮中戰死，那年他尚未滿 19 歲（Young, 1988: 90）。除了杰克·施懷雅的兩名兒子奔走於槍林彈雨之中，哥連·史葛其中一名弟弟亦曾投軍，上陣殺敵，亦如 AG·施懷雅一樣戰死沙場（Bickers, 2019: 210）。[4] 除了施懷雅及史葛家族的子弟們參軍抗敵，集團員工亦有不少加入軍隊，有些成為正規軍，有些則是志願軍，亦有些是後方的輔助服務崗位，他們當中亦有不少人在戰場上喪生，或是受到不同程度的傷害。

先不論財物損失，只從太古系員工在戰爭中的傷亡，也能看到其慘烈程度。具體的參軍或傷亡數字已不可考，但某些重大事故或事件的碎片可作一些佐證。據 Bickers 所指，在 1918 年底，太古系約有 50 名員工加入軍隊，其中 35 名來自太古洋行，當中三分一受聘於中國及日本，亦有一些華人員工入伍。有關戰爭犧牲者的數字則顯示，1918 年，太古輪船旗下的「四川號」和「安徽號」被魚雷擊中，共有 11 名員工喪生，另外的「玉州號」有 46 名印度船員全部遇難。藍煙囪輪船中，有 23 名透過太古洋行招聘的海員亦在炮火中喪生。1923 年，港英政府為戰時遇難者豎立紀念碑，與太古洋行有關、有名可考者 17 名（Bickers, 2019: 210-211），至於家族成員的 AG·施懷雅和哥連·史葛胞弟亦是陣亡者，可見第一次世界大戰給太古系及其家族帶來了巨大傷害。

戰爭期間，雖不代表生意一定不好，但風險極高則是不爭的事實。由於一戰的主戰場在歐洲，中國及日本等亞洲市場受到的打擊較少，所以航運、食糖及造船生意其實不差，哪怕約翰施懷雅父子公司主力的歐洲貿易生意受到較

大影響，但某些物資利潤較高，拉上補下，令集團在烽火連天之時仍能保持發展。反而是日本商人在這段時間發展急速，成為洋行的直接競爭者，給太古系帶來巨大威脅。

具體來說，日本輪船巨企如日清輪船株式會社，有意染指中國航運市場，令本來居於龍頭地位的太古輪船有多條航線的利潤被削弱，市場佔有率也遭蠶食；太古食糖情況較好，因不少地方生產停頓，令食糖價格大漲，惟日本商人隨後投入市場，引入較先進的生產設備，給太古糖廠帶來巨大衝擊；太古船塢在戰爭時期曾有不少新訂單，更有一些改裝舊船以防炮火的生意，可說是「因禍得福」。即是說，戰爭期間，儘管歐洲戰場生靈塗炭、生產停頓，但遠離主戰場的地方生產不斷，太古系在東方的生意仍能繼續發展。

1919 年 11 月，一次世界大戰終於結束，無數民眾為重見和平歡欣起舞。杰克・施懷雅在高興之餘，亦力圖盡快恢復各項業務，增加生產，擴大市場佔有率，所以無論輪船服務、食糖生產、造船，以及貿易代理等生意均全面展開。此外，在戰後不久，他委任長子 JK・施懷雅為董事，調派來華，進入太古洋行，主管人事任命、升遷及培訓，此舉自然是為了下一波接班作準備。

可惜，經歷漫長戰亂之後，無論是世界經濟、英國經濟，甚至是中國內地與香港的經濟，均未能在一時三刻間復甦，大小經營舉步維艱，太古系的各項生意亦各有進退。食糖生意曾經甚好，惟日本商人在不同層面的直接和間接競爭，令太古系感到巨大壓力。而更讓杰克・施懷雅大傷腦筋的，是自進入 1920 年代起，受民族主義抬頭的牽動，中華大地包括香港出現連番工潮，而太古系各企業擁有數目龐大的員工，自然受到影響，其中又以 1921 至 1922 年海員大罷工的衝擊最為巨大（鍾寶賢，2016：96-98）。

資料顯示，一戰結束後各種資源緊絀，令全球各地生活成本急升，一切生活所需都依賴外部供應的香港，民生壓力自然有增無減，加上港幣因匯率急

跌，更令物價騰貴，依靠微薄固定收入的海員首當其衝，生活捉襟見肘，太古輪船及太古船塢的職工乃發起工業行動，要求僱主增加工資，改善待遇。由於有來自中國的政治力量滲入其中，加上華人海員發現，同樣工種的外籍海員，工資待遇卻倍高於他們，這種赤裸裸的不公平更加深他們的不滿，大規模工潮已在一觸即發的邊緣。

華人海員多次與船主談判，但太古、渣甸等洋行大班及華人船主們均覺得工人要求過高，只答應給予一些生活補貼。海員不滿結果，終於 1921 年底發動大型工潮（Bickers, 2019: 234-236）進行杯葛。當時，港督司徒拔採取強硬手段應對，通過戒嚴令，並將香港海員工會列為「非法團體」，刺激了其他行業的華人員工的情緒，令問題不斷升級，廣州及香港的大小碼頭運作停頓，貨物無法起卸，嚴重影響生意及經濟。1922 年 3 月 4 日，部分香港罷工工人北上廣州，打算參加串連，路經沙田時遭到港英軍警阻止，工人繼續前進，軍警開火阻截，造成三死八傷，史稱「沙田慘案」，令社會嘩然，工人的抗議浪潮更為熾烈，給殖民統治帶來巨大的壓力（王建初、孫茂生，1986；蔡榮芳，2001）。

事件之後，港府及船主作出讓步，前者恢復海員工會合法地位，後者答應增加工資一成半至三成，但海員要求船主「支付罷工期間一半工資」這點卻遭拒絕，令事件還是無法完結。為此，扮演「調停人」角色的巨富何東，據說提出由自己捐款，支付相關工資，令勞資雙方有了下台階，持續四個多月的問題最終才得以解決，海員重回工作崗位（鄭宏泰、黃紹倫，2009）。

然而，這次工潮完結三年後，另一場曠日持久、衝擊更大的大罷工又起，那便是 1925 至 1926 年間的「省港大罷工」。當時，香港及廣州的海港運輸幾陷停頓，貨物滯留，沒人手起卸，各行各業的日常營運大受影響。太古系作為香港的大僱主之一，業務遍及中華大地與香港等不同地方，所受的衝擊自然較上次罷工更為巨大，航運、煉糖及造船等生意一度停頓，後來雖能局部營運，

但仍阻礙重重，令集團損失巨大。

連串工潮過後，杰克‧施懷雅深入檢討，認為罷工雖然受政治因素影響，但亦明白為員工提供更好的福利保障，有助改善勞資關係。為此，集團一方面重申 JS‧施懷雅時代「不捲入政治」的原則，另一方面則著手改善員工福利與保障，如為太古系華人員工引入公積金制度，亦增加如教育、住宿等津貼，以減輕員工生活負擔。其中較受注視的，是 1924 年於鰂魚涌創立太古華人學校（Taikoo Chinese School），為太古糖廠及太古船塢的華人員工子女提供教育和照顧（Bickers, 2019: 236-246）。連番舉動無疑有助提升員工的士氣，增強他們對公司的歸屬感，長遠而言有助企業發展。

順作補充的是，1920 至 1930 年代，由於中華大地政局不穩、治安欠佳，華南沿岸頻頻出現海盜，肆虐一時，太古輪船旗下行走於中國沿岸的輪船，便曾多次遇劫，幸好沒有人命傷亡，損失亦不算嚴重（Bickers, 2019: 269），惟這

太古船塢華人福利中心

樣的社會治安環境，給公司經營添加成本和風險，令管理層高度關注。

杰克·施懷雅領軍時，曾按其子 JK·施懷雅的建議，在人事任命方面作出重大改革，例如安排一些在管理層位置已久，卻沒突出表現的遠東高級經理退休，改為提升一些年輕主管進入管理層；還打破 JS·施懷雅年代不聘用女性，或女性只擔任副職、待遇不及男性等規定，歡迎有才能的女性加入公司，給予她們與男性員工相同的待遇（Young, 1988: 90-92; 鍾寶賢，2016：96）。連番大膽變革，令太古洋行給人「風氣一新」的感覺。

此外，公司的高級管理層在公私兩方面亦同樣出現變化。首先，JH·史葛另一兒子 JS·史葛（John Swire Scott，即哥連·史葛之弟）在 1920 年代初大學畢業後，先在倫敦其他公司工作了三年多，後來亦進入約翰施懷雅父子公司，參與業務管理，學習集團運作，為接班作準備。[5] JK·施懷雅在 1920 年代初結婚，妻子為珠麗葉·巴祈（Juliet Richenda Barclay），夫婦育有二子（John 及 Adrian）二女（Bridget 及 Gillian）。

在杰克·施懷雅治理太古系的最後階段，適值港英政府籌備成立香港大學，他決定以太古洋行和施懷雅家族的名義，捐輸巨款支持港大創立，先是捐出了 4 萬英鎊，後來再多捐 10 萬英鎊，其中大多用於創建工程學院。由於杰克·施懷雅熱心捐獻，領導太古系又取得突出成績，香港大學於 1925 年向他頒贈榮譽法律博士學位，同時獲得該榮銜的，有曾任兩局議員的御用大律師普樂（Henry Pollock）。

到了 1927 年 7 月，年過 66 歲的杰克·施懷雅宣佈，退任約翰施懷雅父子有限公司主席之職，領軍大旗交到時 44 歲的胞弟 GW·施懷雅手中，集團發展進入另一階段。杰克·施懷雅退休後，定居英國埃賽克斯（Essex）的賀寧頓大宅（Hollingdon House），享受清福。由於熱愛賽馬，他空閒時會到鄉郊騎馬或打獵，據說還出版了一本討論英法馬術的書籍（*South China Morning Post*, 26

May 1933），揭示他在放下管治家族企業的責任後，重拾自己的人生志趣與追求。

　　傑克‧施懷雅退休，由 GW‧施懷雅接手，這種兄落弟上的傳承方式，無論在英國或中國社會，其實都不罕見。儘管胞弟一直被批評性格喜怒無常，行事方式欠圓滑，常生事端，但始終他的年資和輩份都較傑克‧施懷雅的長子高，加上或許傑克‧施懷雅與繼母生前有一些協議，而且相信集團管理已上軌道，可以平穩過渡，所以決定讓位胞弟。據說傑克‧施懷雅在離職時發表了「卸任感言」，主要強調：「過去 40 年間，我一直把公司的商業利益放在所有東西之前」（Bickers, 2019: 266），一方面表明自己一切以企業為重，同時亦想告誡胞弟，應以公司利益為先。而他退下前線後，仍保留非執行董事的名銜，能夠向董事局提意見，似乎帶有約束胞弟領導的意味。

GW‧施懷雅繼立與二次世界大戰

　　這場兄落弟上的領導權更迭，雖沒令太古系的管理風格或發展方向出現重大轉變，但時局的重大變化，尤其是接班不久的 1929 年，美國股票市場泡沫爆破，掀起世界經濟大蕭條，則令像太古集團這樣的跨國企業再遭逢巨大打擊。更嚴重的是，在掙扎求存的過程中，遇上另一場世界大戰，讓家族和企業掉進另一巨大困窘。

　　新領導班子有一些明顯的分工：GW‧施懷雅主要負責太古輪船，JK‧施懷雅掌管整個集團的人事調配，哥連‧史葛則集中於太古船塢，其他高級職員如羅伯斯（Charles Collingwood Roberts）主理香港太古洋行、鄧普頓（D. Templeton）主理煉糖廠、雷特（James Reid）及赫笛（W. Hardwick）等主理太古船塢，則沒有太大改變（*South China Morning Post*, 24 February 1926）。GW‧施懷雅接班之初的 1928 年，太古糖廠迎來一個難得的發展機會，便是競爭對手

的渣甸洋行宣佈結束旗下中華煉糖廠的業務，這顯然有利太古糖廠的發展，一來因為市場上少了一個強勁對手，二來則是能以低廉價錢從對方手中買入生產方糖的設備。從此太古糖廠開始生產方糖，增加產品種類，日後大行其道。

進入 1930 年代，太古糖全力開拓馬來西亞、印尼，甚至東非、南非、加拿大和美國等過去未曾涉獵的市場。在中國市場上，太古糖會突出其「中國身份」，強調自己在中國國土上生產的特點；若是在印度等大英帝國的勢力範圍，太古糖又會高舉「英國身份」，以「一家英資公司在英國殖民地香港提煉和包裝」、「完全不經人手」的優質純正食糖作推銷，從而建立起「一個食糖帝國」（An Empire of Sugar），令太古糖幾乎行銷全球（Bickers, 2019: 255）。可惜的是，這一局面沒有維持太久，便因湧現其他競爭對手——日本、印尼及中華大地——再次令經營舉步維艱。

必須指出的是，太古糖積極發展東南亞等市場的 1929 年，大蕭條衝擊全球經濟，太古系大部份生意均大受影響。就以太古輪船為例，在 1931 年時，單是太古輪船公司，便聘用了 400 名洋人主任或工程師，約 9,500 名華人員工，當中 6,900 名在旗下 63 艘輪船、11 艘拖船及 39 艘駁船上工作，餘下 2,600 名在岸上的碼頭貨倉及其他崗位，在環球經濟嚴重不景氣下，貿易貨運銳減，生意大跌，公司面對裁員壓力。為了減少裁員，公司上下曾以壓縮開支，精簡編制，以及減薪一成等方法應對，共渡時艱（Bickers, 2019: 267-268）。

以下資料可反映太古洋行在環球航運業低迷下的表現。作為中國航運市場龍頭的太古輪船，在 1929 至 1940 年間，共有 37 艘輪船因為太殘舊而退役，但洋行只訂購了 16 艘新船，其中九艘由太古船塢建造（Bickers, 2019: 268）；退役船隻的數目倍多於新造船隻，揭示洋行的航載力或市場佔有率正大幅萎縮。更令人憂心的是，洋行擁有太古船塢，卻竟然要從外面訂購船隻，即船塢

連自己公司的訂單亦負擔不來，反映其建造技術或競爭力不足，或當時的生產力因裁員而下降。由此可見，環球航運生意的持續低迷對太古系影響之巨。

投資界有一個有趣的說法：「退潮時最能看出誰沒穿泳衣」，意思是哪些人投資穩健、哪些人有實力，在逆境時便一目了然。同理，當環球經濟嚴重衰退時，各種問題必然浮現，最能考驗制度與人事的忠誠。當時太古洋行亦呈現各種問題，有些屬人事，有些則屬制度，其中較受注視的，則是買辦制度。買辦制度的問題，一方面源於買辦既僕又主的身份，另一方面是經營環境低迷下，促使其「捐窿捐罅」（想盡方法）為自己謀利益，激發與洋人老闆的矛盾，雙方互信不再，最終導致了買辦制度的終結。

其中一個較能說明問題的例子，是「茶童問題」。所謂茶童，是指由買辦派到船上，協助乘客處理住宿事宜的人士，近似船艙服務員。由於他們是「服務員」，上船自然不用付船票；而他們受買辦指派，不視作船公司的僱員，船公司亦不會向他們發工資，收入主要來自乘客打賞。久而久之，茶童制度便因缺乏監察，加上有人刻意濫用，導致問題叢生：一方面是茶童人數日多，另一方面是他們在買辦撐腰下權力日增，在船上指指點點，影響輪船運作。船主更發現，茶童從乘客收取的打賞，竟然要向買辦繳交回佣，這種私相授受的做法，反映買辦鑽制度的空子，謀取私利（張志楷，2012；Bickers, 2019）。

在 GW‧施懷雅等管理層眼中，這種私下收取利益的做法，明顯侵蝕公司利益（Bickers, 2019: 271）。更令他們吃驚的，是買辦在不少生意上的收入，比作為老闆的他們還要高。一次，管理層對一宗食糖交易起疑，在深入調查後認為有「虛報價格情況」，於 1929 年要求香港買辦莫幹生「補償太古 25 萬港元，方始了結」，正好說明洋行對買辦的不信任（張仲禮、陳曾年、姚欣榮，1991：156）。正因此制度存在不少漏洞，甚至遭到濫用，加上隨著華洋交往的阻隔已大幅消除，GW‧施懷雅等乃在 1933 年決定取消買辦制度（Bickers,

2019: 247）。

同一年，退任主席之職的杰克·施懷雅因患上重病，長期臥床，最終於 1933 年 5 月去世，享年 72 歲。可能是受上一代影響，亦可能是性格不合之故，GW·施懷雅和 JK·施懷雅兩叔侄的關係，本來就不太好，至杰克·施懷雅去世後，雙方關係進一步惡化。其中原因可能是失去了杰克·施懷雅的制約或居間調停，兩人之間少了緩衝區，矛盾更容易被激化。據稱他們之後互不理睬，亦不和對方交談，如遇重大決策需要開會討論，坐在一起時，兩人之間彷彿有一道高牆阻隔。GW·施懷雅曾清楚表示，他對侄兒沒有信心，若然侄兒有任何建議需要他的支持或批准，必先要有下屬的堅實支持，揭示兩人關係之惡劣（Bickers, 2019: 289）。不過，儘管二人私下關係欠佳，對太古系的管治與領導卻沒太大影響，基本上仍能維持決策效率與一致性，集團內部亦沒出現嚴重的黨派之爭或權力角逐，企業仍能保持發展活力。

1920 年代末，由蔣介石領導的國民黨政府，基本上結束了困擾多年的軍閥割據局面，國家重見統一，一時間氣勢如虹，民族主義情緒高漲，與洋人洋商的關係顯得外弛內張，太古洋行作為外資大行自然受到影響，投資風險上升。當時，蔣介石想乘機收回列強在中國的特權，此點尤其觸動太古系領導層的神經，因為他們不少在華投資——尤其航運——基本上是依靠特權發展起來的，若然失去，必然無以為繼，給洋行帶來致命打擊。到日軍於 1931 年侵佔東北三省之後，全國上下的民族意識與情緒更為高漲，抵制洋貨、廢除不平等條約、收回洋人在華特權等呼聲高唱入雲，華洋關係甚為緊張。

因應這種新形勢，太古系曾作出多方面的努力以化解挑戰。首先，GW·施懷雅向英國《泰晤士報》（The Times）編輯申述，英資公司的在華業務正面臨雙重挑戰，一方面是日軍侵華對生意帶來的威脅，另一方面是南京政府著手收回洋行在華特權，兩者均給太古洋行的發展帶來「心腹之患」，難以自行應

對，要求英國政府給予援手，以進取的方法或政策保護他們的利益（鍾寶賢，2016：106）。

針對中國人的仇外情緒高漲，太古系採取更進取的方法，特別成立「中國事務部」（Department of Chinese Affairs），一方面收集與太古系生意及投資有關的情報，另一方面在不同層面上為集團宣傳，亦聯結友好力量，藉以化解流言蜚語或政治攻擊，當然亦為華人員工提供各方面的服務支援（Bickers, 2019: 250）。

此外，JK · 施懷雅於 1934 年牽頭創立新公司——太古興記輪船公司（Taikoo Chinese Navigation Co）及永光油漆公司（Orient Paint, Colour and Varnish Co），開拓長江上游的新航線及工業油漆產品等市場時，亦特別吸納華人投資者，藉以淡化洋資色彩（鍾寶賢，2016：104）。

當然，最讓 GW · 施懷雅兩叔侄大傷腦筋的，必然是太古輪船能否繼續享有在華特權的問題，故他們主動與國民黨政府謀求合作，延續利益。在 1935 年春天，JK · 施懷雅等人東來，透過不同人脈聯絡國民黨高層，又兩次會晤宋子文，談論合作事宜。據稱，JK · 施懷雅會面時表示，希望與中國商界組成「中英合資公司」，相信是藉此擺脫外資身份，但相關建議未獲國民黨接納。

雙方談判期間，抗日戰爭於 1937 年爆發，相關討論與溝通驟停。其時，日軍希望佔據長江，順勢控制沿江省市，甚至抵達大後方。蔣介石亦看出日軍圖謀，但因那時中國的武器裝備不及日軍，為了阻止日本軍艦溯長江而上，乃想出了沉塞長江政策，將大量船隻鑿沉在長江水道，當中包括海軍的軍艦，也有輪船招商局的輪船，更有許多民間輪船公司的商用船隻。例如太古輪船旗下的湖北號就被徵用，另外兩艘（黃埔號及萬通號）則被日軍扣留，給集團帶來一定損失（Bickers, 2019）。

抗日戰爭初期，由於各租界及香港等地尚保持和平，太古系的主要業務，

無論輪船服務、製糖、造船及油漆等，均保持發展，某些生意如輪船、造船業等尤其興旺。在輪船運輸方面，華資輪船公司遭到日軍攻擊，破壞嚴重，日資輪船公司則遭到華人華商杯葛，反而像太古輪船及天津駁船等掛英國國旗的洋資公司，因競爭對手受制，艙位供應減少，又有大批市民搶購船票逃難，生意一枝獨秀，高峰時船隊編制更多達 90 多艘，繁忙程度可見一斑（鍾寶賢，2016：104）。

不但輪船服務暢旺，造船生意亦應接不暇，一方面是不少本來在上海維修的船隻轉到香港，另一方面是不少船隻都需增加配備，尤其是「防襲武器」，太古船塢的生意乃興旺起來。再加上當時港英政府為了應對戰事，向太古下訂單，要求代為鑄造新船，故在戰雲密佈下，船塢反而生意滔滔（鍾寶賢，2016：109）。即是說，從抗日戰爭爆發至 1941 年底香港淪陷前，這四年多時間內，太古系的生意表現突出，集團錄得豐厚的盈利。

早年太古船塢廣告

1939 年 9 月，當中日之間的戰火不斷擴大之時，納粹德國揮軍入侵波蘭，英國和法國等歐洲國家隨即向德國宣戰，歐洲戰事擴大，民生受到巨大影響。1940 年 7 月，在歐洲戰事同樣深重的時刻，GW・施懷雅因為擔心在華特權被取消會令集團利益受損，再次踏足中國。抵埗後，他可謂深明中國官場風氣，發表了親蔣介石的言論，褒獎他為「偉人」，並在到訪

重慶時獲蔣介石接見。會晤後他接受傳媒訪問，進一步指蔣氏「很好，是今日世界最偉大的人」（pretty well the biggest man in the world today）。之後，他先是回到上海了解業務，8 月份又南下香港，會見了不少政商界人士及視察業務（*South China Morning Post,* 10 August 1940），然後又回重慶，似是想再爭取國民黨政府某些支持，之後再回上海，最後取道天津返英，於 12 月抵達倫敦，整個行程長達八個月，可見他要應付的公務不少（Bickers, 2019: 278）。

GW・施懷雅回到英國後不久的 1941 年 5 月 10 日，約翰施懷雅父子有限公司所在的倫敦必力打街，遭到敵軍飛機投下多枚炸彈轟炸，剎那間一片火海，造成超過 2,500 人傷亡，是德國向倫敦進行的多次轟炸之一。災難中，約翰施懷雅父子有限公司不但傢俬財物付之一炬，所有文件合約亦全被燒毀。曾參與一次世界大戰的 JK・施懷雅，對於那時的情況，表示「自伊珀爾以來從未看過的破壞」（never seen such ruins since Ypres），可見其破壞之巨大（Bickers, 2019: 279-280）。

半年後的 1941 年 12 月，香港遭日軍侵襲，迅即淪陷，太古系不但所有生意及財產被日軍沒收，香港太古洋行大班羅伯斯等洋籍員工更被捉拿，送往各地集中營囚禁，亦有不少人死於炮火和刺刀，太古系上下（他們自稱「太古人」）與港人一起，掉進三年八個月的黑暗歲月。至於在日軍侵略時逃離戰場的輪船，不少被英國政府徵用，有些闢作戰時運輸船，用以運載士兵、軍火或難民，有些則成為通訊船或醫療船，主要行走於地中海、西非、阿拉伯海灣、印度洋及南太平洋等地。戰爭期間，「太古損失了逾三十艘船隻，它們大多在運送燃料和軍火途中起火或爆炸焚毀，也有被敵軍直接擊毀」（鍾寶賢，2016：112）。

全球戰火不斷蔓延，大片山河淪於日軍鐵蹄的中華大地，在抗日路上漸見轉機，日軍在戰場上泥足深陷，難有寸進，無法自拔。各場戰役的得失先不

論，中國在外交上卻取得了重大成績。前文提及，1930 年代初蔣介石爭取廢除列強在華的不平等條約，但未竟成功。到了太平洋戰爭爆發後，由於中國在牽制日軍方面發揮了巨大影響力，終於在爭取同盟國——尤其美國的支持時獲得了突破。1943 年 1 月，美國羅斯福總統認同中國在抗日期間作出的巨大犧牲和貢獻，率先與中國簽訂中美平等新約，放棄包括內河航行權在內的一切在華特權。隨後，英國及其他列強亦陸續跟隨，令實行近一個世紀的不平等條約制度，最終被廢除（郭廷以，1979）。

在這個重大的外交轉變之前，早已收到風聲的 GW・施懷雅和侄兒，自然曾想方設法，四出努力，爭取延續利益。早於 1940 年，GW・施懷雅已千里迢迢跑到重慶會見蔣介石，給予很高讚美，其中一個目的，相信便是為了解決這個問題，可惜無功而回。1943 年 8 月，時任外交部長宋子文訪英期間，他們又立即爭取和宋氏見面，希望尋找合作機會，化解太古輪船在特權取消後需要撤出中國航運市場的問題，卻同樣無功而回（Bickers, 2019: 290）。在他們接觸宋子文之前，據說渣甸洋行大班亦出於同樣目的與宋氏商討，同遭拒絕（鍾寶賢，2016：106）。換言之，太古輪船等外資船公司，此後無法再如往昔般，在中國內河航線上自由航行。

明白到時不我予的施懷雅叔侄，只好立即變陣，先將一些殘舊輪船轉售他人，另一方面則把較為「新淨」又先進的輪船轉到香港，計劃改為開拓東南亞市場，太古輪船的航運生意因此出現了巨大轉變。所謂「一榮俱榮、一枯俱枯」，包括造船、駁船等生意，自然亦需同時作出應變。有關這方面的問題，將在下一章繼續討論。

回到世界大戰的進程上。以美國為首的同盟國自廢除不平等條約之後，對日戰爭不斷取得突破。進入 1944 年，歐洲戰場上，盟軍大舉反擊，節節勝利，軸心國則處處受制。在亞洲戰場上，日軍同樣處於捱打狀態，敗陣已呈。

1945 年 5 月，德國因為連番大敗，終於投降，只有日軍仍垂死掙扎，至同年 8 月 6 及 9 日，廣島及長崎先後被投下兩枚原子彈，猶如敲響日軍的喪鐘。結果，日本天皇宣佈無條件投降，世界終重見和平。

對於戰爭結束和太古系的應變，鍾寶賢如下一段介紹，無疑可以作為集團如何應對處理的註腳：

1945 年 8 月 15 日，日本終於投降，戰爭結束。施約克（JK・施懷雅）馬上乘飛機趕返香港視察，他發現太古的船隻、廠房、倉庫和辦公室皆被摧毀，廠房只剩下頹垣敗瓦，就連在山頂的兩間「大班屋」也被搶掠一空，部分建築物更連磚頭也被拆走。單單太古輪船公司便有三百多名員工不幸離世，活著走出集中營的「太古人」都形影疲憊、骨瘦如柴。然而，施約克與其他「太古人」都熬過了戰火洗禮，決意一起在焦土重建太古。（鍾寶賢，2016：113）

戰爭雖給太古系帶來巨大的傷亡與損失，但在重見和平後，他們立即投入重建，爭取恢復往昔光輝。

結語

1910 至 1940 年代，大約 30 年間，全球先後爆發兩次大規模戰爭，火頭都在歐洲不但令生靈塗炭，文明被摧殘，親人家族顛沛流離，經濟生產陷於停頓，無數大小生意亦難以為繼。這段期間，中華大地及香港接連遭遇兩次大規模工人運動，當然還有 1931 年的日軍侵華。對約翰施懷雅父子公司而言，除了不少員工在戰爭中蒙難，財物被破壞，更有戰爭及工人運動對各項生意投資的衝擊，至於期間領導大位多次傳承，亦給公司發展帶來巨大挑戰。可以這樣

說，在那個戰亂、經濟低迷、社會運動頻仍，營商環境又十分惡劣的年代，太古系能夠沉著應對，力保核心發展力量不減，實在已不簡單。

如果說逆境最能磨煉意志、考驗才幹與領導能力，那麼，這些年間的戰亂及運動頻仍，可謂極為清晰地揭示，太古系已通過了嚴峻考驗，繼續保持發展動力。進一步說，企業一方面通過了領導接班的過渡期；另一方面，GW・施懷雅雖然待人及性格都難以預測，與JK・施懷雅之間的叔侄關係又欠佳，但家族及企業仍能保持團結，沒有分裂內鬥，可見傳承制度十分成熟，能夠緊跟杰克・施懷雅的教誨，以「大我」為先共謀發展，實在值得深入探討與學習。

註釋

1   1918 年 6 月 17 日，JS・施懷雅繼室（GW・施懷雅生母）去世（*South China Morning Post.* 25 June 1918），杰克・施懷雅與胞弟之間的關係或因此而有所改變。

2   無論是太古洋行、太古輪船、太古糖廠、太古船塢或天津駁船，其註冊地均在倫敦，可見他們深明必須獲得大英帝國保護的重要性，認為這種「身份」能更好地保障生意安全。

3   渣甸洋行早於 1863 年就設立黃埔船塢，後與聯合船塢公司合併，成為當時香港最大的船塢，手執香港修船和造船業牛耳。

4   GW・施懷雅據說亦曾投身抗敵，但因他「性格怪異」（awkward character），不適應軍隊生活，最後於 1916 年被勒令退役（Bickers, 2019: 211）。

5   JS・史葛於 1931 年獲委任為董事，接替年老退休的兄長位置，其安排亦帶有濃烈的兄落弟上色彩。

第六章

四代領軍

二戰結束後的重建與開拓

二戰結束後，當盟軍中國戰區最高統帥蔣介石正埋首接掌日軍投降事宜時，英國政府捷足先登，宣佈重新殖民香港，實行軍事管治。此一「起尾注」舉動雖令蔣介石震怒，卻因英國背後有美國撐腰而無可奈何，香港因此進入另一階段的殖民管治（劉存寬，1995；孫揚，2014）。英國重新殖民統治香港大局底定，約翰施懷雅父子公司在倫敦的各項復收工作亦完成後，JK・施懷雅由倫敦飛抵香港，目的自然是接管太古系名下龐大的財產，以免遭人掠奪霸佔，並著手點算損失，收拾殘局，希望盡快恢復業務，重投生產。

對太古系而言，戰後中華大地與香港的營商環境，已有巨大轉變。正如上一章提及，自列強在華航運特權被廢除後，太古輪船、天津駁船等業務戛然而止，只有太古洋行不受影響，惟失去了輪船運輸的客貨代理，生意大不如前。另一方面，由於英國政府重新佔領香港，其作為英國「在遠東最後前哨」的地位則顯得更為突出。在接下來近半個世紀的時間裡，不但香港發展迅猛，太古系的表現更是脫胎換骨，較一眾企業更出類拔萃地壯大起來，其中一項發展則是進軍航空業，成為繼輪船運輸後另一具劃時代意義的重大投資。

JK・施懷雅登上領導大位的履歷

1945 年二戰結束時，GW・施懷雅已年過 62 歲，但他並沒按早前的內部安排般退休交棒，把大權交到侄兒手上（Bickers, 2019: 292）。儘管如此，他退下火線的大局已定，所以已沒有走在接管業務、領導重建的前線上，而是由侄兒 JK・施懷雅主持大局，統領一切。儘管那時 JK・施懷雅亦已年過半百，不復年輕，但他一直身壯力健，充滿拚勁，尤其對恢復太古系昔日輝煌抱有一股雄心壯志，所以表現得十分進取和積極。

進入 1946 年，英國恢復民政管治，JK・施懷雅在倫敦完成盤點當地所有財物及復收生意後，於同年 2 月親自乘飛機東來，先在香港了解情況，繼而踏足上海等地，四出查找遭到破壞的集團資產和物業，例如港島山頂的「大班大宅」、上海的太古輪船，以及散佈各地的碼頭及倉庫等，並探望生意夥伴及老員工。對於戰爭給集團及人命造成的巨大損害，他深感傷痛。

同年中，香港結束軍事管治，淪陷時被日軍俘虜的港督楊慕琦（Mark Young）返港復任，JK・施懷雅回到倫敦，應再次向叔父施壓，要求他兌現退位承諾。最終在 1946 年 11 月，GW・施懷雅宣佈退休，JK・施懷雅正式登上太古系的領導位置（Bickers, 2019: 317）。相較之前的接班，這次進程並不暢順，究其原因，相信是叔侄之間感情欠佳、互不合作有關。據 Bickers 引述，JK・施懷雅在私人日記中指，叔父在公司內的工作不多，早在 1942 年已同意退休讓位，但卻一直拖延，不肯退下。幾經爭論後，二人終於在 1943 年 9 月達成協議，當時 60 歲的 GW・施懷雅答允在「戰爭結束」後交棒。惟待二戰結束後，他又再拖延了一年多，直至 1946 年 11 月才全面退下。由此可見，GW・施懷雅對交棒一事相當不情不願，與 JK・施懷雅拉鋸甚久，才願意放手（Bickers, 2019: 292 and 317）。

退位三年後的 1949 年 11 月 18 日，GW・施懷雅因病去世，享年 66 歲

（*South China Morning Post*, 20-22 November
1949）。從遺囑可見，他一直未婚，亦沒
有子女，所以把絕大部分遺產（除稅前約
值 179,210 英鎊）留給 JK・施懷雅的兩名
兒子（當時分別為 23 及 18 歲，見下一節
討論），但指明到他們 25 歲時才能接收；
另外，他把自己收藏的雕刻及書籍等，全
數捐給母校伊頓公學，並要求將它們在圖
書館永久保存（*South China Morning Post*, 22
February 1950）。GW・施懷雅乃攝影「發

JK・施懷雅

燒友」，於 1930 及 1940 年代到華時均帶著大型照相機，拍了不少當地風土人
情的珍貴照片，相信也包括在該批捐贈品中。

　　儘管 GW・施懷雅與杰克・施懷雅及 JK・施懷雅，在做人做事等不同層
面上時有爭拗，關係欠佳，在接班問題上更曾鬧得極不愉快，但到臨終時，終
生不婚亦沒有子女的 GW・施懷雅，還是把財產及股權悉數交給施懷雅家族的
後代——兩名男侄孫，可見他家族觀念強烈。施懷雅家族對整個太古系的掌
控，因此又再次集中於杰克・施懷雅一脈之中，不會因分枝或分家而削弱其發
展力量。

　　GW・施懷雅去世翌年，哥連・史葛亦離世，享年 70 歲。從其訃聞的報
導可見，他後期應該離開了太古系，返回自己家族的旗艦企業史葛造船廠，
出任主席之職。報導同時提及，他經常到東方考察業務，可見東方市場乃家族
企業的重要投資所在。至於太古系企業，為了表示悼念，亦全線下半旗致哀
（*South China Morning Post*, 10 December 1950）。此點既顯示哥連・史葛對太古系
的貢獻，亦反映他與施懷雅家族的深厚關係，可說是利物浦商人家族關係緊密

的一個註腳。

回到 JK・施懷雅接班的問題上。到底他有何突出個性？登上大位前在太古系做出了哪些成績？扮演甚麼領導角色？正如上一章粗略提及，從牛津大學畢業後即加入太古系工作的 JK・施懷雅（又稱施約克），不久就遇上一次世界大戰，他曾與胞弟等人投身軍旅，走上前線，帶領下屬奮勇殺敵，結果胞弟戰死沙場，他則受了重傷，導致失聰（Young, 1988）。

到一戰結束後，JK・施懷雅重返家族企業，為傳承接班做準備。他被父親調派東來加入太古洋行，不久進入了董事局，成為董事，主要工作是人事管理，在公司管治和領導上扮演吃重角色。當年他年輕力壯，具魄力、有理想，做事做人直來直往，在經歷了一段摸索與了解後，覺得洋行上下充斥著暮氣沉沉、工作散慢、欠缺團隊精神等問題。畢竟太古洋行自其祖輩創立至 1920 年代，已經過了半個世紀，某些制度安排，未必能配合當時的社會變遷。JK・施懷雅針對那些過時的安排或工作氛圍，提出了不少批評，且決心推行改革。他在自己的個人日記中這樣寫：

太古洋行缺乏團隊精神因為：一、倫敦方面不夠人性化和不熟知本地（東方）情況；二、太多呆子佔據了東方的上層；三、部門領導崗位乃好職位，年過半百便不應再佔著；四、出任大班之職者亦不應超過五十歲；五、倫敦及東方的大班們應更多説「多謝你」；六、職員們並不認識他們的主任領導，遑論有個人情感。（Young, 1988: 90）

另一方面，他又對當時的人事任命與晉升問題，提出如下敏銳觀察與辛辣批評：

（下屬）若有請求，必須立即採取行動，這不只是你如何給予，而是你給予的方法……若不能晉升至高位的職工，應一開始便告知他們，請其要另謀高就，不要製造尸位素餐者。（**Young, 1988: 90**）

還有常被提及的，是 JK · 施懷雅提倡應該給予有表現、有能力的女性與男性相同待遇，此點可說是改變了「祖訓」，因祖父 JS · 施懷雅曾落下指示，太古洋行不應聘用女性（Young, 1988: 91）。一戰期間，女性作出了巨大貢獻，戰後興起了熱熾的婦女運動，JK · 施懷雅聘用女性的改革，雖說是受此牽引，但亦與他本人思想較開明開放有關。這次重大的策略調整，無疑影響了集團的人事佈局，延伸至日後進軍航空業時，更以女性擔任空中服務員。

同樣值得注意的，是年輕時的 JK · 施懷雅，似乎已看破金錢的本質，認為營商賺錢是為了團體利益，提醒自己不要成為金錢的奴隸，為一分一毫斤斤計較，甚至為了賺錢而不顧道德與原則。他曾在日記中寫道：「金錢距離萬能還差得很遠」（money is not everything by a long chalk）（Young, 1988: 90）。即是說，生於巨富家族的 JK · 施懷雅，能看穿金錢的局限，令其在帶領家族企業不斷發展時，不致掉進金錢至上、唯利是圖的困局中。

全力推動人事變革期間的 1923 年，年過 30 歲的 JK · 施懷雅宣佈結婚，妻子為珠麗葉 · 巴祈來自大家族，夫妻先後育有兩子[1]兩女，令小家庭人數大增。雖然家庭責任變大了，但 JK · 施懷雅仍醉心工作，照料子女的重任落到妻子身上，他本人則成為父親杰克 · 施懷雅的得力助手。到 GW · 施懷雅擔任集團最高領導時，因性格問題與員工溝通不順，JK · 施懷雅乃承擔更多實務，與下屬打成一片，成為集團決策落實與執行的關鍵人物。

太古系自 1867 年創立後近半世紀，因為時代變遷，某些制度或管理安排已問題叢生，較尖銳的包括制度僵化、效率下滑、人事關係糾纏複雜等，上一

章提及買辦制度與茶童問題，便是很好的說明，既影響集團利益，亦削弱其競爭力，窒礙它不斷向前發展。

這些情況，自然引起領導層的憂心和不滿，而為此大刀闊斧地進行改革的領導與核心人物，便是 JK・施懷雅。他乃家族企業的「太子爺」，推行改革時，就算遇到阻力，仍可手起刀落，說一不二，最終讓太古系擺脫垂垂老矣的狀態，重拾活力。這個過程，讓 JK・施懷雅建立起良好的個人形象，不會讓人覺得他是虎父犬子，而是充滿魄力，做事決斷，具才華和領導地位，成為他履歷的重要亮點（Young, 1988）。

也即是說，早在 1914 年從牛津大學畢業後便加入太古洋行，為接班邁出腳步的 JK・施懷雅，儘管一戰爆發改變了家族某些安排及個人遭遇，他在戰場上命懸一線，多次受傷，但軍旅紀律、戰場歷練，以及戰後重投家族企業的多層面管理經驗，無疑強化了他接管企業後的使命感和責任感。他還看到公司制度與運作問題叢生，銳意改革，藉以提升競爭力和生命力，而他「講得出做得到」的決心和意志，最終令太古系「大變身」，他本人亦因此樹立了領導地位。至於更為核心的血脈因素——即他來自施懷雅家族，乃杰克・施懷雅長子、JS・施懷雅長孫，這正統繼承人的條件，使他最後登上領導大位，亦順利完成了整個接班過程。

完成接班的業務重建與重組

上一章曾提及，不知出於甚麼考慮，叔父 GW・施懷雅一直不想退下火線，令本來應在進入 1940 年代便接班交棒的安排，延期至 1946 年才完成。面對叔父的拖拖拉拉，初時由於戰火未止，JK・施懷雅似乎沒有過度逼迫或反對，但到二戰結束，重見和平後，由於企業重建、恢復業務與爭取商機等，需要領導層言及履及的果斷決定，所以 JK・施懷雅據理力爭，成功令叔父依承

諾退位，終於完成了接班進程。

　　從資料上看，自 1946 年起，JK・施懷雅走上指揮的前台後，先作出了重要的人事任命，包括委任二戰時應召入伍，戰後重投太古的羅伯斯為大班，[2] 由他全權處理香港業務的日常管理。羅伯斯後來獲港英政府委任為立法局議員，[3] 同時亦出任滙豐銀行董事及總商會董事等職位。之後，JK・施懷雅領軍重建太古糖廠及太古船塢，恢復生產；另一方面則因應中國內地政治形勢的轉變，作出業務重組等策略性調整；當然亦全力爭取世界新發展帶來的新機遇。本節先討論太古如何整固舊有業務，以及對內地的投資調整，下一節再集中探討新開發的投資。

　　先說太古糖廠及太古船塢。兩者在日佔時期均被日軍以「接收敵國資產」為理由掠奪佔用，並改了日本名稱，前者稱為「香港糖精廠」，後者初期易名「三井船廠」，後再改為「香港造船所」（鍾寶賢，2016：111）。由於兩者在戰時仍維持生產和運作，設備基本上保持完好，戰後只要簡單維修，便能迅速投入生產。前者因市場較好，恢復較快；後者因環球航運業低迷，生意不足，要經歷一段長時間的不景氣，才能恢復活力。

　　再說因應中國內地政治形勢轉變的業務重組。正如上一章提及，自 1943 年列強廢除在華特權後，像太古輪船等洋資公司，退出中國內河及沿岸航線的市場，只能保留部份香港、上海及重大城市的「對外航線」，生意大跌。為此，JK・施懷雅嘗試開拓東南亞市場，儘管起初的發展差強人意，但經過一段時間，還是闖出了另一片天，例如日後在澳洲及新畿內亞開發的新航線，便取得不錯成績。

　　另一方面，因應洋行的貿易生意出現市場競爭，與業務焦點轉變，JK・施懷雅只好減少在華的資本投入，並吸納其他投資者加盟，以分散風險，其中之一便是於 1947 年 7 月與 MacLaine Watson & Co 合作，共同組成太貿洋行

（Swire & MacLaine Ltd），全力開拓國際貿易生意。同年，JK・施懷雅又將永光油漆廠由上海遷到香港，與利希慎家族掌控的國光油漆廠（Duro Paint Co）合併，成為太古國光公司（Swire Duro Ltd），日後香港走向工業化，經濟規模與人口日增，這盤生意獲得了不錯的發展。以上連串舉動，既能吸納新資本，同時亦成功分散風險（Bickers, 2019: 318）。

JK・施懷雅上場後第二項重要工作，就是對內地的投資調整。戰後，中國人民只享受了一段短暫的和平日子，不久國共兩黨便因政治爭拗而兵戎相見，於 1947 年下旬爆發內戰。令人始料未及的是，無論武器、軍力及戰爭資源均遠遠不及國民黨軍隊的解放軍，不久即傳來連番捷報，國民黨則連吃敗仗，屢丟城池，控制地區銳減，軍隊士氣更是一落千丈，國民黨的統治正岌岌可危（郭廷以，1979）。

面對這個局面，JK・施懷雅自然感到擔憂。由於集團在包括香港在內的中華大地擁有龐大投資，施懷雅家族曾多次與國民黨人接觸，一來了解應對之道，二來相信亦是尋求政府給予法律保障，讓洋行生意可以繼續下去。當時在內地負責處理中華大地業務的，是哥林・史葛的胞弟 JS・史葛。在 1948 年，戰局已對國民黨十分不利，據說他為此特別拜訪宋子文的府邸尋求協助。令 JS・史葛驚訝的是，那時宋子文卻在悠閒地打牌，並在被問及國民黨將如何應對時表示，中國是對抗共產主義的前線，國際社會必會給予支持。像宋氏這樣的國民黨高層，竟不知道大勢已去，仍寄望外力（國際社會）支持，實在完全錯判形勢，Bickers 更筆鋒辛辣，語帶相關地諷刺，他們口口聲聲呼籲全黨上下「全面戰鬥」（all fight），私下卻收拾細軟，急急「全面飛走」（all flight）（Bickers, 2019: 319）。

結果，國民黨全面潰敗，退走台灣負隅頑抗，共產黨則取得全面勝利，於 1949 年 10 月 1 日宣佈成立中華人民共和國，英國政府於 1950 年 1 月，立即承

認其作為中國唯一合法政府的國際地位。由於中華大地實行社會主義，像太古洋行般的英資企業始終十分擔心，他們的生意及私人財產如何能得到發展和保障。然而，共產黨執政之初，國內的生意及投資氣氛均很不錯，不少經營者仍繼續獲利，某些較進取的公司更因此加大投資，以期爭取更大發展機遇。

但是，自朝鮮半島爆發戰爭，中國政府派兵支援朝鮮政府，招來以美國為首的西方國家實施「貿易禁運」制裁，令全國上下氣氛驟變，中國政府亦作出反擊，嚴防西方人、貨物及資訊等進入，營商環境亦惡化，大小公司的營業額銳減，甚至蒙受巨大虧損。JK・施懷雅對這突然的轉變自然十分擔憂，並時刻關注不同高級職員寄來的滙報。例如負責上海事務的卡雷（Deryk de S. Carey），曾經給他寫道：「共產主義沒有空間給人冒險」（there is no room for adventure under communism），提出結束在華業務，全面撤退（Bickers, 2019: 328）。

後來，中國政府為了讓私營企業（私有制）逐步過渡為公營（公有制），開始推行公私合營制度，並採取「對價轉讓」的方法，讓私營公司退出離開。其中，施懷雅家族佔有一定股份的上海藍煙囪輪船，其名下賀特碼頭（Holt's Wharf）的物業與經營權，於 1952 年按「對價轉讓」模式交出（Bickers, 2019: 329），算是起了「示範作用」，讓不少洋行外資看到一個退出機制。

雖然不願意退出中國內地這個龐大市場，但政治環境改變，無力回天，加上各方面的評估均極不利私營企業發展，不少企業與投資又先後接受中國政府的條件，改投「公私合營」之路，JK・施懷雅最後亦只能將資產售予中國政府。由於事關重大，JK・施懷雅據說曾在 1954 年 5 月再次親臨香港，在深入了解中國政局及各種問題，並聽取各方意見和分析後，才作出撤退的最後決定。他在日記上這樣寫：「決定盡可能全面撤出中國」（decided to get out of China lock stock and barrel if possible）（Bickers, 2019: 328）。

之後，他派出深受信賴的高層管理人員馬殊（John March）到上海，處理撤退一事。為了維護集團在華利益，馬殊據說曾和當地幹部激烈爭拗，據理力爭，但最後還是只能接受官方開出的價值估算及標準，於同年底全面退出在華投資，結束自 1860 年代起近一個世紀在內地的發展（鍾寶賢，2016：Bickers, 2019）。

幸好，太古洋行在港業務發展不俗。1950 年，羅伯斯退休，[4] JK・施懷雅委任白克活（John A. Blackwood）接任太古洋行大班之職。這位被視為「可靠老手」（a safe pair of hands）的白克活（Bickers, 2019: 328），生於 1904 年，熱愛運動，尤其是高爾夫球，他於 1930 年代東來，加入太古洋行，並在 1939 年一場高爾夫球賽中，因一桿入洞而成為佳話，惟二戰期間則沒有他的消息，可能是被送入了集中營。戰後，他重投太古洋行懷抱。自擔任大班後，他同樣因為來自太古洋行的關係，先後獲任命為立法及行政局議員，亦出任滙豐銀行與總商會董事之職（*South China Morning Post*, 12 December 1939 and 31 December 1957）。

二戰結束後，百廢待興，適值 JK・施懷雅剛登上領導大位，一心專注戰後重建，希望能令集團獲得更好的發展。可惜，剛踏出重建步伐不久，一來中華大地內戰再起，共產黨迅速打敗國民黨，新成立的中華人民共和國實行社會主義，容不下民營企業；二來朝鮮半島爆發戰爭，東北亞地區成了火藥庫，令東西方掉進「冷戰」格局，太古的眾多在華投資大受打擊，最終只好以「對價轉讓」模式，退出發展近一個世紀的中華大地市場。這一變故，無疑令企業損失慘重，但畢竟也是果斷安排。自此之後，集團改為深耕香港，力圖藉著這個連結華洋中外的樞紐之地，東山再起，恢復昔日輝煌。

入股國泰航空的展翅高飛

對於施懷雅家族及太古集團而言，二戰後進軍航空業的大舉開拓，無疑就如十九世紀五、六十年代進軍輪船業般，具有劃時代意義，既推動全球化進程，影響了香港與不同地方的交通往來，亦奠下家族及集團在國際商業上的地位，令其可在二十及二十一世紀繼續飛躍，維持發展活力。至於JK‧施懷雅等領導，在航空業方興未艾，而中華大地又出現巨變之時，能夠捷足先登，實在是緊跟祖訓，因為JS‧施懷雅在生時曾指出：「你應向前看，搶佔先機，這比落後於人時才想去爭佔好位置可取」（Bickers, 2019: 23）。

然而，JK‧施懷雅率領太古集團開拓航空業的故事，卻要從第二次世界大戰結束說起。當時，大批戰機退役，一些具企業家精神的退役機師，乃萌生經營航空公司的想法。綜合各方資料顯示，聯繫全球不同角落，令太古集團名揚世界的航空生意投資，始於兩名退役空軍機師：一位是美國籍的法尼爾（Roy Farrell），另一位是澳洲籍的堪茲奧（Sydney de Kantzon）。據說，他們都是二戰期間極出色的機師，堪茲奧更曾在接載蔣介石和宋美齡夫婦時立下大功，被視為飛行英雄。惟二戰結束後，戰機被淘汰，英雄退役亦無用武之地，但兩人具有一定的企業家精神和生意頭腦，於是改投商海，利用那些退役飛機，經營航空客貨運輸生意。

他們在戰後投得一些退役飛機，成立了國泰航空公司（Cathay Pacific Airways），經營客貨航空運輸業務，生意理想，其中又以香港與澳門之間的航線辦得有聲有色，盈利

早年國泰飛機在香港上空一景

豐厚，引來市場注視（Young, 1988）。其實，包括太古洋行在內，不少具敏銳商業目光的財團，早已對航空生意虎視眈眈，因為飛機在二戰時期的廣泛應用，令他們覺得航空業深具潛能，會是未來高檔客貨運輸的主流，值得發展。

事實上，早在法尼爾和堪茲奧二人創立國泰航空公司之前，英國海外航空公司（British Overseas Airways Corporation，簡稱 BOAC，前身乃帝國航空公司 Imperial Airway）已不斷壯大，開始拓展亞洲業務，並招納渣甸洋行和滙豐銀行等香港財團為股東，創立了香港航空公司（Hong Kong Airways Co Ltd），希望搶佔先機，大力開拓亞洲區這個新市場，以免落後於人。即是說，二戰後的航空業界，其實早有不少目光如炬的企業家，因為看到背後的巨大市場潛力，計劃投入其中，並為如何捷足先登而絞盡腦汁、全力以赴。

可以想像，具國際視野又清楚世界大勢的 JK．施懷雅，很早便被航空業吸引，希望投身其中，為家族及太古系締造新的發展亮點。英國海外航空公司牽頭創立香港航空公司，已讓其心急如焚，擔心再不迎頭趕上，便會失去先機。至 1947 年，他的機會終於降臨。當時，香港殖民地政府作出一項重大決定，要求在香港註冊的航空公司，必須符合英資或本地資本的條件，否則不能使用香港空域，亦即不能在港經營航空生意（鍾寶賢，2016：135）。這條新的法律，為太古創造了一個千載難逢的機會，恍如「度身訂造」了進入航運業的門檻，成為施懷雅家族進入這個方興未艾的新市場的重要轉捩點（Young, 1988）。

由於法尼爾及堪茲奧二人皆非英籍，在新法例規限下，他們創立的國泰航空公司未能符合法例要求，不能取得香港航空權。但公司的業務以港澳為主，一旦禁飛香港，便如廢掉了武功，真正是「英雄無用武之地」了，所以他們主動尋求具實力的英資或華人資本支持，希望讓公司繼續營運下去。而 JK．施懷雅早已垂涎該公司的發展，立即伸出友誼合作之手，大家一拍即合。

由於雙方都有對方所需的條件，合作能產生巨大效益，令商討過程十分順利。至 1948 年 2 月，JK・施懷雅由倫敦親到香港，與法尼爾和堪茲奧等人商討具體注資及股份安排，敲定最終合作方案。大家的決議是：施懷雅家族以太古洋行和太古輪船的名義注資澳洲國家航空，並以此公司名義持有國泰八成股權，而堪茲奧和法尼爾等則分佔餘下兩成（鍾寶賢，2016；Young, 1988; Bickers, 2019）。也即是說，因為香港殖民地政府航空政策的改變，令施懷雅家族幸運地取得一家已經有不錯基礎的航空公司的控制權，並在日後將它打造成家族另一個旗艦事業，翱翔全球。

　　施懷雅家族掌控了國泰航空公司之後，將公司架構重新組合，安排太古系的員工加入公司管理層，由太古洋行擔任國泰航空的總代理，洋行大班羅伯斯出任國泰主席，日常運作則仍由堪茲奧負責。由於看好航空業前景，JK・施懷雅更加大資本，增購飛機、開闢航線，大力進行業務推廣等，令國泰航空脫胎換骨，成了一間更具實力及競爭力的企業。

　　就像約一個世紀前，太古在輪船運輸業方興未艾時進入中國航運市場，迎來競爭對手的猛烈攻擊，這時國泰航空也同樣，要面對香港航空公司的巨大挑戰。以香港這個彈丸之地，市場規模有限，實在一山不能藏二虎，但大家都發現無法將對方趕離市場，而割喉式競爭又不利生存，於是最終選擇坐下來，商討如何分割市場，避免直接對碰。結果在 1949 年，JK・施懷雅與香港航空公司的母公司——英國海外航空公司——簽訂協議，各佔「南北」市場，不直接競爭。

　　他們所指的「南北」航空市場，是以香港地理位置為中心的劃分方法。香港以南，包括星馬泰等東南亞國家及澳紐等地，由國泰航空發展；香港以北，是指中華大地、台灣、朝鮮半島及日本等地，由香港航空發展。本來，無論人口及社會富裕程度，北方市場都應看高一線，較南方市場優越，即香港航空佔

有較大市場份額，具有更大競爭優勢。但不久中華大地變天，朝鮮半島又爆發戰爭，令香港航空生意銳減，支撐不下，於 1950 年代末退出市場，國泰航空乃「一統南北」，獨佔香港航空市場，從此發展腳步更為急速（鍾寶賢，2016）。

　　JK・施懷雅與香港航空簽訂協議後，於 1950 年調派了一名出色的管理人才鈕魯詩（William C.G. Knowles）主理國泰航空。鈕魯詩於 1908 年 1 月在印度孟買出生，父親乃會計師。他本人為數學天才，1929 年在劍橋大學數學系畢業後東來，到上海加入太古輪船，走遍天津、長江流域及香港等地。二戰爆發後，他應召入伍，加入印度軍隊，主要防守西北戰線，由於表現卓越，晉升到上校軍銜，並曾擔任加爾各答助理海港主任之職。和平後，他重投太古輪船懷抱，並轉到香港發展（*South China Morning Post*, 6 June 1965）。

　　加入國泰航空後，鈕魯詩為推動公司業務發展，推行了多項突破性策略，例如不惜花巨資引入新型飛機，提供安全快捷的空中服務。另一項備受注視的決定，則是聘請女性擔任空中服務員，在那個年代被視為創舉（Bickers, 2019: 349），給女性提供了工作機會，不少年輕女性更把「空中小姐」的工作視為理想目標（鍾寶賢，2016：154-155）。

　　為了更好地配合國泰航空的發展，鈕魯詩致力發展香港飛機工程公司（Hong Kong Aircraft Engineering Co, 簡稱 HAECO），[5] 日後又發展了太古航空食品供應公司（Swire Air Caterers Co）和太古旅遊等生意，一來增加了國泰航空的綜合競爭力，二來亦令太古系的生意和投資進一步多元化。鈕魯詩在任內全力開拓市場，加大投資，令公司逐步踏上軌道，不斷發展。以乘客數目為例，1949 年，國泰航空的總載客量為 9,345 人；十年後（1959 年）增加至 68,929 人。而鈕魯詩則於 1957 年獲 JK・施懷雅任命為香港太古大班，接替年老退休的白克活（The University of Hong Kong, 1964; *South China Morning Post*, 31 December 1957; Bickers, 2019: 347）。

順作補充的是，鈕魯詩亦獲委任為立法及行政兩局議員，是太古系進入港英政府管治核心的代表人物。1964 年，他在太古系退休後，獲香港大學頒贈榮譽博士學位，並受聘為校長，但任職只有一年左右便於 1965 年離去，之後加入萊特海運公司（Lloyd's Register and

1960 年代國泰航空總部

Shipping），擔任執行董事。三年後，他因病死於前往耶加達的旅途上，享年 61 歲（*South China Morning Post*, 6 June 1965; 12 January 1969）。

經過十年時間打穩基礎後，進入 1960 年代，國泰航空真正展翅高飛，其中乘客數目和市場份額佔比雙雙大增，就是最好的說明。由於引入了新型飛機（Electras 型），加上開拓日本航線，令載客量大升，就以 1967 年為例，香港的航空旅客有 1,300,000 人，其中 325,000 人乘坐國泰航空，即約佔總航空客運量 25%。之後的 1969 年，佔比上升至 30%，到了 1970 年代中，更增加至四成左右，可見公司發展腳步十分迅速（Bickers, 2019: 340）。

科技進步，交通運輸不斷改善，乃促進全球化的最大力量。若果說海運技術是十九世紀中葉的重大突破，到二十世紀中葉則無疑是空運，施懷雅家族參與其中，扮演了領導者和開拓者的角色。就如祖輩當年開拓輪船市場般，以 JK・施懷雅為領導核心的太古系，同樣看到航空業的機遇，準確拿捏，進一步解決了國際交往受山川地理阻隔的問題，帶來巨大突破，人與人之間的連結，貨物、資訊及資金的流通，出現劃時代轉變（Friedman, 2010）。而隨著飛機速

度不斷提升，航線擴展到全球不同角落，亦令太古系、國泰航空與施懷雅家族的名字在這個過程中變得家傳戶曉。

與香港工業並肩前進

太古船塢的輪船鍋爐

國泰航空自進入 1950 年代後錄得突破性發展，躍升為香港航空業龍頭，太古系其他實業的投資，亦因香港經濟走向工業化而同步向前。一方面，太古輪船的生意經過一段低迷期後走向復甦，逐步恢復活力，連帶太古船塢亦增長起來；另一方面，食糖生產仍然大有可為，甚至開展了飲料市場，產生協同效應。以上兩個層面的生意，基本上在 JK・施懷雅掌權時轉危為機，並獲得不錯發展。

正如上一節粗略提及，自 1950 年代退出中華大地的航運市場後，太古輪船把發展焦點投到了香港、東南亞及澳洲等地，並放眼遠洋運輸。儘管如此，對於太古船塢，因資本投入巨大，設施和設備等又搬不動、運不走，令 JK・施懷雅甚為擔心。當時中國內地的政治形勢雲譎波詭，隨時波及香港，如果香港被收回，則其投資將如在中華大地般，一夜間「化為烏有」（Bickers, 2019: 358）。

在深入思考，並與高層管理進行多方面商討後，JK・施懷雅於 1958 年作出了重要決定，將約翰施懷雅父子公司持有的太古船塢其中三成股權（300,000股），在香港交易所上市集資，以每股 33 元的價錢公開發售，以減少家族對香港船塢生意投資的過度集中，降低風險。為此，香港的管理層如金銘（M.S.

Cumming）等全力推動太古船塢上市，雖然那時香港的股票市場，尚未從中華大地變天的大局中恢復過來，投資氣氛仍然薄弱，但在他們努力下，市場認購反應理想，太古船塢最終於 1959 年 4 月成功上市，太古的發展又再邁出重要步伐（*South China Morning Post*, 1 April 1959）。

上市後，太古集團既獲得一筆資金，同時又保有船塢生意，加上集團本身擁有的輪船公司，所以仍能保持垂直整合的優勢，並橫向整合國泰航空、太古旅遊及太古洋行（代理）等生意，如過去般帶來一榮皆榮的發展效果，令整個集團的業務更急速和更有效益地壯大起來。

除了海空運輸，煉糖亦是太古系生意的重要一環。正如前文提及，戰後重建時，由於糖廠的設備基本上保持完好，是太古眾多業務中最快恢復的生意之一。進入 1960 年代，太古糖廠更迎來了發展機會。1963 年時，食糖供不應求，價格不斷攀升（*South China Morning Post*, 14 May 1963），由於國際食糖市場向好，太古

1956 年，太古煉糖廠包裝工人合照。

糖廠要日夜不斷生產，才能應對絡繹不絕的訂單。據估計，高峰期太古糖廠共有 24 個工廠及貨倉，聘有近 650 名員工，每月產糖量達 8,000 多噸，居蘇彝士運河以東的亞洲之最，在全球則名列第二（Parkinson, 1984:21; Sleby, 1990: 36; Bickers, 2019: 353-354）。

但與此同時，煉糖業亦面對重大挑戰。二戰之後，過去號稱「日不落國」

的英國國力滑落，不少殖民地相繼獨立。當它們脫離英國統治後，過去提供給太古產品——同樣作為大英帝國屬土——的關稅優惠隨之消失，加上一些新興國家的關稅政策壁壘高築，部份地方甚至限制外國食糖進口，令太古食糖價格上漲，失去不少競爭優勢，糖廠面臨重大挑戰。

從馬來西亞華商郭鶴年與太古糖廠的關係轉變，可清楚看到政局變化對太古糖廠的影響。在被稱為「海峽殖民地」的馬來半島與新加坡尚未獨立之前，太古食糖遠銷當地，郭鶴年尚未崛起，據說曾透過太古系的新加坡代理，入口太古食糖，再轉售馬來亞半島，生意發展不錯，高峰期每月銷售太古糖多達 80噸（Bickers, 2019: 355）。後來，馬來西亞宣佈獨立，郭鶴年在當地設立自己的煉糖廠，再乘著馬來西亞向入口食糖徵收關稅的措施，一躍而成當地最大的食糖供應商，接近壟斷了整個市場，被稱為「亞洲糖王」。至於太古食糖則毫無還擊之力，在馬來西亞的銷售銳減（郭鶴年，2017）。

後來，郭鶴年生產的食糖更供應出口，由於不論甘蔗來源或是勞工等，在馬來西亞的成本均較香港低，所以更具競爭力，到了 1960 年代末，無論在香港或全球市場，都將太古食糖比了下去。由於過去享有關稅優惠的市場一再縮減，再加上遇上強勁的競爭對手，太古糖廠已難重回昔日稱霸的光輝，自 1972年起逐步收縮製糖業務，主要在於減少遣散老員工的負擔，以及由此產生的問題，相關過程將在下一章詳細討論。

太古糖廠花開荼蘼之時，另一更具市場潛能，又配合新興潮流的生意機會驟然湧現，那便是汽水飲料生意。1960 年代中，擁有可口可樂香港生產與銷售專利權的香港汽水廠（Hong Kong Bottlers Federal Inc.），因控股家族無意繼續經營，打算把生意出售。過去，香港汽水廠一直租用太古糖廠部份廠房生產汽水，雙方淵源甚深，合作愉快，故他們找上施懷雅家族，了解對方的收購意欲（鍾寶賢，2016）。

製作汽水的過程並不複雜，只需二氧化碳、食水和食糖三種基本材料，太古系很容易便能掌握相關技術，加上這項投資有助太古糖廠轉型，可口可樂又是國際知名品牌，在香港很有發展潛力，JK‧施懷雅因此給予支持，雙方一拍即合，收購程序於 1965 年完成，香港汽水廠易名太古汽水廠（Swire Bottlers Ltd）。至 1970 年代，由其代理及生產的可口可樂銷售暢旺，太古系亦逐漸引入更多種類的飲品，令這成為太古系其中一項主要業務。

1965 年 5 月，太古系旗下再有公司在香港交易所上市，那便是太古與渣甸洋行合資創立的香港飛機工程公司。上市後，公司主席由渣甸洋行大班出任，副主席則是太古洋行大班布朗（Herbert J.C. Browne），另有四名太古洋行代表擔任董事局成員，並以太古系控有多數股權（*South China Morning Post*, 27 May 1965），揭示太古洋行才是香港飛機工程公司的控股股東。公司從股票市場獲得更多資本，繼而有能力開拓更大市場。

這裡要補充一點關於布朗的資料。他是鈕魯詩退任後的太古洋行大班，任期由 1964 至 1972 年（*South China Morning Post*, 29 September 1964）。他在 1923 年生於印度班加羅爾（Bangalore），與不少太古高層一樣，曾經參與二次世界大戰，跟鈕魯詩一樣被派到印度西北防線，戰後的 1947 年加入太古洋行。擔任大班期間，他獲港英政府委任為立法及行政兩局議員，亦擔任諸如滙豐銀行、香港商會、南華早報及利園酒店等的主席與董事，乃太古洋行活躍政商界的代表與核心人物（*South China Morning Post*, 26 April 1973）。

概括而言，太古系的各項生意在五、六十年代，乘著香港走向工業化，經濟急速起飛的步伐，不斷取得突破性發展，令整個集團日益壯大，協同效應更為可觀，投資多元化的面向更為廣闊。戰後，在中華大地乃至全球局勢風雲色變當中，JK‧施懷雅領導太古系走出波折，最終恢復昔日光輝，令家族財富、名聲與地位更為鞏固，而他則在這個打拚過程中不知不覺地老去，終於來到另

一階段接班交棒的時間了。

JK・施懷雅的交棒長子

正如前文提及，JK・施懷雅育有兩子兩女，他亦一早認定要將家族企業交由兩子——施約翰（John Anthony Swire）和施雅迪（Adrian Christopher Swire）承傳下去，故很早便開始讓他們接觸生意，培育他們成為下一棒接班人。資料顯示，生於 1927 及 1932 年的施約翰和施雅迪，中學就讀伊頓公學，並先後考入牛津大學，與不少英國皇室貴族、精英們走過相同的成長道路，大家「由細玩到大」，建立起深厚的友誼。而這種人脈關係網絡，自然較父祖輩早年所依靠的利物浦商人家族更為雄厚，亦更具影響力。

這裡先介紹施約翰，到第八章時再細談施雅迪。據說，施約翰在孩童時期曾患上腦膜炎，臥病多年，可能導致輕微的神經功能障礙，至進入伊頓公學讀書時，仍受後遺症所影響，免去了一些需要體力訓練的體育課。儘管身體不太健壯，他仍於 1945 至 1948 年間加入了愛爾蘭衛隊，曾被派往巴勒斯坦，擔任簡靈漢（Alan Cunningham）將軍的幕僚。之後，他考入牛津大學，修讀現代歷史，並以二級榮譽畢業（Baker, 2020）。

牛津大學畢業後，施約翰立即投身家族企業，並於 1950 年 10 月到港，直接打理東方業務，曾協助處理太古輪船撤出中華大地、重建香港業務，與開拓國泰航空的生意。期間他亦前往日本和澳洲等地，考察當地業務，並聯繫生意夥伴，鞏固關係。施約翰在東方工作和生活約五年後，於 1955 年回到倫敦，獲晉升為約翰施懷雅父子公司董事，開始了在核心領導層的管理工作（Bickers, 2019: 369）。

1961 年，施約翰結婚，妻子據說是他的法國籍秘書 Moira Cecilia Ducharne（Baker, 2020），夫婦倆育有兩子——莊拿頓・施懷雅（Jonathan

Swire）及施納貝（Barnaby Nicholas Swire）——及一女（Rebecca），至於他們的人生遭遇，則留待稍後篇章再作探討。

到了 1966 年，JK・施懷雅 73 歲，儘管健康仍然不錯，但可能覺得兩子在集團中工作十多年，表現亮眼，又已樹立了領導地位，於是決定把約翰施懷雅父子公司主席之職交到長子施約翰手上，次子施雅迪則擔任副主席，協助兄長。完成了第四代向第五代傳承交棒的過程後，JK・施懷雅開始過著悠閒的退休生活，享受人生，經常攜同妻子及女兒環遊世界（*South China Morning Post*, 7 November 1973）。

促使 JK・施懷雅及早退休，完成接班過程的深入原因，或者與那時企業的生意急速擴張有關。他應該覺得，兒子年輕力壯，對新事物有更多了解，亦更能掌握商業脈搏，所以寧願及早讓他們擔大旗，一展所長。至於自己退下來後，由於仍然健康，若兒子接班後碰到甚麼巨大困難，他亦能給予助力、穩定大局。可見其及早讓長子接班一事，仍是出於讓公司更好地發展之故。

本來已經低調的 JK・施懷雅，自退休之後，各種消息便更加少了，除了環遊世界偶而經過香港時，傳媒略有一些報導，其他方面則幾乎銷聲匿跡。到了 1983 年 2 月 22 日，即 JK・施懷雅退休 17 年後，剛過 90 歲大壽不久，他於英國埃塞克斯家族大宅去世，享年 90 歲（*South China Morning Post*, 23 February 1983）。

對於 JK・施懷雅去世，太古系一如以往下半旗致哀，並在英國舉行了莊嚴的喪禮及追悼會；香港亦有舉行追悼會，傳媒亦有不少報導。其中一些重點提到，他曾於 1951 至 1955 年間，擔任英國「中國會社」（China Association）的主席，而在他之前，叔父 GW・施懷雅亦曾擔任該職，原因自然是施懷雅家族在中國有巨大投資之故（*South China Morning Post*, 26 February 1983）。

在英國的追悼會上，先後擔任港英政府輔政司和港督，與 JK・施懷雅有不少接觸的柏立基（Robert Black）致詞，分享個人與 JK・施懷雅的交往點滴。

柏立基高度稱讚JK·施懷雅，指他對生命有熱情，為人幽默，生意投資具遠大目光，為香港經濟重建作出巨大貢獻，而且富有責任感，關心集團員工的福祉（*South China Morning Post*, 23 April 1983）。

作為家族企業第四代領軍人，JK·施懷雅一生經歷兩次世界大戰，第一次更曾親上前線殺敵，受過三次傷，相信亦因此沒有在二戰時再上前線。他自一戰結束後成為集團董事局成員，帶頭在公司推行變革，令企業發展重拾活力。到年過半百後登上大位，帶領集團進行重建，走出困難，最後將集團推上另一發展台階，讓子孫能在一個更為堅實寬廣的舞台上盡展所長，發光發亮。

結語

從 1913 年加入家族企業起，到 1966 年全面退休，包括戰爭時期，JK·施懷雅在太古系企業工作長達半個世紀，乃畢生精力所在。他 1946 年才正式登上大位，培養期也不短，長達 30 多年，必然對集團方方面面均有全面掌握。由此可見，家族對接班人的培訓不急於一時，而是循序漸進；二來待新一代年紀已長，性格及處事作風均完全成熟，才讓他登上大位，確保其識見多、經驗豐、資歷厚，並已做出一定成績，樹立了個人領導角色和江湖地位。正因如此，自JK·施懷雅接班後，總是駕輕就熟，帶領家族企業面對挑戰，攀登另一高峰。

當然，相對於上一輩需要面對戰爭與政治的巨變，自JK·施懷雅接任後，內外局面無疑較為「穩定」。二戰後百廢待舉，為像太古系般具實力與背景的企業帶來多重優勢，可以搶佔先機，更好發揮。JK·施懷雅亦目光銳利地，看到當中的不同機遇，緊緊抓著，進軍航空業便是很好的說明。由是之故，在他任內，太古系企業錄得巨大發展，收復 1950 年代初在中華大地投資方面的巨大損失，更作出不少突破。失之東隅，收之桑榆，可說乃JK·施懷雅的領導時期一個十分貼切的寫照。

註釋

1 　與之前多代人不同，到 JK．施懷雅子孫輩時，他們似乎選用了中文姓名，例如長子 John Anthony Swire 中文姓名為施約翰，次子 Adrian Christopher Swire 中文姓名為施雅迪。本書跟隨這種選擇，惟除有固定中文姓名者外，其他仍採用前文翻譯方法。

2 　羅伯斯生於 1900 年，1922 年牛津大學畢業後東來，加入太古洋行，初期在上海工作，後來轉到香港，先後參與太古糖廠及太古船塢事務，1940 年成為香港太古洋行大班，並擔任滙豐銀行董事局副主席。日軍侵港時，他被囚於集中營，經歷了一段艱苦生活（Bickers. 2019）。

3 　二戰結束後，施懷雅家族對於參與政治的看法似乎有了調整，開始有集團高層進入立法局或行政局，亦參與不少公職。其中最受注視的，是太古洋行大班曾「過檔」政府，成為財金高官（見下一章討論），揭示家族或集團的政治參與策略有了很大改變。

4 　1948 至 1949 年間，太古洋行大班一職曾由普萊士（Eric Price）短暫接任。普萊士同樣在 1910 年代加入太古洋行，主力打理日本太古洋行業務，並在二戰結束後轉到香港，打理國際貿易業務。他在大班之位的時期不太長，於 1949 年離去，再由羅伯斯接任，直至 1950 年。

5 　此公司與渣甸洋行合夥經營，標誌了施懷雅家族與凱瑟克家族的商業合作之始。

第七章

進軍地產

施約翰任內的投資變陣

在任何富過多代的家族企業，總有一些祖訓與家規，以激勵子孫後代力爭上游，同時約束其行為，維持內部團結，減少矛盾與衝突。另一方面，為了維持家族企業與投資的穩定，又會要求核心部份不能更改，以免動搖基業。但是，即如古希臘哲學家赫拉克利特（Heraclitus）所言，萬事萬物每時每刻都在變，無論國際或一地的社會環境，都常有個人無能為力的重大變化，令那種察變、應變的能力顯得極為重要，才能令家族和企業保持活力，不被急速變遷的時代所淘汰。

隨著第四代領導退下火線，施懷雅家族第五代人——施約翰和施雅迪兩兄弟，在 1960 年代乃子代父職，逐步走上前台。可是，他們面對的經營環境、市場狀況，甚至企業發展條件與空間等等，已今時不同往日，若只是緊跟父祖輩的指示或腳步，不作創新與開拓，則無法給家族和企業注入活力，必然窒礙其長遠發展。本章先談在施約翰領導下如何針對時局改變的投資變陣，下一章再分析施雅迪的另闢蹊徑。

在社會躁動與蛻變中伺機發展

1966 年，施約翰登上領導大位，同時香港因為天星小輪加價五仙，觸發了社會動亂，表面上，事件很快便平息下來，似乎對社會及經濟沒有太大影響。一年後，適逢太古洋行在華創業一個世紀，集團在年初舉辦了一連串慶祝活動，不但與眾同樂，鼓勵那些為公司服務多年的忠心員工，還以集團名義捐款支持教育，扶助老幼，回饋社會，贏來一定掌聲，集團上下瀰漫一片喜慶歡樂氣氛。

然而，慶祝活動才過去不久的 1967 年初夏，香港又再爆發另一場動亂，規模更大，維持更久，對社會帶來深遠的影響，本來欣欣向榮的香港經濟急轉直下，營商和投資環境受到巨大衝擊，人心惶惶，不少人因此賣田賣地，移民歐美，亦有不少企業擔心香港政局從此動盪不安，既不利工作謀生，亦影響生意營商，於是選擇離去。

面對那個局面，剛登上大位不久的施約翰沒有「撤資走人」，反而沉著應變，作出了有利整個集團發展的決策。他的應對方法，其實亦十分簡單，就是以不變應萬變。因他很清楚集團絕大多數盈利都來自急速發展的香港，走了，便是脫離盈利源頭，等同與自己過不去。而且，他認為政局不安只是短期的，當動亂平息後，香港將回復發展勢頭，故決定不撤資，繼續留守。他這一個決定，對家族和企業的作用有如「定海神針」，順利挺過了近七個月的日子，待動亂平息，經濟復甦後，太古便可早著先機，取得令人艷羨的成績。施約翰接班不久即面對動盪變局，當中他能冷靜應對，接班考驗可謂輕易通過。

更讓市場及投資者眼前一亮的，相信是動亂過後的 1968 年 9 月，施約翰拍板通過收購巴哈馬航空（Bahamas Airways），此舉可增強國泰航空在國際航線上的競爭力，同時亦進一步發揮規模經濟效益，及同系相助的協同效應，令施懷雅家族能在國際航空生意上佔有更大市場份額和更大影響力。因應這一發

展策略轉變，時任國泰航空總經理的畢拉克（Duncan Bluck），獲委任為巴哈馬航空的總經理，日後更擢升為國泰航空行政總裁，統領該公司業務（*South China Morning Post*, 14 September 1968; *Swirenews*, 2016）。

另一方面，施約翰又決定把太古汽水廠及部份太古糖廠的生意注入太古實業（B & S Industries），然後將這家公司於 1969 年 12 月集資上市，吸納公眾資本，以支持汽水和食糖生產的進一步發展，或者說生意轉型（*South China Morning Post*, 1 December 1969）。不過，如上一章所述，那時糖廠因不敵外國競爭，生產已沒有過去的規模，盈利亦大不如前。

汽水飲料及航空生意上的進取策略，並不意味其他投資亦能採用，因為施約翰很明白，不同生意正處於不同產業週期。簡單地說，汽水飲料及航空業仍處於方興未艾的成長期，以進取方法擴張市場空間，是恰當而無可厚非的。但是，太古系某些生意已經營數十年，甚至近百年，已步向夕陽，進入式微期，無論是國際商貿環境，或是在香港的生產成本，均令其失去了昔日獨一無二的強勁競爭優勢，必須思考如何應變轉型，太古船塢及太古糖廠便是當中最為突出的例子。

基於這種對不同生意投資及產業週期的綜合思考，施約翰在 1960 年代末開始針對家族在香港三大祖業——太古糖廠、太古輪船及太古船塢——的何去何從，作深入檢討，思考如何具體變革。最後，他得出一項日後令集團脫胎換骨的重大決定，便是放棄以傳統模式生產的太古糖廠及

施約翰與榮毅仁

太古船塢，把最為精銳的部分投放到地產之上，太古輪船則進一步深化為國際運輸航線，並因應運輸模式轉變，強化遠洋集裝箱運輸業務。

在展開這方面討論之前，必須交代香港的經濟與金融環境——尤其股票市場，在 1960 年代末至 1970 年代初的巨大轉變。在 1969 年之前，香港股票市場只有香港證券交易所（俗稱「香港會」）一所獨大，且由英資掌控，上市門檻十分高，對一般華資企業十分不利，只能望門輕嘆，就算市民大眾在經濟持續發展下已有一些積蓄，手有餘錢想購買股票投資，亦極不容易。

到了 1969 年，以李福兆為首的華商精英，終於打破其壟斷蕃籬，創立了遠東交易所（俗稱「遠東會」），吸納大中規模的華洋企業上市，並推出連串變革，例如企業集資額只要過千萬元即可；交易語言可兼用中文，不再只限英文；經紀數目增加，女性亦能成為經紀，並在大眾傳媒推出有關股票交易的資訊等等，不但吸引企業上市，亦令普羅民眾參與其中者漸多（鄭宏泰、黃紹倫，2006）。

受到這一突破性局面的吸引，另一批華商精英隨後組織了香港金銀證券交易所（俗稱「金銀會」）及九龍證券交易所（俗稱「九龍會」），並仿傚「遠東會」的做法，既大力吸納企業上市，亦推動市民大眾把餘錢投入股票市場之中，令股票市場一時間熱火朝天。當然，細看那時股票市場急速發展的原因，又與戰後香港經濟走上工業化，經過 20 多年全力投入生產，無論企業或民眾均積累了不少財富有關。

即是說，無數企業賺了大錢，繼而渴望更多資本，助其走上另一發展台階；無數民眾亦積累了財富，把餘錢存於銀行，卻不敵持續上揚的通貨膨脹，於是謀求一些能夠保本增值的投資，股票市場則屬理想之地。可見無論是資本需求一方，或是供應一方，均在尋求資本出路，而股票市場的突然開放，給雙方找到這條出路，就如武俠小說所描繪的把人體任督二脈打通一樣，經濟因此

興旺起來（鄭宏泰、黃紹倫，2006）。

就在那背景下，不少華資企業陸續上市，並利用從股票市場集結的資本，投入到那些需要龐大資金、投資期較長，但回報也十分豐厚的生意之上，其中最為突出的，便是物業地產市場。因為香港人口持續大幅上揚，戰後「嬰兒潮」先後已到了成家立室的階段，加上市民生活水平日見提升，自然希望有更理想的居住空間與環境，對住房置業乃有了很大需求。某些早著先鞭的商人，在二戰後已率先作地產開拓，獲取了極為豐厚的投資回報（馮邦彥，2001），吸引不少新崛起的華商跟隨，郭得勝、李兆基、李嘉誠、鄭裕彤等便是其中的例子。即是說，一方面是股票市場由壟斷走向開放，另一方面是房地產市場方興未艾，令香港經濟出現了另一層面的蛻變。

具有敏銳商業觸角的施約翰，早在 1969 年已進行業務重組，並推動太古實業上市，從這些舉動看，他應清楚察覺到香港經濟及商業環境的巨大轉變，當然還有自身競爭優勢的此消彼長，如上一章中提及，太古某些生意已是花開荼蘼，逐漸失去競爭優勢，應該及早轉型。因此他在深入思考後，作出了通盤調整，把市場資本額不太大、盈利穩定，但並不十分有發展潛力的太古實業上市。這可說是牛刀小試，一來測試市場反應，了解能開拓的空間，二來很可能是為了安置舊業務所聘用的大批勞工。

正如上一章提及，太古糖廠及太古船塢聘用的工人多達千人，不少僱員的年資超十年，轉型過程中如何處理勞資關係，妥當遣散，一來避免裁減勞工給社會造成衝擊，二來盡量減少遣散的過度開支，三來亦不能刺激勞資矛盾，是不可不察的關鍵問題。藉著企業上市的方法，把公司背負的沉重勞工負擔「轉型」，由私營公司改為公眾公司，自然可收連消帶打的效用。

沿著這個脈絡看，1969 年把太古實業上市，並把食糖生產和船塢工人（參考下文討論）轉型到汽水生產上，有助吸納或安置不同部門或生意中本來要遣

散的勞工。由於這些勞工的成本連遭散費等開支不少，大規模的解僱亦可能惹來勞方反撲，如二三十年代的工潮。將公司上市，變成了公眾公司，既能攤薄成本或負擔，亦可減少施懷雅家族與員工之間的直接矛盾。更為重要的，自然是為另一發展綢繆掃平道路，令其可以無後顧之憂，邁出更大發展腳步，把盈利更大的地產生意，留給家族有更大掌握的公司。

進軍地產的精心部署

工業生產常被形容為「採石仔」生意，意思是出一分力才能獲一分利，多做多利、小做小利；地產生意則被視為「大茶飯」，帶來的盈利極為豐厚，數倍甚至數十倍於資本投入。簡單而言，買入一塊地皮，建起廣廈千萬間後，每間房屋善價而沽，價值連城，令投資變得寸土尺金。客戶置業入伙後，還要長期繳交屋苑管理費，至於所用電力、電話、煤氣、日常百貨等，往往都要光顧相關的地產開發商，給他們間接帶來持續盈利，細水長流。可見地產生意的空間實在巨大無匹，難怪吸引不少具銳利生意目光的商人，樂此不疲地投身其中。

儘管看到地產生意的巨大潛能，但開發時如何減少成本，增加獲利，利潤又怎樣能最大化地落入自己的口袋，心思縝密的生意人自然要小心綢繆。故他們通常會把有可能帶來麻煩，給地產生意造成衝擊或負擔，甚至會侵蝕盈利的問題，轉到另一家公司，尤其是上市公司，留下最珍貴的地皮轉到背景乾淨的新公司，然後開天闢地、大展拳腳，相信這是當時施約翰等高層管理人思考的核心，符合資本家追逐最大利潤的基本標準或原則，亦是自由市場信徒覺得無可厚非的營運邏輯及運作方向。

具體地說，進入 1970 年代，施約翰採取了多項重大發展策略，以配合進軍地產的目標，其中尤以 1972 年前後的連串舉動，最備受市場及社會注視：

其一是於 1972 年宣佈關閉太古糖廠主要生產線，大部份員工遭遣散，少量選擇留下而又有一定表現者，則讓其投入糖品加工與包裝生意中，同時又開拓餐桌鹽、胡椒等佐料包裝，供應酒店、航空公司和酒樓餐廳等，配合集團旗下其他生意所需（鍾寶賢，2016：169）。

其次是進一步調整太古輪船的發展方向，正如上一章提及，自 1950 年起，逐步開拓東南亞等地航線。據說，早在 1960 年代初，施懷雅家族與凱瑟克家族曾一度洽談，把兩個家族各自持有的輪船公司（太古輪船和印華輪船）合併，惟最後因各有盤算，無疾而終。注意到輪船運輸業必須在新環境下另尋出路，太古輪船於 1968 年 8 月開拓集裝箱貨運市場，其中的重點則是轉投資現代貨箱碼頭公司（Modern Terminals Ltd）。自工業生產和科技取得突破性發展後，在長途海洋運輸上採用集裝箱，已因其運載量大、效率高、成本低而變成了環球新趨勢，集團因此大力開拓這種新方法，至於其他航運服務則盡量轉到海外，日後亦獲得非常不錯的成績（Bickers, 2019: 389）。

其三是於 1972 年宣佈重組太古船塢，與競爭對手香港黃埔船塢合作，組成一家名為香港聯合船塢（Hong Kong United Dockyards Ltd）的新公司，獲港英政府批出青衣一塊更為龐大的地皮，另建新船塢，繼續原來業務。而兩家洋行旗下的拖船隊或駁船隊，亦以同樣模式合併為香港打撈及拖船公司（Hong Kong Salvage & Towage Co Ltd），配合香港整體航運市場發展（鍾寶賢，2016：171；Bickers, 2019: 402）。由於船塢遷離鰂魚涌，太古在該區坐擁的大片優質地皮空出，可用於更有價值的地產建設。

同年，太古集團更宣佈成立太古地產（Swire Properties Ltd），正式進軍地產業。翌年，因應時任香港太古洋行大班布朗任期屆滿，選擇退休，施約翰作出新的人事任命，並進行集團重組。他委任具魄力及進取精神的彭勵治（John H. Bremridge）接替布朗，其他年資較深且甚有表現的高層管理如畢拉克

曾任太古大班的彭勵治與退休員工

（Duncan Bluck）、靳德曉（David Gledhill）等，亦被調派到更重要的崗位上。

花名多多的彭勵治，曾謔稱自己為「二級好商人」（good second-rate businessman），又被傳媒看作「奇人」（miracle man）。他 1925 年在南非出生，父母在那裡擁有大片農莊。1933 年，他們舉家返英，目的可能是為了讓他在英國求學。到二戰爆發後，其父加入皇家空軍成為機師，惟不幸於 1941 年戰死。他本人於 1943 年加入英軍，隸屬步槍旅，曾參與戰事。戰後，他仍留軍中，直至 1947 年考入牛津大學，攻讀法律，並於 1949 年畢業後東來，加入太古輪船，逐步擢升，[1] 最後登上了香港太古洋行大班之位（Choi, 1980; The University of Hong Kong, 1982）。

由於太古洋行過去沒有太多發展地產的經驗，如何具體落實施約翰的目標，成為彭勵治這位新領軍人必須綢繆應對的問題。他想到，與其自己亂試亂碰，不如找識途老馬來帶路，在合作過程中更可偷師學習，故向在發展地產及建築工程方面有豐富經驗的陳德泰招手，邀請對方合作。祖籍新會的陳德泰，可說是香港地產開拓的第一代，他 1918 年生於新會，獲得嶺南大學工程學位，1950 年代在香港創立大昌建築，靠收購舊樓重建而聲名鵲起，美麗都大廈、均益大廈等都是他的代表作。摸索出發展門路後，陳德泰創立了大昌地產，並於 1972 年上市，打正旗號進軍地產，氣勢甚為銳利。

對於大型外資洋行的合作邀請，陳德泰大喜過外，雙方一拍即合，並決定合作收購一家名為健誠建業有限公司的中型地產公司（*South China Morning Post,*

19 June 1973），[2] 注入新資產，並易名太古昌發展（Swire Cheung Development Ltd），一來開拓本身地產業務，二來則籌劃發展太古地產業務（參考下文討論）。在這個過程中積累的地產發展經驗，為太古地產做了「發展能力建設」（capacity building），讓其有了進軍地產的實力和能量。[3]

1973 至 1974 年，整個集團進行重組，同時統一集團旗下公司名稱。經過連番籌劃，到了 1974 年 1 月 1 日，集團在倫敦和香港等地大賣廣告，宣佈了太古系的名稱更易之事（*South China Morning Post*, 1 January 1974; Bickers, 2019: 392）。過去沿用多年的 Butterfield & Swire（簡稱 B&S）一律改為 Swire，中文則仍為「太古洋行」，並在不同地方統一以「John Swire & Sons」，作為當地控股公司的名稱主體，附上所屬地方以資識別，且全屬有限公司。只有三家公司——太古輪船（China Navigation Co）、國泰航空（Cathay Pacific Airways）及太古糖廠（Taikoo Sugar Refinery）——保留原來名稱，不作更改。

香港方面，彭勵治亦按施約翰指示，改組公司並統一名稱。中文名稱仍為太古洋行，英文名由 Butterfield & Swire 改為 John Swire & Sons（Hong Kong）Ltd，並一如過去般，以此公司統籌施懷雅家族所有在香港的業務和投資。至於旗下一眾公司及業務，亦重組和改名，例如太古施懷雅（Taikoo Swire Ltd）易名太古股份（Swire Pacific Ltd）；太古實業（B. & S. Industries Ltd）易名太古工業（Swire Industries Ltd）；航空餐飲（Air Caterers Ltd）易名太古航空餐飲（Swire Air Caterers Ltd）；香港汽水廠（Hong Kong Bottlers Ltd）易名太古汽水廠（Swire Bottlers Ltd）；國光工業（Duro Industries Ltd）易名太古國光工業（Swire Duro Industries Ltd）；太古洋行保險（B. & S. [Insurance] Ltd）易名太古保險（Swire Insurance Ltd）等等（*South China Morning Post*, 29 December 1973 and 1 January 1974）。

透過連串業務重組，一來可統一集團形象，給人耳目一新的感覺；二來可

表 7-1：1970 年代重組後太古集團組織

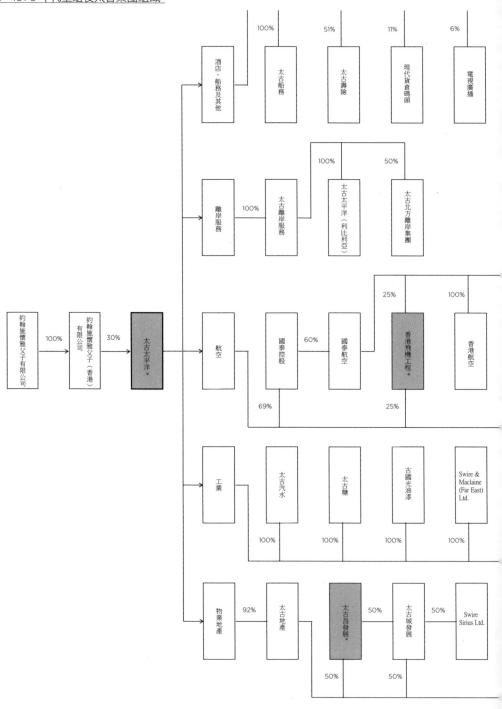

13% | 10%

馬尼拉半島酒店集團

Metropole Hotels, Ltd.

Peninsula Overseas Management Ltd.

*香港上市企業

20%

75% | 50%

太古航空食品

Securair Ltd.

香港機場地勤服務

太古飛行服務 — 30% — 香港空運服務

50% | 60%

香港聯合船塢

Hongkong Salvage & Towngas Ltd.

Hall, Murray and Stewart Ltd.

50% | 50% | 33%

愛秩序灣發展

鰂魚涌發展

太古物業 (1973)

太古工業地產

Parker Valley Estates Ltd.

Braemar West Ltd.

Union Holdings SDN. BHD.

100% | 100% | 100% | 100% | 100% | 60% | 100%

令編制及業務等不同層面減少重疊，提升效率；三來則是名稱更易，所有公司一律被冠上施懷雅（Swire）的姓氏，深深地烙印在不同核心企業之上，永不褪色，突出家族對企業的掌控，打造家族品牌。

與此同時，彭勵治進一步公佈了施約翰心目中進軍地產的藍圖，將集團位於鰂魚涌的太古糖廠及太古船塢廠址，加上寶馬水塘（Braemar Reservoir）地皮合共約 135 公頃的大片土地，興建在當時而言全港最大的私營屋苑，落成後預計共有 61 座，提供 15,000 個單位，可居住約六至七萬人（*South China Morning Post*, 29 December 1973; Bickers, 2019: 411）。此屋苑日後取名「太古城」（Taikoo Shing or Taikoo City），單從名字已顯出不凡氣派，不是一般命名的所謂大廈、花園或新村之類，而是一座「城」。這種開風氣之先的命名，日後又為「沙田第一城」等屋苑仿傚。

概括地說，自 1966 年接班，登上整個集團的大位後，施約翰初期雖碰上了香港的社會躁動，但他沉著應戰，很快便看到風雨過後的機會和挑戰，並認清本身的強弱優劣，針對家族三大祖業，作出連串大刀闊斧的變革，為進軍地產業掃平道路。開發地產牽涉龐大資金，無數實力較遜的企業都需要依靠上市集資，方有財力購地，展開工程，支付建築材料及勞工等，但施約翰卻不用上市亦能應對，哪怕他所籌劃興建的，是全港最大的私型屋苑。可見他一來手上資本雄厚，二來對盈利極有信心，所以由自己集團一手包辦，不假外求，此點與渣甸洋行在開拓地產生意時既要上市，又要巨額舉債的情況相比，可謂截然不同。

打造太古城的優質地產品牌

在彭勵治宣佈太古系將大力推動地產生意之時，香港股票市場卻於 1973 年 3 月觸發了泡沫爆破，恒生指數由高位迅速回落，結束了自 1968 年逐步上

揚，長達五年的「大牛市」，令不少投資者蒙受巨大損失。禍不單行的是，翌年又爆發了環球石油危機，給香港經濟帶來巨大打擊，不但生產總值急降，失業率亦大幅飆升，社會瀰漫悲觀低沉氣氛（鄭宏泰、黃紹倫，2006）。

在那個經濟與投資氣氛逆轉的低潮期，不少公司都走上了倒閉破產之路，能夠繼續維持下去的，亦被迫「勒緊褲帶」（緊縮開支），叫停了不少原來打算上馬的投資。但太古地產似乎無懼市場寒風凜冽，在政府部門批核了相關地產項目後，於 1975 年乘著工資或建築材料均價格低沉，由太古昌牽頭統籌，建築商則為金門建築，開始大興土木，日夜不停，興建那個計劃中有 61 棟樓宇的全港最大私人屋苑太古城，4 分 11 期完成，為新崛起一群較高收入的中產階層提供優質居所（*South China Morning Post*, 29-31 December 1973）。

順帶一提，當香港經濟及投資環境處於谷底之時，太古系仍有額外資本，收購那些股價低沉但極具發展潛質的企業或股份，例如太古股份於 1974 年 4 月增持現代貨櫃碼頭 12% 的控股權，涉資金約 1,600 萬元（*South China Morning Post*, 7 April 1974）。同年 7 月，又以 325 萬元收購香港電視 54,104 股的控股權，成為策略股東（*South China Morning Post*, 7 September 1974）。另一方面，到了 1975 年，藍煙囪輪船的母公司海洋運輸貿易（Ocean Transport and Trading Ltd）決定退出太古輪船，並將持有的股份出售予施懷雅家族（*South China Morning Post*, 22 November 1975）。對此，施約翰雖覺可惜，亦二話不說悉數購入，反映其財力雄厚。5 而施懷雅家族與賀特家族百多年的合夥關係自始告終。

1974 及 1975 年乃香港經濟低谷，之後開始逐步回升。即是說，在太古城的建築工程全面投入之時，各項成本應是最為低廉的，而施約翰和彭勵治等在那時拍板動工，確實對香港的經濟及就業市場注入了重大的發展力量。房屋市場可謂百業之母，隨著像太古城這樣的大型建築工程大舉展開，各行各業受到帶動，市場乃逐步恢復生氣，不久又呈現一片欣欣向榮。

太古城商場

1977年，由太古昌統籌的太古城第一期工程——翠湖台五座樓宇落成入伙，那時，香港樓價與1975年的低點相比已經大幅回升，太古昌和太古地產自然在這個發展項目中大舉獲利。[6] 由於完成「發展能力建設」，掌握了地產發展的門路及技術，彭勵治以換股方式，拿太古股份的股票換取陳德泰手中太古昌股份，將太古昌變成太古地產的全資附屬公司，藉以更好地發展太古城餘下的項目。陳德泰覺得交易有利，當然亦可能覺得自己已經「功成身退」，於是接納建議，成人之美。相關安排完成後不久的1981年，陳德泰去世，更讓那段微妙合作經驗變得鮮為人知。

接下來，太古城第二、第三期陸續建成，其他期數的項目以至周邊的交通及社區設施，亦在沙塵滾滾中展開，這是像太古系般的巨型英資財團興建大型屋苑所享有的獨特優勢。因他們有代表身在政府，早已得知政府未來的城市規劃，並可透過其影響力，令基建更配合他們的利益，如港島東區走廊、東區海底隧道及地下鐵路的建設，後者日後更開設了太古站。連串重大交通幹線的縱橫交錯，令太古城變得四通八達，居民出入十分方便。

除交通連結之外，太古城本身擁有大型購物商場、百貨街市、戲院、溜冰場、診所、住客會所，毗連大型公園、運動場、中小學校與幼兒園等等，日常所需不假外求，各種娛樂消費應有盡有，堪稱如假包換的「小城市」。所以當不同期數的工程完成時，都出現搶購潮，一如當初的發展目標般，成為高端中

產階層趨之若鶩的理想屋苑，項目不但因此塑造出優質品牌，亦為集團和施懷雅家族帶來極為巨大的盈利（鍾寶賢，2016；Bickers, 2019）。

太古城龐大的發展項目在市道低迷時上馬，各種成本低廉，到逐步落成時，樓宇價格大幅飆升，再高價出售，自然獲得厚利。這種情況，實在有運氣的成份，就如發展航空業生意時，當與競爭對手英國海外航空（BOAC）簽訂協議，大家劃分各自市場，不互相競爭後，對方分到的市場卻因政局巨變而無以為繼，最後只能出讓餘下業務，退出航空業，令國泰航空可以一家獨大，日後迅速成長，展翅高飛（Young, 1988; Bickers, 2019; 鍾寶賢，2016）。

同樣令人意料之外的，還有香港太古系的領軍人彭勵治。由於他開拓太古城取得突出成績，加上身為太古大班，獲港英政府委任為行政及立法兩局議員，並參與大學及理工資助委員會主席等不同社會公職，表現出色，令政商兩界對他另眼相看。港英政府更於 1981 年委任他為財政司長，接替因提倡積極不干預政策而被視為自由市場守護者的夏鼎基（Philip Haddon-Cave），成為港英府第三把交椅，只低於港督和布政司，亦打破過去慣例，是首位非公務員晉升的財政司長（Choi, 1980; *South China Morning Post*, 30 June 1981）。

彭勵治出任財政司長後，對太古系的發展有何實質利益關連，儘管我們沒有獲得資料，但這種商而優則仕，轉商從政的情況，尤其他的職位更掌握著香港的財經命脈，確實很容易引人聯想。正如之前各章提及，無論是早期的利物浦商人網絡，或是二戰後逐步形成的「牛劍網絡」——即往往只挑選牛津及劍橋大學的畢業生進入集團管理層——其實均對太古系的發展具有不同層面的、或明或暗的助力與裨益。二戰後，太古系加強了與政府的聯繫及政治參與，尤其進入立法和行政局，相信是其生意愈做愈旺、一帆風順其中一個不可低估的因素。

對香港主權回歸的不同互動

就在彭勵治轉任財政司長的時期，中英兩國就香港前途問題進行談判，期間出現明爭暗鬥，7 令香港的經濟和市場，特別是作為經濟與金融核心的港元，受到巨大衝擊，最終促成了港元掛鉤美元的聯繫匯率制度。自那時開始，被視為英資龍頭的渣甸系，在凱瑟克家族領導下，對中國政府採取「對著幹」的策略，8 尤其在中英兩國宣佈達成協議，草簽「聯合聲明」之前，突然宣佈遷冊百慕達，以實際行動表達其對香港前途缺乏信心，引起香港股票市場巨大震動，令恒生指數急跌。至於施懷雅家族領導的太古系，則採取了截然不同的應對，與中國政府展開良性互動，有商有量。結果，兩個集團或家族日後有甚為不同的發展軌跡，與香港及中國內地的關係亦有不同特質。

展開這方面的深入討論之前，且先交代彭勵治棄商為官後，香港太古洋行的人事變動或佈局問題。他離去後遺留下來的大班之職，由當時的國泰航空行政總裁畢拉克接替，預計領導太古系十年（*South China Morning Post*, 31 December 1980），其他一直有突出表現的上層管理，例如麥里士（Michael Miles）、靳德曉（David Gledhill）等等，亦如玩音樂椅般提升一級，這種上層職位逐步頂替的安排，可說是太古系百多年以來運作成熟的機制。

資料顯示，畢拉克 1927 年生於上海，父親在當地一家主力銷售布料的英資洋行工作。待年紀稍長，畢拉克回到英國，入讀圖頓學校（Taunton School）。1944 年，未滿 18 歲的畢拉克從學校畢業，加入英國海軍後備兵團，至 1947 年。由於有海軍背景，他有意從事航運工作，於是在倫敦應徵約翰施懷雅父子公司。據說，經過連番考核，畢拉克進入挑選名單，最後由 JK・施懷雅面試並獲得取錄，成為一名「太古人」。初期，他留在倫敦的約翰施懷雅父子公司，一年後東來，曾在上海短暫工作，之後轉到日本，管理太古洋行當地業務，到 1952 年調往國泰航空，1964 年成為集團董事，1970 年出任國

泰航空行政總裁，最後登上香港太古洋行大班之位（*South China Morning Post,* 31 December 1980; *Swirenews,* 2016; Bickers, 2019）。

由於地產生意的回報極為豐厚，畢拉克食髓知味，上任後把主力集中於此，為集團賺得不少利潤，表現可觀。惟受中國政府確定會在 1997 年 7 月 1 日恢復行使香港主權的消息影響，坊間出現「香港前途憂慮」，不但股票市場自 1982 年起從高峰回落，地產市道亦頓然冷卻（鄭宏泰、黃紹倫，2006），不斷往下尋底，難免給太古地產的發展添加壓力，利潤大幅倒退。

政經與社會環境出現巨大波動，市場逆轉，不少企業的投資和經營大受打擊，尤其因為那時利息被大幅推高，令一些需大量舉債的投資——例如地產與基礎建設——受到嚴峻考驗。包括早前投資過於進取，舉債過巨的渣甸洋行，就立即掉進債台高築的危機，一度瀕於資不抵債的邊沿，遭到狙擊的風險大增。

那時，太古系相信亦面對不輕的債務壓力，但卻並沒如渣甸洋行般，出現腹背受敵的情況。渣甸系之前舉債發展的同時，因持有不少價值不菲的地皮，故既要大幅減債，亦要防備新崛起華商的狙擊，難免左支右絀；相對而言，太古系仍能專注於內部管理的優化，以減省成本及降低資本開支。至於他們對中國政府的態度亦截然不同，對中英談判及香港前途問題亦有不同評估和舉動。

就以最關鍵的 1984 年為例。那年 3 月，經過與中國官員連串洽談後，施約翰拍板在北京設立代表處，這自然是為了恢復開拓中華大地的龐大市場（參考下一章進一步討論）。為了隆重其事，施約翰本人和太古洋行大班畢拉克更親自主持開幕儀式（*South China Morning Post,* 6 March 1984）。然而，在另一邊廂，渣甸系的凱瑟克家族，卻在大約一個月後扔下被稱為「百慕達炸彈」（Bermuda bombshell）的企業遷冊消息，在香港經濟及投資市場激起了巨大波浪（*South China Morning Post,* 29 March and 2 April 1984）。把總部的商業註冊地

轉到英屬百慕達，反映他們既沒興趣於中華大地市場，亦會逐步把資本撤出香港，其與中國政府對著幹、對香港未來沒信心的表態，可謂至為明顯。

渣甸洋行那時投下「百慕達炸彈」背後的真正動機不論，由於兩家洋行對中國政府、對香港未來的看法截然不同，他們隨後的應對和發展軌跡亦有很大差異。有關渣甸洋行及凱瑟克家族的發展已在另一專書有深入討論，這裡且聚焦於太古系及施懷雅家族之上。簡單而言，當渣甸洋行展開了撤資遷冊的腳步，不斷減少在香港及中華大地的投資之時，施約翰一方面增強與中國政府的接觸，另一方面則增強在香港的投資。

在深入討論這些生意策略調整之前，須先交代 1984 年的人事變動。相信是由於一直無法扭轉太古系從 1982 年起業績嚴重倒退的問題，到了 1984 年中，畢拉克選擇提早退休，施約翰於是改任麥里士（Michael Miles）領軍。生於 1941 年的麥里士，畢業於牛津大學，1957 年加入太古洋行，1980 年擔任國泰航空行政總裁，並在 1984 年的社會與投資氣氛低沉期接替畢拉克（*South China Morning Post,* 12 December 1987），目的顯然期望藉著新的人事任命，給集團發展帶來新氣象與新動力。[9]

就在兩家英資龍頭洋行作出截然不同的舉動五個月後，9 月份，經過連番談判的中英兩國，終於達成全面協議，草簽了《中英聯合聲明》，並於同年 12 月正式簽訂。至此，有關香港回歸問題的大局底定，英國政府於 1997 年 6 月 30 日結束對香港的殖民統治，中國政府恢復行使香港主權，並承諾推行「一國兩制」，給予香港「高度自治、港人治港」，維持其資本主義制度及生活方式 50 年不變（袁求實，1997：20-29）。

為了見證中英兩國在北京正式簽訂《聯合聲明》的歷史性儀式，中國政府特別邀請香港社會 101 位著名人士到北京，部份乃港英政府官員，部份為立法局及區議會議員，部份是專業及宗教界人士。來自商界的有 11 人，麥里士（當

時已上任為太古洋行大班）是當中唯一的英資商人，渣甸及其他洋行則沒有獲邀（Cheng, 1984: 1），可見北京政府對太古洋行的取態截然不同。

更能說明渣甸系與太古系不同投資取向的，是前者隨著宣佈「百慕達炸彈」，展開了連串遷冊行動，陸續轉移投資，而後者則加大了在香港的資本投入。例如在 1985 年 4 月，斥巨資投得域多利兵房地皮，翌年又再投得毗鄰的域多利兵房二號地皮，在完成政府不同審批程序後開始建築工程，發展為金鐘地標建築——太古廣場（鍾寶賢，2016）。

更吸引社會及市場目光的，是施懷雅家族自二戰後的企業旗艦——國泰航空，於 1986 年上市集資一事，此舉雖帶有套現減磅，避免投資過度集中的意味，但因家族仍保留大股東地位，故還是被視為與社會大眾分享利益、分甘同味。畢竟那時的航空業仍處於迅速增長期，尤其是中國內地的航空市場尚未全面開拓，發展腳步急速（*South China Morning Post*, 23 October, 29 November and 19 December 1985）。

從資料上看，為了購買新型飛機，提升市場競爭力，國泰航空籌劃上市的念頭或舉動，應早見於 1984 至 1985 年間。而麥里士代替畢拉克出任太古洋行大班，其中一項重任，相信亦與籌劃國泰航空上市有關，所以他視此為最大挑戰，全力以赴，從 1985 年已四出奔走，爭取投資者及傳媒界支持。他的連番努力，明顯獲得了成果，不少傳媒均對國泰航空的生意與發展前景給予正面評價，讓股票在市場推介時被看好，最後在 1986 年公眾集資時獲得了 56 倍的好反應，打破紀錄。認購者為了爭取購得國泰航空的股票，無論銀行或是股票經紀行門前均大排「長龍」，連華資巨企如長江實業、希慎興業等均有認購，10 成為國泰航空的策略投資者，社會上一時熱議（*South China Morning Post*, 23 April and 2 May 1986）。國泰航空上市一事，可說是施約翰出任太古系主席一職最後的重頭戲，並取得巨大成功。

早年的螺旋槳飛機

可以這樣說，渣甸洋行與太古洋行同樣在中華大地及香港扎根多年，亦同樣經歷了多次變亂及新中國成立後「公私合營」，退出中華大地，到 1984 年前後，中英兩國就香港問題進行多番談判，歷史環境又一次轉勢時，兩家英資龍頭洋行無論對中國政府，或是對香港前途，都有截然不同的看法和應對策略，揭示了其背後控股家族的目光、智慧和膽識，而這兩個商業王國及家族日後的不同際遇，則成為他們當時的決策與思慮是否深邃睿智的一個重要註腳。

施約翰退休交棒的另一種生活

進入 1986 年，施約翰明顯覺得香港回歸問題大局底定，進入後過渡期，需要更具精力和創造力的領導班子，才能更好地迎戰新局面，而自己已年過 60 歲，是時候退休了，於是決定退下前線。但他退任後沒有把領導大位傳給兒子，而是交予年輕五歲的胞弟施雅迪。施雅迪與兄長一同在伊頓公學唸書，後又一同考入牛津大學，二人有不少相近經歷，他也在約翰施懷雅父子公司工作多年，是兄長的最佳拍檔。

總結施約翰退休前的 1985 年，家族擁有的財富——以施約翰和施雅迪共同持有約翰施懷雅父子公司九成半股權估計——約值 3.34 億英鎊（*South China Morning Post*, 16 April 1987）。以當時 1 英鎊兌 12.6 港元計算，則為 42.1 億港元

（約 5.38 億美元）。然而，在 1987 年股市泡沫爆破前，《財富雜誌》（*Fortune*）做了一個全球百大富豪榜的統計，李嘉誠以 25 億美元居全球第 28 位，包玉剛則以 10 億美元居第 95 位（*South China Morning Post*, 4 October 1987），可見與那些新崛起的華人富豪相比，無論施懷雅家族或是凱瑟克家族皆已被拋離了。[11]

施約翰退休那年，已退任港英政府財政司長的彭勵治，雖然一直相信廣東俗語所言「人怕出名豬怕肥」的智慧（Choi, 1980: 2），長期保持低調，但畢竟曾任政府高官，長期受到傳媒關注，所以當他不久後獲聘重回太古系，成為集團董事時，隨即有報紙作出報導（*South China Morning Post*, 26 December 1986）。在那個年代，「政商勾結」的議題甚少被提及，人們亦不覺得有甚麼大不了。而施約翰再次招攬彭勵治，自然是覺得一方面可強化集團與殖民地政府的關係，另一方面能給新領導更好助力，有利平穩接班。可惜的是，彭勵治重回太古集團懷抱約半年後的 1987 年 5 月，卻在倫敦希斯魯機場心臟病發，跌倒受傷，命懸一線（*South China Morning Post*, 27 May 1987）。經搶救後雖幸保性命，但要一直接受深入治療，長留醫院，至 1994 年去世，享年 69 歲（*South China Morning Post*, 8 May 1994）。

回到退休後的施約翰身上，他換了另一身份，成為集團的「終身名譽主席」（Life President），仍十分關心太古系發展，亦不時重回中華大地或香港旅遊觀光，順道了解業務，探訪朋友。另一方面，他性好垂釣，亦喜愛觀鳥，退休後有更多時間投放到這些興趣之中，接觸大自然（Baker, 2020），英國根德郡的郊區和海邊有了更多他的身影。

1989 年 3 月，施約翰獲香港大學頒贈榮譽法律博士頭銜，褒揚他為香港社會作出的巨大貢獻，同時獲得此頭銜的，有著名社會學家費孝通及著名漢學家劉殿爵（*South China Morning Post*, 22 March 1989）。接著的 1990 年，施約翰更獲大英皇室頒贈爵士頭銜，對其一生表現和貢獻給予肯定（*South China Morning*

Post, 4 January 1990）。1999 年，施約翰獲委任為根德大學（University of Kent）副校監（Deputy Pro-Chancellor），此點與他晚年時有更多時間在那裡居住，為所屬社區作更多貢獻有關（*Swirenews, 2017;* Baker, 2020）。

2015 年初，施約翰一度心臟病發，家人大為緊張，急聘名醫救治。雖然慶幸獲救，但從此健康欠佳，長期臥床。到了 2016 年 11 月 28 日，他在根德郡的家族大宅（Lutton House）中去世，享年 89 歲。2017 年 2 月，家族為施約翰在坎特伯雷大教堂（Canterbury Cathedral）舉行彌撒，出席者多達 600 人，當中除了家屬朋友，更有不少在太古系服務多年的老員工，可見其深得員工愛戴（*Swirenews*, 2017; Baker, 2020）。

結語

當年，唐太宗對創業難抑或守業難的問題，與房玄齡、魏徵等大臣展開討論，得出的答案是兩者不相伯仲，看情況而定。從「創業」與「守業」的字面看，我們一般以為創業一代總是創新開拓，守業一代則只有防衛固守。實際上，無論創業一代或是守業一代，經營生意就如行軍打仗，不能只攻不守，亦不能只守不攻，如果只是「一本通書看到老」，最後只會失敗告終。

作為施懷雅家族第五代繼承人，施約翰明顯擺脫了只守不攻、一成不變的牢籠，除了因應時代及市場變化，淘汰舊生意外，亦積極開拓新商機，投身那些方興未艾的行業與市場，提升集團的商業活力與市場競爭力。正因他能攻守兼備，創新與多元化並舉，太古系乃能不斷壯大起來。到施約翰退下來時，集團的生意已涵蓋海陸空運輸、旅遊、保險、地產、輕工業製造、貿易代理、工程建築、酒店、飲食、石油開採、物業管理等等；亦遍及全球不同角落，除香港和台灣外，還包括英國、韓國、新畿內亞、澳洲、美國和中東等地，成為一家規模宏大的跨國綜合企業集團。

註釋

1 1955 年 2 月，彭勵治在香港聖約翰大教堂結婚，妻子為 Jacqueline Everard。婚後，夫婦育有二子二女（Choi, 1980）。

2 公司於 1972 年上市，發行股份 2,760 萬元，在柯士甸道 19-21 號、雲咸街 1-3 號等擁有地皮，可供商業發展（*South China Morning Post*, 25 October 1972）。

3 彭勵治利用與陳德泰的合作，從中學習地產建築與運作，建立本身的地產與建築力量，做法無疑極有智慧，基本上不用交甚麼學費，便盡得操作細節和精要。

4 原計劃預期六至七年竣工，但最後由於不同政經因素，花了 11 年才完成（*South China Morning Post*, 29 December 1973）。

5 自出售了尖沙咀海皮藍煙囪碼頭的核心資產後，賀特家族便不再參與太古洋行的生意管理，而賀特家族掌控的藍煙囪輪船，日後改組為 Alfred Holt & Co，施懷雅家族亦沒有入股那家新公司（Bickers, 2019: 401）。

6 完成太古城第一期工程的 1977 年 8 月，約翰施懷雅父子公司在倫敦上市，發行 815 萬股優先股（*South China Morning Post*, 9-11 August 1977）。從這個舉動看，母公司那時顯然資金不足，相信是為了應對某些早前信貸，因為地產發展畢竟沒可能靠一己資本應對。

7 早在 1979 年 3 月，時任港督麥理浩（Murray MacLehose）到訪北京，探討香港前途問題，獲鄧小平確定在 1997 年 7 月 1 日，中國政府必會恢復行使香港主權。翌年 5 月，英國前首相卡拉漢（James Callaghan）訪華摸底，再獲告知中國政府收回香港主權的決心。之後的 1982 年 9 月，有「鐵娘子」之稱的時任首相戴卓爾夫人（Margaret Thatcher）亦訪華，爭取延續香港殖民統治，獲鄧小平斬釘截鐵拒絕。英國政府在確定無法阻礙中國政府收回香港主權之後，展開外交談判，尋求主權和平過渡與移交，以維持英國在華最大利益（袁求實，1997）。

8 亦有傳聞指，凱瑟克家族其實是因本身企業面對新崛起華資企業的狙擊，於是要求港府給予上市特權，卻不獲接納，於是有了以撤資作為脅迫的連串舉動。相關深入討論，請參閱筆者另一研究《渣甸家族》。

9 渣甸洋行亦在 1983 年作出新的人事變更，本來計劃擔任兩屆（十年）大班職位的紐壁堅（David Newbigging），因為業績表現太差，於 1983 年 10 月被迫下台，由來自凱瑟克家族的西門‧凱瑟克（Simon Keswick）接替，那個「百慕達炸彈」便是由他宣佈（*South China Morning Post*, 2 April 1984）。

10 利氏家族與施懷雅家族關係深厚，利氏家族控股的利園酒店有施懷雅家族的投資，而施懷雅家族的太古股份亦有利氏家族的投資，雙方的核心企業均吸納了對方代表進入董事局，藉以強化合作（鄭宏泰、黃紹倫，2011）。

11 就家族而言，1992 年的資料顯示，施懷雅家族的財富上升至 6.92 億英鎊（約 87.2 億港元），居英國富豪榜第 12 位，凱瑟克家族擁有 1 億英鎊（約 12.6 億港元），居第 76 位，而祈德尊（John D. Clague family）擁有 0.2 億英鎊（約 6.3 億港元），佔第 167 位（*South China Morning Post*, 7 April 1990）。

第八章

駕馭變局
施雅迪弟承兄職的指點江山

任何歷史悠久的國家（文化）或家族（企業），總會經歷各種風風雨雨，由強轉弱、由盛而衰，然後又恢復活力、走向復興。中國和太古系，亦經歷過這樣的循環，有起有落。就以近代中國走過的曲折道路為例，本來強盛的東方帝國，進入全球化 2.0 年代，遭到歐洲新崛起強國的挑戰，被打敗後只能任人魚肉，簽訂連串不平等條約，割地賠款。歷盡崎嶇，到新中國成立後，又掉進冷戰格局，一度切斷與西方世界的商貿與人民往來，到推行「改革開放」政策後，才逐步走向民族復興，恢復行使香港及澳門主權，重返世界舞台，找回昔日位置。

施懷雅家族領導的太古洋行亦如是。1950 年代新中國成立時，洋行曾經因為政治環境轉變而全面退出，但時移勢易，中國政府又向世界敞開懷抱，施約翰和施雅迪兩兄弟在深入評估後，作出了極為重要的決定，重返中華大地。當時，其他英資商賈仍對中國政府缺乏信心，如渣甸洋行般的英資洋行，更因應中國政府將在 1997 年 7 月 1 日收回香港主權，作出了撤資遷冊的舉動。但施懷雅家族卻與別不同，把主要投資與發展目光投到了中華大地，認定那是未來商機所在，所以既加大香港投資，亦逐步籌劃如何重返神州，不斷加強與中資企業合作，進行投資與開拓。至於在那個變幻年代指點江山的領導人物，便是施雅迪。

施雅迪的青出於藍

正如之前兩章粗略提及，1932 年出生的施雅迪，除了體格較兄長強壯外，其他諸如成長、教育和事業之路，基本上都沿著兄長的腳步前進。他在牛津大學主修歷史，以二等榮譽畢業，乃大學「飛行大隊」（Air Squadron）成員，期間曾接受軍事訓練，主要加入英國步兵旅的「冷溪衛隊」（Coldstream Guards），是御林軍的一個支系。英皇佐治六世（King George VI）於 1952 年 2 月去世時，施雅迪成為守靈御林軍（衛隊）的一員，亦曾多次參與白金漢宮的御林軍「換更儀式」（Changing of the Guard ceremony），是衛隊中突出的一員（*The Daily Telegraph*, 30-31 August 2018; *Swirenews*, 2019）。踏出校門後，他便立即加入家族企業，踏上接班打理公司的道路。可以這樣說，無論施約翰或是施雅迪，他們均有十分清晰的人生方向，便是負起繼承家族企業的責任，並確保它代代相傳，歷久不衰。

但有一點與兄長不同的是，施雅迪性格好動，熱愛飛機和飛行，據他本人回憶，是八歲時在埃塞克斯（Essex）郊區目睹英德戰機在空中交火的情景，激發了這份興趣。年屆 18 歲時，他學習並考取了駕駛私人飛機的牌照，這在那個年代是十分罕見的。他說，駕駛飛機不是為了尋求刺激，而是為了令個人能更集中精神，完全逃離日常工作的煩擾（*Swirenews,* 2019）。

進入 1950 年代，大學畢業的施約翰和施雅迪加入家族企業，先後東來，踏足香港、日本及澳洲等地，了解各地社會情況，並親身感受東方文化。施雅迪於 1956 年來到香港後，更留下來生活了五年之久，期間只有短暫離港，到日本和澳洲考察業務（*Swirenews*, 2019）。由於自幼對飛行的興趣，施雅迪曾參與國泰航空的管理，亦曾抽空加入「皇家香港輔助空軍」（Royal Hong Kong Auxiliary Air Force），有不少機會翱翔香港天際，並被派駐守航空管制塔（Penlington, 1996）。一身戎裝的施雅迪，曾被形容為「強悍的青年飛行員」

（intrepid young air man），雄姿英勇（*South China Morning Post*, 9 May 1996）。

到了 1961 年，相信是完成了實務管理的培訓或考驗，施雅迪被父親 JK·施懷雅調回倫敦，旋即進入約翰施懷雅父子公司，成為執行董事，開始參與整個集團的管理（Archive.today, 2015）。施雅迪在新崗位上同樣有突出表現，到 1966 年，當父親決定退休，把約翰施懷雅父子公司的主席一職交給兄長時，他獲任為副主席，當時的考慮，相信是希望施雅迪能成為兄長助力，更希望他們能兄弟同心，推動家族企業的更好發展。

那時，兄弟之間已有清晰分工，前者主力人事管理及招聘、培訓，深明人才的重要，數十年來一直親自主理面試工作，在芸芸求職的大學畢業生之中挑選人才，經歷長期培養，為太古系效力；後者主管業務，早年於太古輪船任職，隨船出海，本身亦持有飛機師執照，因經常在啟德機場飛行，與國泰機組人員關係密切。兩兄弟的關係和工作，可說既融洽又合拍，集團在二人先後領導下，克服無數巨大困難，開拓更多商機，並取得更為突出的發展（*Swirenews*, 2019; 鍾寶賢，2016）。

從資料上看，自父親 JK·施懷雅退休，兩兄弟登上了領導大位後，他們似乎每年均會「梅花間竹」地輪流到亞洲考察業務，例如上半年由施約翰東來，下半年則是施雅迪，在特別時期則另有安排，並藉著這些親到東方（主要是香港、日本及澳洲）的行程，維持與當地政商、客戶及員工的接觸，當然亦探討商機，了解業務狀況。

到了 1970 年，年屆 28 歲的施雅迪在倫敦結婚，妻子 Judith Compton 乃貴族之後。婚後，夫婦育有一女（Martha）二子——施銘倫（Merlin Bingham Swire）及施維新（Samuel Compton Swire）。施雅迪亦如其父母一樣，為子女們提供良好的成長環境，並安排他們接受良好教育（詳見另一章討論）。

相對於父親及兄長，施雅迪除了打理家族事務，亦會參與社會公職，其

施雅迪與退休員工合照

中之一便是英國船務總會
（General Council of British
Shipping），因表現出眾，太
古輪船的經驗又有助業界發
展，故於 1980 年獲推舉為
主席，總會在他領導下取得
不少突出成績，[1] 令他於 1982
年 1 月獲英女皇授予爵士頭
銜（*South China Morning Post*, 4
January 1982）。那時他尚未滿 50 歲，可說是較「年輕」就獲得爵位的一群，
甚至將當時身為集團主席的兄長比下去——施約翰要到八年後的 1990 年，才
獲得相同的爵士頭銜。

　　施約翰童年曾患腦膜炎，身體健康不好，無疑較少參與需要很大體能的活
動，而身為胞弟的施雅迪，除較有冒險精神，亦熱愛工作，因此乃「承擔」了
很多需要四處奔走或「落手落腳」，對體力和精神有較大需求的工作。無論是
家族或企業事務上的分工，他們都有「兄主內、弟主外」的默契，於是施雅迪
有更多機會代表家族和企業走上前台，參與社會，吸引鎂燈光聚集。這樣的安
排和舉動，令他較受注目，也有更多機會表現於人前，大展所長，成為家族自
第一代創業以來首名獲得爵士頭銜的成員。

弟承兄職的指揮大局

　　兄長登上約翰施懷雅父子公司主席大位時只有 39 歲，到 1986 年兄長退
下，交棒給施雅迪時，他已年過 54 歲，不算年輕了。那時，香港社會進入「後
過渡期」，中英角力熾烈，關係波譎雲詭，中華大地的龐大市場則方興未艾，

有待開拓。或者正是因為有了更深厚的閱歷和經驗，登上領導大位後的施雅迪，明顯更能洞悉大局，作出更好的計劃和決策。

施雅迪接班後的首項挑戰，相信是如何讓集團旗艦的國泰航空更好地發展。正如上一章提及，在綜合不同發展因素後，家族於 1986 年決定把國泰航空上市，套取部份資金，用於其他投資。其實，就在國泰航空上市前一年，香港航空市場出現了不容低估的變化，那便是以曹光彪、包玉剛及霍英東等為首的華商精英，[2] 因看好連結香港與中國內地的巨大航空市場，合夥創立港龍航空，進軍基本上已給國泰航空壟斷的香港航空業，希望能分一杯羹。

對於新加入的港龍航空，太古自然不會輕敵或怠慢，打擊起來毫不手軟。雖說無論是開拓輪船運輸，或籌建煉糖廠與造船廠時，施懷雅家族均招致了原市場壟斷者的打擊，吃過不少苦頭；但到他們成為壟斷者時，當然不會易地而處，體諒對手或採取寬容態度。因為市場競爭、追求利潤、維護自身利益乃十分現實的經濟原則，所以一如其他市場主導者般，施懷雅家族亦作出了不同層面的反制，阻止港龍航空的壯大與發展。

港龍航空創立之初，只有一架飛機，提供香港往來馬來西亞著名旅遊城市沙巴（Sabah，舊稱北婆羅洲）的航線服務，因此又被謔稱為「天上有地下無」，意思是當唯一一架飛機飛上天空後，地下（地面）就沒飛機了。雖然港龍實力微弱，施雅迪亦沒有掉以輕心，決定與之「對著幹」，立即開辦與港龍相同的香港至馬來西亞航線，壓縮其生存空間。對此，港龍航空曾告上法庭，認為國泰航空侵佔其航線，卻敗訴而還（*South China Morning Post*, 18 March 1987）。

就在施雅迪與港龍航空展開航線爭奪戰時，國泰航空的控股權亦於 1987 年 1 月有一些新變化，太古洋行把持有的 12.5% 國泰航空股權，以 19 億港元的價值轉售予中信泰富（日後易名中信股份）。那是一家由中國國際信託投資公司掌控的香港子公司，標誌著中國國有資本進入本來由國泰航空壟斷的航空

市場（*South China Morning Post,* 28 January 1987）。施懷雅家族這種向中國國有資本「讓利」或「擁抱合作」的態度，獲得了中國政府的表揚和稱許（*South China Morning Post,* 18 March 1987）。

尤其值得注視的是，相信施雅迪在這個過程中，結識了中信泰富背後的靈魂人物榮毅仁。榮毅仁素有紅色資本家之稱，是無錫榮氏家族的領軍人，1993年更當上中國國家副主席。施雅迪與榮家以至中國政府建立起的人脈關係，深深影響了太古系日後收購港龍航空，甚至開拓中華大地龐大市場的進程。

當太古洋行與中信泰富開始有更多合作，又與港龍航空競爭不斷之時，麥里士於 1988 年退休返英，施雅迪乃委任在太古系工作近 30 年的靳德曉接替（*South China Morning Post,* 12 December 1987）。資料顯示，生於 1935 年的靳德曉乃劍橋大學畢業，曾加入皇家炮兵團，於 1958 年加入太古系，初年被派駐日本，主要負責船務，並在當地結識了日本女朋友（Kyoko），日後娶為妻子。1971 年，他轉到香港，仍然打理船務，後來參與太古地產及國泰航空，最終在麥里士退休後獲委任為香港太古洋行大班，帶領集團應對各方挑戰（*South China Morning Post,* 16 December 1999）。

施雅迪交給靳德曉的其中一項重要任務，自然是處理好港龍航空的挑戰。在國泰航空的多重進攻下，港龍航空出現了長期虧損，經營不利，施雅迪打算連消帶打，將港龍吸納入國泰航空，壯大己方的力量。重要的轉捩點出現在 1989 年，由於當時經濟及市場低迷，政治環境亦有變化，港龍的大股東之一包玉剛決定退出，把手上股份悉數售予曹光彪（*South China Morning Post,* 7 November 1989），曹光彪亦另有想法，隨後與施懷雅家族及中信泰富洽談注資與股權交易問題，尤其構思進行股權及營運重組。

施雅迪乃以國泰航空及太古洋行名義，收購曹光彪等人手上 35% 控股權；早已有良好合作的中信泰富，則購入另外 38% 股權，只餘下近 27% 仍由

曹光彪等人持有（*South China Morning Post,* 18 January 1990）。對於打擊競爭對手，施雅迪可謂出手甚快，毫不留情，全面遏止港龍航空發展，然後乘對方處於掙扎邊緣時收購控股權，納入旗下，「化敵為友」。這種一手打、一手收的策略，可謂高明極了，令人歎為觀止。

國泰航空和太古洋行入股港龍航空後，一來為了行使實質管治，二來亦為了提升營運績效，太古洋行乃派出代表人物如希爾（Simon Heale）等進入港龍航空。到了 1992 年 3 月，施懷雅家族第六代人——施約翰長子莊拿頓・施懷雅（Jonathan Swire）亦被委派進入港龍航空，出任國際事務部總經理。這亦是他首次出現在傳媒面前，因此被解讀為施懷雅家族第六代人開始進入中層管理，邁出準備接班的重要步伐。[3]

傳媒引述太古洋行公佈指，莊拿頓・施懷雅主要負責督導航線規劃、對應政府及不同航線關係的事務，並指他在加入港龍航空之前，乃一家名叫「算盤」（Abacus）的電腦系統公司的市務經理，該公司由九家亞洲區的航空公司聯合組成，國泰航空乃其中一位投資者。另一方面，公佈內容又指在這些工作之前，莊拿頓・施懷雅亦曾擔任國泰航空及約翰施懷雅父子公司的管理層職位，被派駐澳洲、香港、中國內地及日本等地（*South China Morning Post,* 29 March 1992）。

因應中國內地的航空市場不斷擴大，到了 1993 年 3 月，港龍航空獲國家民航局批出更多香港往返北京及上海的航線，莊拿頓・施懷雅公佈這項消息時，表示公司會購入飛機，增聘人手，以開拓中華大地的龐大市場（*South China Morning Post,* 27 March 1993）。從公司的消息發佈由莊拿頓・施懷雅主持來看，施雅迪似乎是要讓侄兒多點曝光，增加知名度，此點當然可視為培養接班的重要舉動。

無論政壇或商海，總是時刻難以平靜。施雅迪擔起整個集團領導大旗的

1980 年代中葉，香港已進入主權回歸的後過渡期，中英政治角力不但沒停止，反而更為熾烈，像渣甸洋行般的企業，更以對中國政府缺乏信心為由，帶頭遷冊撤資，令投資市場難以安寧。在那個對政商環境各有不同評估，看法紛亂的時刻，施雅迪明顯認清了發展大勢的轉變，領導集團走上一條與渣甸洋行甚為不同的道路。事後看來，施懷雅家族這個重要的抉擇，為太古系開拓了更為巨大的市場空間。

不斷深化與華關係和合作

自中國政府邁出「改革開放」的腳步後，施約翰在某次公開演講中已經表明，英國政府應採取積極有效的政策，增加對華貿易往來（*South China Morning Post,* 9 November 1979）。作為集團領軍人，他亦定下了放眼大中華市場的發展方向與目標，並言及履及地進行全面開拓，主動與北京政府建立關係，例如在施約翰仍擔任主席時，便曾與施雅迪到訪北京，拜會時任港澳辦主任姬鵬飛（鍾寶賢，2016）。到施雅迪上台後，同樣沿著這個方向前進，當時太古集團的策略合作夥伴是中信泰富，而領導這家公司的榮毅仁家族，更是施懷雅家族與中國政府接觸往來的關鍵所在。

儘管有關施懷雅家族與榮毅仁家族的接觸，較受關注且常被引述的都是「改革開放」後，1987 年中信泰富入股國泰航空一事，惟榮家早在二十世紀初已名揚上海，施懷雅家族那時亦叱咤上海灘，時代相去不遠的兩個家族很可能早有接觸。受資料所限，兩個家族之間的關係始於何時，雖未有進一步證據可作說明，但太古洋行 1984 年在北京設立代表處時，施雅迪便是在榮毅仁的引介下會見了鄧小平（*Swirenews,* 2019）。在莊壽倉所寫有關榮毅仁一生的傳記中，簡略提到一段榮毅仁與施約翰和施雅迪的交往：

太古第五代掌門人施約翰、施雅迪兩兄弟，在 80 年代中期就多次拜
訪老闆（榮毅仁），又將其駐京辦事處先後設在中信國際大廈和京城
大廈。（莊壽倉，2013：160）

　　莊壽倉進一步提到，將施約翰兩兄弟與榮毅仁拉在一起的關鍵人物，是太
古洋行一名華人經理姚剛。資料顯示，1925 年在上海出生的姚剛，乃上海聖約
翰大學和北京燕京大學高材生，主修經濟學。據利銘澤的女兒利德蕙（1998）
介紹，利氏家族與太古洋行在二戰後有深入的投資和生意合作，而利銘澤與姚
剛則都是歐洲歷史悠久的兄弟會組織「共濟會」（Freemansonry，又稱「美生會」
或「規矩會」）的成員，兩人之間友情深厚，關係緊密。

　　利德蕙進一步提及不少與姚剛有關的資料：其一指姚剛是由燕京大學同窗
魏鳴一推薦，進入太古洋行工作的，[4] 魏鳴一後來擔任國家電子工業部副部長，
並曾出任中國國際信託投資（中信泰富母公司）董事長；其二是 1978 年中國
政府開放對外投資時，曾邀請太古集團到北京訪問，利銘澤推薦姚剛代表太
古出席，雖然他初期婉拒，但最後在利銘澤游說後前行，開始了接觸。其三是
1981 年，時任電子工業部部長江澤民私人訪港，利銘澤安排姚剛接待他，因為
江澤民、魏鳴一和姚剛均是上海人，大家有「許多共同話題」，姚剛曾帶江澤
民「參觀機場設施，特別是太古集團的國泰航空公司飛機維修部門」。其四是
那次訪問後，江澤民晉升為上海市長，姚剛常去拜訪他，大家「成了朋友」（利
德蕙，1998：131）。

　　由是觀之，施懷雅家族及太古系與中國的關係、與中資企業的合作，及與
不同人物之間的接觸交往，姚剛相信都是連結的關鍵，[5] 令家族和企業有了再次
開拓中國內地市場的機遇。當然，論雙方實質的大規模合作，相信要等到 1987
年中信泰富入股國泰航空一事。之後，雙方的互動持續增加，而在國泰航空的

良好合作，創造互利互惠成果，又強化了彼此的互信與關係。

最能反映太古系與中信泰富合作無間的例子，除了前述國泰航空與中信泰富一同入股港龍航空外，還有 1980 年代末，太古洋行與中信泰富合夥創立中萃發展公司，初期在溫州和南京開設可口可樂汽水生產廠，日後再擴展至廣州、惠州等大部份沿海省市，進軍內地汽水飲料這個有如處女地的龐大市場（鍾寶賢，2016：191）。

尤其值得注視的，是 1989 年「天安門事件」之後。當諸如凱瑟克家族對北京政府作出嚴厲的批評指摘，西方不少國家又對之實施制裁時，施懷雅家族則一直維持合作交往，並作出了「雪中送炭」的舉動。舉例說，該年 10 月 1 日，中國慶祝建國 40 週年，不少外國政商領導冷面相向、惡言以對，只有施雅迪和海格（Alexander Haig）兩名西方貴賓獲邀出席典禮，[6] 鄧小平更親自接見他們並表示感謝（*South China Morning Post*, 2 October 1989），可見施懷雅家族與中國政府之間，有一份「逆境中相扶持」的關係。

到了 1990 年，施雅迪又指示太古洋行協調滙豐銀行與中國國家航空公司，促成雙方有關國泰航空的股份交易。滙豐銀行把手上持有的一成國泰航空股份，轉售予中國國家航空及中旅集團，強化了國泰航空與中資企業的互動關係（鍾寶賢，2016）。那次股權交易之後，太古系對國泰航空的持股比率為

國泰飛機中的服務員

51.8%，中信泰富為 12.5%，中國國家航空及中旅集團各佔 5%，餘下 25.7% 由公眾持有（*South China Morning Post*, 6 June 1994）。

「天安門事件」之後，中國經濟甚為低沉，經過一段時間摸索，到 1992 年，施雅迪再次加大對華

投資，主要是拍板太古船務代理、太古資源及太古企業等落腳上海，在當地開設分公司，全方位開展業務，有傳媒因此以太古系「重返上海」為題，預視其將會如上一世紀般，大舉拓展中國內地的生意（*South China Morning Post*, 21 November 1993）。

要作補充的是，1992年靳德曉宣佈退休，施雅迪委派薩秉達（Peter D. Sutch）接任香港太古洋行大班之位。薩秉達1945年生於英國赫德福特（Hertford）郡一個名叫希欽（Hitchen）的小鎮，因父母工作關係，自小跟隨他們，輾轉在巴格達、開羅、耶路撒冷和伊斯坦布爾等地生活過，到年紀稍長後被送回英國，入讀唐賽學校（Downside School），之後考入牛津大學，修讀歷史。期間，他曾如施雅迪般加入牛津大學的「飛行大隊」，此一經歷相信對他日後加入太古洋行有一定影響（Spooner and Swire, 2009）。

牛津大學畢業後的1966年，薩秉達東來，加入香港太古洋行，期間曾被派駐日本和澳洲等地，這種到實地了解太古系業務發展與當地文化的安排，是管理層培訓的「必備課程」。到了1984年，薩秉達獲擢升為國泰航空董事總經理，揭示他已被安排到有可能接班登位的道路上。兩年後，他進入香港太古洋行董事局，然後便是1992年靳德曉退休時獲委任為大班（*South China Morning Post*, 8 March 2002）。與其他大班性格嚴肅，強調紀律，與員工之間有距離不同，薩秉達被形容為性格隨和，作風開明，為人友善，容易相處。正因這種作風和性格，他接任大班一職後，面對來自不同政治力量的挑戰，難免掉進政治爭拗的困局之中，有時更會兩面不討好，處境尷尬，這是後話。

薩秉達上任後，香港太古系維持擴張勢頭，同時亦加強與中資企業的交往合作。舉例說，隨著香港與中華大地的人流貨流不斷增加，航空生意也急速發展，帶動了飛機保養、維修和定期檢查的需求同步上升。針對這一市場現象，薩秉達在施雅迪的支持下，提出參考香港飛機維修工程公司組成和合夥的方

法，與中國民航公司合作。中國政府自然表示歡迎，因此舉有助引進技術，並帶來「發展能力建設」效果，於是一口答應。1993 年，雙方合作在廈門成立飛機工程公司，進軍尚未被開拓的飛機維修行業。由於業務近乎「獨市」經營，自然生意興旺，利潤豐厚。

同年，施雅迪決定斥資 7.5 億元，買入鰂魚涌凸版印刷大廈（Toppan Building）的物業及地皮（*South China Morning Post,* 2 April 1993），再加上自身持有的地皮，日後發展為太古坊，成為繼太古城等招牌物業後另一傑作。至此，原來屬於太古糖廠和太古船塢的地皮得到全面發展，太古城和太古坊亦勾起不少人對施懷雅家族和太古系在香港發展的歷史。接著的 1994 年，太古洋行又利用國泰航空，收購了主力發展貨運生意的香港華民航空公司，拓展貨運市場。翌年（1995 年）更成立香港機場地勤服務公司，主力提供一站式停機坪及旅客地勤服務，令集團綜合航空服務的實力更強，服務範圍更廣。

回頭看，太古洋行雖於 1870 年才在香港成立分行，比渣甸洋行晚了近 30 年；而太古洋行主要落腳鰂魚涌，又與渣甸洋行立足銅鑼灣不同，但大家均在這兩個地方設立倉庫和工廠，辦公總部則設於中環。走過一個多世紀後，渣甸洋行在銅鑼灣的物業已幾乎全部易手，當年出售渣甸山給利希慎家族（後來改名利園山），更被視為極大的投資失誤（鄭宏泰、黃紹倫，2010）。反觀施懷雅家族領導下的太古洋行，則真真正正地扎根和深耕鰂魚涌，持有的地皮有多無少，發展亦有進無退。此點既揭示了施懷雅家族投資上的耐性，亦反映其對香港長遠發展的堅定信心，說鰂魚涌乃施懷雅家族和太古系的發祥地，相信不會有人反對。

碰上中英政治激烈爭拗的應對

薩秉達擔任香港太古洋行大班那年，英國政府改變對華政策，派出在英

國大選失利的保守黨主席彭定康（Christopher Patten），出任香港末代總督，取代被指對華態度過於軟弱的衛奕信（David Wilson）──哪怕當時距離香港主權回歸只有五年時間而已。而彭定康上任後多項不按傳統或過去習慣的統治手法，讓人察覺到中英關係大有山雨欲來之感，變得緊張起來。

鄧蓮如

　　相對於薩秉達上任後太古系對華依舊維持友好關係，保持開拓發展的方向，彭定康上任後的香港政治氣氛，則有了不難察覺的轉變，其中引人注視的一點，是一直被視為港督領導核心的行政局舊班子宣佈總辭，讓彭定康可按自身施政方向組織新班子。而舊班子中非官守議員的領導人物（稱為資深行政局議員），則是被稱為「香港鐵娘子」的鄧蓮如，她乃倫敦約翰施懷雅父子公司的執行董事，亦兼任包括香港太古洋行、國泰航空及滙豐銀行等董事之職，是太古系的代表人物（Yeung, 1995; Chung, 2001）。

　　儘管如姚剛一樣，鄧蓮如並沒坐上香港太古洋行大班之位，但她獲施懷雅家族重用，在奔走政商、連結華洋的事務上扮演了極吃重的角色，因此花一些筆墨作介紹。綜合各方資料，鄧蓮如1940年2月29日在香港出生，其父鄧以誠（Yen Chuen Yih Dunn）為廣東人，來自大富人家，[7] 畢業於美國華盛頓大學，有工商管理碩士學位，早年在香港經商；母親陳瑩珠（Chen Yinchu Bessie）亦為廣東人，來自茶莊望族，因為對孩子管教嚴格，而有「慈禧太后」稱號（*South China Morning Post,* 29 July 1990; Young, 1995: 5）。從父親的「訃聞」上看，鄧蓮如上有一姐鄧菊如（Mamie，適夫何氏），下有一妹鄧蕙如

（Gloria，適夫黃氏），沒有兄弟（《華僑日報》，1956 年 1 月 17 日）。1941 年底日軍佔領香港後，鄧蓮如隨父母逃難到上海，直至 1949 年九歲時回港（蕭虹，2016：192）。

鄧蓮如在聖保祿學校（St Paul's Convent School）讀書，是寄宿生，1959 年畢業後負笈美國加州，入讀奧克蘭聖名學院（College of the Holy Names），之後是加州大學柏克萊分校（University of California at Berkeley）。畢業後，鄧蓮如返港，於 1964 年加入太古洋行旗下的太古貿易（Swire & MacLaine）工作，開始了與施懷雅家族的關係。由於英語好、才華出眾，她很快便獲得提拔，被派往英國厄威克奧爾管理中心（Urwick Orr's Management Centre）深造，[8] 邁上步步高升的青雲路。

最為重要的相信是 1976 年，時任香港太古洋行大班彭勵治「向當時的港督麥理浩爵士（Sir Murray MacLehose）推薦鄧蓮如，遂得以晉身立法局」（蕭虹，2016：195），開始了從政與公職的生活，那時她只有 36 歲，十分年輕。據報導，鄧蓮如是首位敢於在立法會議事堂內反對港督看法的議員（那時議員全屬委任，沒有民選）（South China Morning Post, 28 October 1977）。

順帶一提，鄧蓮如進入立法局時，身為太古洋行大班的彭勵治亦在局中，「形成太古在局內的代表勢力比它的主要對手怡和（即渣甸洋行）大」（蕭虹，2016：196），可見鄧蓮如既是華人，又屬女性的身份，成為施懷雅家族或太古洋行的一張「奇牌」（參考下文討論），有助其在港英政府及香港社會發揮另一層面的影響力。[9] 到了 1978 年，彭勵治再推薦鄧蓮如晉升為香港太古洋行董事，之後又成為倫敦約翰施懷雅父子公司的董事，鄧蓮如的地位、名聲與影響力與日俱增。

到彭勵治擔任財政司長之後，鄧蓮如在公職方面的角色更為吃重，既擔任九廣鐵路公司董事，又出任菲臘親王牙科醫院董事局主席，及貿易發展局主

席。到了 1982 年，她更獲委任為行政局議員，進入港英政府管治核心，在中英談判期間扮演重要角色，成為英國政府「主權換治權」及「三腳凳」等不同綢繆的配合者和呼應者，遊走於北京、倫敦和香港之間，深得港英及英國政府的器重與賞識。

而鄧蓮如的機智和敏捷反應，從她作為行政局議員代表會見鄧小平時的應對，可見一斑。在香港前途談判期間，為了爭取三方談判的「三腳凳」局面，英國政府促使三名華人行政局議員鍾士元、鄧蓮如和利國偉於 1984 年訪問北京，鄧小平亦破格在人民大會堂四川廳接見他們。會面時，鄧小平和鄧蓮如握手時說：「咱倆還是本家喲。」鄧蓮如靈敏地笑答：「那我可是高攀了。」為了化解英國人的圖謀，鄧小平在大家坐下來後開宗明義地指出，那次會面是以他們三人的個人名義進行，並表示樂意聽取他們對香港和國家的意見。

鍾士元因任務在身，不斷強調他們是行政局議員，代表了香港市民，又指香港人對未來沒信心，擔憂若中國政府收回香港，會影響香港的安定繁榮。此點令鄧小平甚為氣憤，直指：「如果現在還有人談信心問題，對中華人民共和國，對中國政府沒有信任感，那麼，其他一切都談不上了！」看到氣氛緊張，鄧蓮如趕快發言：「我自己是中國人，並以做中國人感到驕傲，現在中國人可以抬起頭來了，這是由於中國的發展。提出『一個國家、兩種制度』是有遠見的，希望能成功。否則，我們就不會到這裡來坦率地說話」（陳敦德，2009：230-233）。

無論是回應鄧小平的「本家」說，或是強調「自己是中國人」，鄧蓮如均流露了急才，表現得恰到好處，因此贏得了鄧小平一段具有民族感情的回應說：「凡是中華兒女，不管穿甚麼服裝，不管是甚麼立場，起碼都有中華民族的自豪感。香港人也是有這種民族自豪感的。香港人是能夠治理好香港的，要有這個信心」（陳敦德，2009：233-234）。

相比起來，渣甸洋行在港英政府的代理都是洋人，沒有華人，因此未能在有關香港前途談判上發揮更大作用，掌握的資訊較少，也不能藉此與北京政府建立人脈關係。而代表太古洋行的鄧蓮如，無論言行舉動，均以溫和柔弱的姿態，贏得中方的善意對待及回應，才能打開對話大門，以「香港人」的身份向北京直述對前景的顧慮，在某程度上爭取到中央政府給予香港更好的保障。顯然，她這種外圓內方的應對，較渣甸洋行硬碰硬的敵意，更能發揮效果。10

順作補充的是，到了 1988 年 4 月，年過 48 歲的鄧蓮如宣佈結束單身，嫁給曾任律政司司長的唐明治（Michael Thomas）。其中一個說法，是鄧蓮如的母親健康日差，但一直牽掛女兒的終身大事，她認許唐明治的為人，覺得符合女婿條件，所以催促女兒在她仍在生時結婚，於是有了那個讓人覺得「倉卒」的安排，而母親亦在鄧蓮如結婚一年多後去世（South China Morning Post, 29 July 1990）。

自中國政府宣佈將會在 1997 年 7 月 1 日恢復行使香港主權起，香港社會便出現「信心危機」，投資市場常起波濤，鄧蓮如就曾為普羅市民爭取居英權，要求英國政府給予香港市民如英國人民般的權利，其中一次她在國會游說時，更聲淚俱下，希望英國政府接收香港市民（South China Morning Post, 21 April 1989）。惟因這要求被視為會增加英國負擔，一直受到冷待。1989 年「天安門事件」之後，社會出現了更為嚴重的資本及人才外流問題，鄧蓮如再作努力，結果換得戴卓爾（Margaret Thatcher）夫人給予五萬名額的回應，她亦以「喜悅和感謝」的心情接受，整個計劃亦劃上句號（South China Morning Post, 5 March 1990）。

相信是由於鄧蓮如在中英談判期間作出的貢獻，亦可能是她在爭取居英權一事上作出了「妥協」，令她於 1990 年獲英女皇頒贈女男爵頭銜，11 乃香港首位也是唯一一位華人女性獲得此榮譽（South China Morning Post, 7 October 1990），

成為她被稱為「女強人」、「香港最有權力女性」的有力說明（*South China Morning Post*, 21 April 1989）；同時她亦一度被美國傳媒稱為「女超人」或「未來香港總督」（*South China Morning Post*, 22 May 1989）。她曾經表示：「我生於香港，我的家庭在香港，我在香港受教育，我丈夫的事業在香港，我的事業在香港。再者，我們都對香港未來充滿信心，所以絕對沒有計劃離去」（*South China Morning Post*, 6 February 1994）。

彭定康上任後，人生事業已達頂峰的鄧蓮如，顯然深明「急流勇退」之道，於是在 1992 年，乘機率領行政局非官守議員總辭。彭定康接納此舉，唯因覺得鄧蓮如——尤其她所代表的施懷雅家族及太古系——仍能為其施政帶來裨益，於是再次委任她成為行政局非官守資深議員。由於「總辭」是鄧蓮如發起的，她隨後卻「再獲委任」，此一安排令她招來怨言（Chung, 2001），而她接受「再任」，似乎亦帶有觀察變局的意味。

彭定康上任後，改變了與中國政府的關係，並單方面改變香港的政治制度，例如他在草擬首份施政報告時，事前沒按慣例與中國政府作好溝通，然後又宣佈立法局和行政局「分家」，並取消立法局內的委任議席及新增功能組別，令政治格局大變。這些重大政治動作，引來時任港澳辦主任魯平的強烈批評，中英關係進入冷凍期（魯平，2009）。

就在彭定康與魯平因香港政制問題互相指摘的 1993 年 10 月，施雅迪指示香港太古洋行進行管理層重組，其中三點值得注視：其一是莊拿頓‧施懷雅離開香港，似是調回倫敦，但之後卻不見他出現在約翰施懷雅父子公司的領導名單上，亦甚少見到他的消息；其二是華人中層領導獲得提升，當中又以陳南祿主管港龍航空（他乃美心集團創辦人伍沾德的女婿，早年曾代表太古洋行駐守北京代表處）及張永霖出任國泰航空副董事總經理最為突出；[12] 其三是原任港機工程副總裁的唐寶爾（David Turnbull）獲擢升為國泰航空行政總裁，日後更

成為香港太古洋行大班（*South China Morning Post*, 26 October 1993）。

　　對於中英關係不斷惡化，彭定康與魯平之間的互相斥責變本加厲，身為彭定康管治核心成員之一的鄧蓮如，相信曾經作出多番斡旋，緩和關係。她指出，中國政府對於彭定康的做法不開心是可以理解的，並認為導致這個政治爭拗的原因是雙方沒有直接對話，因此期望大家可坐下來談，重回協商軌道（Gittings, 1993）。然而，從事情的發展上看，鄧蓮如的努力並不成功。

　　1994 年 2 月初，鄧蓮如向傳媒透露，自己和丈夫以 900 萬元在倫敦買了一座佔地 2.4 公頃的古堡式大宅，計劃返回英國生活（*South China Morning Post*, 6 February 1994），而從她於 1995 年 6 月退任行政局資深議員一職看來（*South China Morning Post*, 16 June 1995），她應是以此為理由向彭定康提出辭職，目的是切除和彭定康的政治聯繫，以免給施懷雅家族及太古系生意造成負面衝擊。1996 年，她全面退下火線，與丈夫唐明治移居英國，到了 2015 年，75 歲的她辭任太古董事，結束與太古 34 年的關係（《信報》，2015 年 4 月 18 日）。

　　而就在鄧蓮如透露有意離港的 1994 年 2 月下旬，施雅迪到訪北京，會見了國家副主席榮毅仁，主要話題離不開彭定康在距離回歸不夠三年時間內提出的「政改方案」。榮毅仁批評彭定康的做法，違反中英兩國早年談判達成的共識，施雅迪亦表示他們反對彭定康的做法，並期望繼續維持與中國的良好關係（*South China Morning Post*, 23 February 1994）。

　　就在那個政治角力熾熱，明爭暗鬥頻仍之時，訪問北京並考察了香港業務，返回倫敦不久的施雅迪，收到香港市場傳聞，指太古洋行對香港前途缺乏信心，將會在回歸前夕減持國泰航空股份，轉售予中國企業或本地華資商人。對於這一挑撥離間的傳聞，施雅迪十分著緊，立即指示薩秉達作出澄清，確保施懷雅家族和太古系與中國政府的關係不會受到衝擊（*South China Morning Post*, 6 June 1994）。

另一點值得注意的，是施雅迪於 1994 年取消約翰施懷雅父子公司在倫敦的上市地位。他指，因家族不缺資金，英國股票市場又不活躍，維持上市地位的行政管理等費用不菲（*South China Morning Post,* 26 October 1994），寧可把發展焦點集中到亞洲，尤其中華大地和香港。這種舉動，恰好與凱瑟克家族取消渣甸系在香港的上市地位，把資本轉到海外及倫敦形成強烈對比，引起不少市場人士的高度注視。

針對彭定康有備而來的「政改方案」，北京政府作出強硬回應，取消雙方早年經多輪談判才達成的回歸「直通車」，不再讓 1995 年當選的立法局議員過渡到香港特別行政區誕生時成立的立法會，[13] 而是另組「臨時立法會」，審議香港特別行政區法案。尤其值得注視的動作，是 1996 年臨時立法會在深圳開會時，香港太古洋行前任大班靳德曉獲邀參加，乃極少數獲中國政府信任的洋人代表。

靳德曉的特別之處，是他曾嚴厲批評彭定康，指其「政改方案」破壞中英關係，「完全誤導且不利香港」（entirely misguided and bad for Hong Kong）。另一方面，靳德曉亦如施雅迪般，視中國內地的發展為巨大商業機會，曾說過「如果他們繁榮，我們便繁榮」（if they prosper, then we prosper）的「名句」（*South China Morning Post,* 16 December 1999），與首任特區行政長官董建華常掛在嘴邊的「國家好，香港好」可謂曲調一致。

由姚剛到鄧蓮如，還有陳南祿和張永霖等華人精英的任用；由「改革開放」後重新接觸內地投資，到與中信泰富的多方面深入合作；當然還有彭定康刻意改變香港政治制度，激化中英爭拗，在種種時候，施雅迪領導下的太古系，明顯表現得與渣甸洋行不同，主旋律始終是維持和中國政府的溝通、交往和合作，而非走猜忌敵對之路。至於太古重用的政治「代言人」和管理層，不但強調個人才華，亦注視其人脈與政治能量，因此能為施懷雅家族和太古系帶

來更多發展利益。

施雅迪的退休交棒

相信是JK・施懷雅定下的規則，據說太古系上層領導的退休年齡是 55
歲，在特殊情況才略作推遲。然而，1932 年出生的施雅迪，於 1986 年接任集
團領導時已年過 54 歲了，所以他在完成首屆五年任期後，已有退休之意，但
當時香港正處於回歸後過渡期的關鍵時刻，中英爭拗極為激烈，他只好「再坐
一會」，多做五年。到大局已定，核心變數消除，施雅迪乃於 1997 年決定退下
火線，過悠閒的退休生活。

一項相信是施雅迪退休前的重大決定，便是在 1996 年出售太古系持有的
35.86% 港龍航空股權，買方乃中國航空公司。與此同時，施懷雅家族又再出
售近一成國泰航空股權給中信泰富，令對方的持股比例增加至 25%，施懷雅
家族則由原來的 52.63% 下調至 43.86%。這次交易雖然與 1994 年一樣，都是
施懷雅家族將股份售予中資，但就再沒有太古系因對香港缺乏信心而減持投資
的傳聞了，主因當然是國泰航空盈利甚豐，如在 1996 年時，旗下擁有 57 架飛
機，年營業額高達 270 億港元（*The Independent*, 4 February 1996），是一隻會生金
蛋的鵝。

無論港龍航空或是國泰航空，兩者均是利潤深厚的賺錢生意，施雅迪其實
不願意轉手，但因開拓中華大地不同城市的航線，牽涉中國國家利益轉移，中
國政府為了維護自身利益，提出增加對兩家公司的控股權，自屬情理所在。施
雅迪在深入評估後，決定答允，換取「把餅做大」，開拓市場，這樣自然被視
為配合了中國政府的政策。正因施雅迪能從合作共贏、顧全大局的方向出發，
其連番舉動乃獲得了中國政府的肯定，時任中國外交部長錢其琛更曾公開給予
高度讚賞（*South China Morning Post*, 10 July 1996）。

同年，施雅迪正式退休，然而約翰施懷雅父子公司的主席大位，既沒有交給胞兄兩名兒子莊拿頓‧施懷雅及施納貝，亦非交予自己的兩名兒子施銘倫和施維新，而是如同大約一個世紀之前般，交到史葛家族後人手中，那便是JH‧史葛之孫——EJ‧史葛（Edward John R. Scott）。

　　若說施雅迪兩子太年輕，不是好選擇，但胞兄長子莊拿頓‧施懷雅早在 1990 年已在港工作起碼兩年，之前又有不同工作經驗，按理應該可以擔起重任，但施雅迪卻沒這樣做，真正原因，相信只有家族相關人士才能知悉。退下來的施雅迪，如其兄長般成為集團「名譽終生主席」，過著有時環遊世界，有時寄情山水的生活。由於他好農耕，在牛津郡擁有自己的農場（名叫Sparsholt），相信會常到那裡享受耕種樂趣，當然亦抽時間擔任一些公職，服務社會，例如修咸頓大學（Southampton University）副校監，及皇家輔助空軍名譽總監（*The Daily Telegraph*, 30-31 August 2018）。

　　進入 1997 年，香港成為海內外華人及全世界人民的焦點，香港人亦為這一重大歷史時刻而感到莫名緊張。那時年過 65 歲並剛退休的施雅迪，在 6 月份來到香港，出席英國政府退出香港的告別儀式。藉著施雅迪在港停留的日子，香港船主會於 1997 年 7 月 8 日在港麗酒店舉行聚餐，宴請施雅迪，既表彰他過去為香港船主會作出的貢獻，亦緬懷往昔的多方面合作與發展（*South China Morning Post*, 9 July 1997）。

　　之後，因 EJ‧史葛突然去世，施雅迪曾重出江湖，短暫接管約翰施懷雅父子公司的帥印，到 2005 年再交給新領導（詳見下一章討論），然後才退居幕後，弄孫為樂，寄情於山水之間。到了 2018 年 8 月 24 日，施雅迪去世，享年86 歲（*South China Morning Post*, 25 August 2018）。家族舉辦了大型喪禮和追思彌撒等，政商賢達、親屬朋友、合作夥伴和員工致哀者眾，集團旗下 128 艘輪船均下半旗致哀（*Swirenews*, 2019）。

作為施懷雅家族第五代傳人，相信施雅迪和兄長自出娘胎，便有了繼承祖業的責任，這亦是其父祖輩所經常強調的，而他無論求學、交友，亦是圍繞著這個責任發展。到大學畢業，進入家族企業工作後，他在不同層面上與兄長分工，既能減少矛盾，亦可取長補短，互相配合。當兄長接替父親職位後，他全力輔弼，然後在兄長退休時登上大位，整個傳承與領導進程十分暢順，揭示家族已克服了困擾很多家族企業的繼承魔咒，哪怕施雅迪第一次退休後，碰上繼承人突然離世的衝擊，亦沒造成多大困擾，更遑論家族爭產或內鬥等問題。

結語

對施懷雅家族及太古洋行而言，中國市場無疑是其盡展所長、建立商業王國的最主要依託所在。儘管 1950 年代初的「公私合營」政策曾令其遭遇巨大損失，但在「改革開放」的新機遇出現時，其能不被歷史包袱影響，作客觀分析，然後重新上路，再戰神州，此一重大策略調整，無疑乃再創輝煌的關鍵所在。

施雅迪任內，香港進入後過渡期，一方面是中國內地的政治情況牽動了香港社會神經，另一方面是彭定康任內因政改而引發的激烈爭拗，兩者直接衝擊香港政經和社會，既影響了太古系的生意經營，亦挑戰施懷雅家族與中英政府的關係，任何形勢錯判或處理失當，都必然嚴重損害家族和企業利益，左右長遠發展。施雅迪在那個風高浪急的時刻，能夠冷靜應對，帶領家族和企業安然渡過，揭示其過人才華、卓越領導和敏銳的政商觸角，當然還有深入華洋社會不同層面的人脈網絡。

註釋

1 他同時亦擔任「國際船務商會」（International Chamber of Shipping）主席之職，在環球航運界具領導性地位（*Swirenews*, 2019）。

2 亦有中資機構如華潤和招商局兩家主要企業參與其中。

3 施懷雅家族第六代相信很早便踏足香港，並與本地巨富家族有接觸。如早在 1974 年 1 月，施約翰夫婦已帶同一對兒子（莊拿頓・施懷雅和施納貝）到港，期間，利希慎家族的利孝和夫婦特別在利園酒店設宴招待，利氏夫婦的女兒利蘊蓮等亦有出席（*South China Morning Post*, 11 January 1974），可見這兩個作為合作夥伴的家族關係深厚，兩家的孩子更自小相識。到 1990 年代莊拿頓・施懷雅到港工作時，相信亦有和已經長大的利氏家族子女們作進一步接觸交往。

4 利銘澤胞弟利榮森亦是燕京大學畢業，惟年份較早。

5 據 Bickers（2019: 400）所指，上海出生的姚剛，主要打理太古洋行保險生意，1977 年成為太古洋行董事。

6 海格在尼克遜（Francis Nixon）出任美國總統時擔任白宮幕僚長，到列根（Ronald Reagan）任總統時則曾任國務卿，在美國政壇十分顯赫。

7 據 Bickers（2019: 399）所指，鄧蓮如父親曾與宋子文家族有合夥生意。

8 這裡所指的管理中心，應是太古洋行為青年管理層特別安排的短期培訓課程，獲選者會被送到英國薩里郡（Surrey）一家超過 800 年歷史的古堡——法林古堡（Farnham Castle）生活，接受培訓，教師為著名學者、政要或商業精英，前港督柏立基（Robert Black）便是講者之一（Bickers. 2019: 394）。

9 正因鄧蓮如進入了立法和行政兩局，而彭勵治退下太古洋行大班之職，改任財政司長後，繼任的大班再沒有如過去般獲委任為兩局議員，可見鄧蓮如被確定為太古洋行「代表」。到鄧蓮如退下後，由於回歸在即，加上那時太古洋行與末代港督關係不好，兩局便再無太古洋行代表了。

10 1984 年，鄧蓮如獲香港中文大學頒授名譽博士學位。七年後的 1991 年，再獲香港大學頒授名譽博士學位（The University of Hong Kong. 1991），成為香港歷史上首位先後獲得兩所大學頒授名譽博士的女性，其社會名望和地位之高，可見一斑。

11 在此之前的 1978 及 1983 年，鄧蓮如先後獲得 OBE 和 CBE 勳銜，這次再獲封為女男爵，可說是錦上添花（Young. 1995: 5）。既被封為女男爵，名譽上便有「封邑」，那便是「香港島和英國皇室郡肯盛頓和切爾西區的武士橋（Hong Kong Island in Hong Kong and Knightsbridge in the Royal Borough of Kensington and Chelsea）」（蕭虹，2016：198）。

12 陳南祿和張永霖等華人精英，乃太古系一心栽培的關鍵接班人，藉以打造香港主權回歸後「本地化」的人事佈局。可惜，翌年張永霖「跳槽」到香港電訊，據說令太古系高層極為失望，亦窒礙了其本地化的腳步（*South China Morning Post*, 3 April 1994）。

13 回歸後，立法局改名為立法會，行政局則改為行政會議。

第九章

過渡領導

EJ・史葛任內突然去世的波折

無論國家、企業或家族，領導人在任內突然去世，往往會給發展帶來巨大衝擊，那時，接班傳承制度是否健全成熟，則是最大的考驗和指標。無法否定，哪怕做好各方面的風險防範措施，意料難及的事情仍可能突然發生，令人驚愕慌張。若拿捏失準，應對欠妥，進退失據，就會很容易觸動更大危機，帶來嚴重問題，影響大局。

為了確保太古洋行的穩定發展，在香港進入後過渡期與主權移交之時，上層領導一直採取以不變應萬變的策略，盡量減少更替，到大局底定，相信不會有巨大變動後，才進行領導層的人事調整，讓新老交替，接班傳承。儘管有這樣的深思細慮，交棒過程還是會遭逢意外，包括領導人不幸因健康問題提早退休，甚至突然去世。幸好這家歷經百多年的企業，已建立了十分成熟的傳承制度，因此能夠化險為夷，其應對的方式與特點，十分值得深思借鏡。

EJ‧史葛的履歷與突然去世

正如上一章提及，施雅迪決定退休後，掌握太古系全球生意的約翰施懷雅父子公司，其主席大位不是交到施雅迪的子侄手中，而是仿照大約一個世紀之前祖輩的做法，傳給史葛家族的後人，那位接班人便是 JH‧史葛之孫 EJ‧史葛。由此帶出的重要信息是，當年曾經發揮巨大作用的利物浦商人網絡，就算到了二十世紀末，核心家族之間的關係仍然十分鞏固，成為促進企業發展的重要力量。

EJ‧史葛與施雅迪兩兄弟一樣，作風低調，留下的公開紀錄不多，所以無論英國社會或是香港社會，均對其缺乏了解。綜合僅有資料顯示，EJ‧史葛生於 1939 年 1 月，較施雅迪年輕七歲，父親 CR‧史葛（Charles Rankin Scott）應是一名軍人，軍階為中校（Lt. Colonel），沒有參與家族生意。EJ‧史葛與施雅迪兩兄弟一樣，都在伊頓公學讀書，但畢業後卻非進入牛津或劍橋大學，而是轉到加拿大麥基爾大學（McGill University），相信與他的學業成績有關。他

EJ‧史葛

熱愛運動，尤好打拳和保齡球，亦如施雅迪兩兄弟般曾經從軍，接受紀律訓練，隸屬英皇來福槍兵團（King's Rifle Corps），而且表現英勇（*South China Morning Post*, 29-31 January 2002; *The Daily Telegraph*, 22 February 2002）。

史葛家族本來是英國造船業巨擘，名揚海內外，然而受到航運業一浪接一浪巨大經濟週期的衝擊，出現了極為巨大的變化，家族多代人有不同發展，其中與施懷雅家族一直有緊

密合作的 JH・史葛一脈，則因這份關係——估計約佔翰施懷雅父子公司一成股權——維持著甚為不錯的發展。

　　從資料上看，自 JH・史葛之後，其子哥連・史葛和 JS・史葛先後加入約翰施懷雅父子公司和太古洋行（詳見第五章），奔走於中華大地、香港及日本等東方社會。到他們的第三代，又有 JS・史葛的侄兒占士・史葛（James Scott）和 EJ・史葛等先後加入，亦同樣在東方與倫敦之間來來往往。多代人擁有共同的投資和事業，揭示施懷雅家族和史葛家族一直關係緊密，乃生意上的堅實拍檔（Bickers, 2019: 369）。

　　至 EJ・史葛一代，他大學畢業，完成軍事訓練後，於 1960 年加入太古系工作，初期在倫敦總部實習，1964 年派駐香港，翌年轉調日本，之後又曾到澳洲，花了較長時間打理當地生意，整個實習或早期的工作歷練與安排，基本上與施雅迪兩兄弟並沒兩樣。同樣經過多年實務的考驗，到了 1968 年，他獲吸納為約翰施懷雅父子公司董事，並出任集團新收購的巴哈馬航空主席之職，董事總經理則是第七章中提及的畢拉克（Bickers, 2019: 386）。

　　自 1970 年代起，隨著約翰施懷雅父子公司在全球不少地方急速發展，作為董事局成員，且主力打理船務和航空生意的 EJ・史葛，自然扮演一定重要角色，作出過不少貢獻，惟因家族和企業甚少對外公布，缺乏資料，令外界難以了解。至於他的婚姻狀況，僅有的紀錄顯示，他於 1997 年約 58 歲才結婚，妻子為 Angela Brice，二人育有一女，名字叫 Genevieve，有關妻女的資料同樣甚缺，反映一家人相當低調（*South China Morning Post*, 29-31 January 2002; *The Daily Telegraph*, 22 February 2002）。從這些簡略資料看來，當 EJ・史葛結婚時，已確定將要接替施雅迪，出任約翰施懷雅父子公司主席大位了，算是雙喜臨門，值得慶賀。

　　一開始，EJ・史葛相信是信心滿滿，打算帶領集團走向新千禧世紀，取得

更多成果，但是他上任不久，香港就遭遇「亞洲金融風暴」，後來他更出師未捷。先說亞洲金融風暴。回歸前夕，亞洲不少新興經濟體受到金融衝擊，制度較為成熟的香港以為可以倖免於難，但最終還是受到衝擊，在回歸翌日即受挑戰，令香港聯繫滙率和金融市場出現巨大震盪，亦影響了太古系在亞洲區的生意和投資（鄭宏泰、陸觀豪，2013）。

就在那個時刻，負責打理香港太古洋行業務的薩秉達突然因病退任，EJ·史葛與董事局商討後，乃委任當時國泰航空的行政總裁何禮泰（James Hughes-Hallett）接替，算是穩定了香港領導層的局面（參考下一節深入討論）。到了2000年，經歷了一段不短時間的籌劃與洽商後，EJ·史葛以約翰施懷雅父子公司主席身份宣佈，集團將斥資 11.6 億港元，收購總部位於格拉斯哥的茶葉種植集團 James Finlay，該集團在肯雅、烏干達、斯里蘭卡和孟加拉等地均有茶園，EJ·史葛本人更統籌整個收購行動（*South China Morning Post*, 22 May 2000），可見他十分重視此次收購，亦有一番理想，希望任內能有突出建樹。

在成功收購 James Finlay，投入精力，重組管理與業務，爭取為集團帶來更多利潤與回報之時，EJ·史葛卻突然於 2002 年 1 月 29 日因心臟病發去世，享年 63 歲，那時女兒 Genevieve 相信年紀甚幼（*South China Morning Post*, 29-31 January 2002）。驚聞惡耗，無論史葛家族或是施懷雅家族，傷感之餘，相信亦大感意外。

按計劃，EJ·史葛將在領導位置上打拚十年，但第一屆任期快將屆滿便突然去世，不但多項大計尚未落成，接班人選亦未確定，或培訓仍未足夠。在深入商討後，施雅迪兩兄弟認為，與其讓未準備好的接班人倉促上位，不如由退休不久，身體仍然十分壯健的施雅迪再次披甲上任，擔起主席之職。惟他清楚表示安排只屬「過渡性」，集團會著手物色繼任人。

無論是薩秉達因病突然辭職，或是 EJ·史葛突然病逝，兩者均屬意料之

外的事件，可被視作一種領導或傳承風險，哪怕有周詳的計劃與安排，任何機構也沒法排除或逃避相關的意外。若然是一般組織，受到這樣的接連打擊，因為領導層出現真空，必然會引致很多矛盾與爭奪，但因約翰施懷雅父子公司經過百多二百年發展，已建立了健全的傳承接班制度，集團之內亦有不少年資和才華都出眾的管理精英，可隨時候命補上，因此能夠面對這次領導層接連遭遇變故的重大挑戰。

薩秉達患癌的黯然急退

沿著上文的討論方向，在新千禧世紀交替之際，太古系接連碰到領導層的突然變故，先是較早前薩秉達患病引退，後來 EJ・史葛又突然去世，兩者接連發生，促使施雅迪必須作出更靈活的應變，以免影響企業發展。因為香港回歸雖然順利平穩，但「亞洲金融風暴」驟然掩至，既衝擊香港聯繫匯率及金融市場，又令股市樓市應聲急跌，牽動了包括太古系在內大小企業的發展，偶有應對失宜，將觸一髮而動全身，給整個集團帶來難以預料的衝擊。

正如上一章提及，施雅迪在 1997 年退任集團主席之職，作為香港太古洋行大班的薩秉達則續任一屆，任期五年，那時他只有 52 歲。事實上，由於施雅迪宣佈退休，若然薩秉達同時引退，則會出現兩人同時離任的情況，不利領導層穩定，因為決策與監督上的領導和實際執行的領導交替換班，不集中於同一時間點，乃很多歷史悠久的機構維持領導層穩定的重要機制。

可是，當薩秉達進入第二屆任期不久的 1998 年中，香港經濟受金融市場衝擊日趨嚴重，整個太古系的生意大受打擊，以國泰航空尤甚，例如在 1997 至 1998 財政年度內，營業額下降 68.2%，利潤大跌 55.0%（*The Times,* 14 March 1998）；太古地產亦備受衝擊，其中與新鴻基地產合作的將軍澳維景灣畔項目，更因物業市場疲弱，錄得高達 20 億港元的巨大虧損（鍾寶賢，

2016：191）。

　　受集團生意低沉困擾的薩秉達，相信承受不少壓力，惟更令他困擾的，是他發覺自己的健康出現問題，後更確診患上癌症。受到這突如其來的打擊，本來雄心萬丈、滿懷鬥志的他，不得不籌劃退下火線，以便有更多時間休養並接受治療，於是在 1998 年向 EJ · 史葛請辭。與 EJ · 史葛一樣，薩秉達本來打算在第二任期內更好地推動香港太古洋行的業務，做出一番亮麗成績。但可惜壯志未酬，癌病來襲，只能無奈引退了（Spoon and Swire, 2009）。

　　得悉薩秉達患病的不幸遭遇，EJ · 史葛只好接受他的辭呈，並在與董事局深入商議後，把香港太古洋行大班之位，於翌年交給在太古系工作已 20 多年、時任國泰航空行政總裁的何禮泰手中，認為他有能力穩定香港太古系的局面，有效應對危機。與此同時，其他高層職位亦作出調整，例如容漢新（Peter Johansen）擢升為太古股份的執行董事，簡基富（Keith Kerr）出任太古地產董事總經理，唐寶麟（David Turnbull）擔任國泰航空副主席，陳南祿改任營運總監等等（*South China Morning Post*, 30 May 1998 and 14 May 1999）。

　　順作補充的是，薩秉達提出退任之時，明顯低估了癌病惡化的速度，所以預留了一年交接時間才真正退下來，但到他離職開始尋求治療時，卻發現成效不彰，病情急轉直下。在知悉無法擊退癌魔後，他放棄進一步治療，改到羅馬尋求信仰慰藉，並於 2002 年 3 月——即 EJ · 史葛去世兩個月後——在當地去世，享年 57 歲（*South China Morning Post*, 8 March 2002）。薩秉達一生經歷兩段婚姻，1968 年與 Rosemary A. Langan 結婚，育有三子一女，惟婚姻於 1996 年離異告終；後來他與 Gillian Stevens 在一起，但在 2001 年亦分開了（Spoon & Swire, 2009）。

　　至於 1999 年底接任香港太古洋行大班的何禮泰，生於 1949 年 9 月，在伊頓公學畢業後進入牛津大學，擁有英國文學碩士學位，1970 年大學畢業後踏足

社會，初時在倫敦一家名叫 Dixon Wilson Tubbs & Gillett 的會計師樓工作，期間取得註冊會計師資格，到 1976 年才轉投太古集團，初期擔任財務官，曾被派到日本及澳洲等地工作，1993 年重回香港，擔任太古輪船主席，同時成為太古洋行董事及太古股份副主席兼執行董事（*South China Morning Post*, 30 May 1998 and 3 October 1999）。

何禮泰正式上任時，香港經濟仍然低迷，無論輪船或航空生意均每況愈下，物業地產和出入口貿易同樣疲不能興，失業率持續攀升，無論哪種生意與投資，均錄得營業額下降、利潤萎縮。對於這一局面，擁有財務與會計專業的何禮泰，自然小心翼翼，從減少開支、壓縮成本，乃至於精簡人手等基本層面入手。

概括而言，何禮泰接任大班期間，香港經濟掉進了衰退期，股市樓市低沉，企業倒閉和裁員潮相繼出現，令失業率持續攀升。何禮泰在那個經濟逆境中，自然大派用場，因他擁有相關專業，能按商業與經濟原則精簡集團編制，緊縮支出，令太古系可以持盈保泰，渡過那個困難時期。

施雅迪的重掌帥印

EJ・史葛和薩秉達先後去世，相信給施雅迪帶來不少衝擊，一來他與二人共事交往多年，感情不淺；二來他們的年齡其實比施雅迪輕，卻突然去世，自然給他帶來不少感慨，尤其體會到健康的重要。儘管如此，處於那個極為關鍵的時刻，施雅迪仍不得不思考如何穩定大局，讓集團可在經濟低迷時期更好地應對危機與挑戰。

必須注意的是，他那時應該認為家族第六代成員——兩名侄兒和自己兩子——年紀仍然「較輕」（莊拿頓・施懷雅其實應已接近 40 歲了），資歷經驗不足，亦可能認為他們還沒有足夠的領導能力駕馭大局、應對危機，於是選擇

由自己再次披甲上陣，成為「過渡性領導」（interim leadership），等到克服危機並找到合適領導人後再作安排。

基於這種考慮，施雅迪在 2002 年重掌帥印，再次出任約翰施懷雅父子公司主席之職，穩定大局，並與香港太古洋行大班何禮泰緊密合作，應對當時香港及亞洲地區因經濟低迷帶來的巨大衝擊。但一波未平一波又起，2003 年初，香港爆發「沙士」疫情，令社會經濟及太古系的生意再次面對新挑戰。

「沙士」全稱嚴重急性呼吸系統綜合症（SARS），由於是變種病毒，大眾皆無抗體，染病者病情急速轉壞，一時間群醫束手無策，數以百計患者回天乏術，加上傳播途徑迅速又難以觸摸，令社會極度恐慌，經濟活動和日常生活戛然而止，本來略見回暖的樓市和股市再次掉頭急跌。像太古系般幾乎在香港各行各業都有投資的企業，迅即錄得巨大虧損，由於旅客大幅減少，國泰航空的生意受到的打擊尤甚。

那個時候，遠在英國的施雅迪雖然十分緊張香港、中國內地與亞洲業務的發展，但畢竟他已過七十，無法再如年輕時般大小事務一手抓，只能遙距控制，抓大放小，把不少實質事務交由子姪和何禮泰等人處理，只保持時刻聯繫，督促其繼續緊縮開支，勒緊褲頭，以渡時艱（見下一章討論）。

幸好，人心悲觀、市場低迷、經濟低落的時期並沒有維持太久，隨著疫情受控和減退，加上中央政府推出內地居民赴香港及澳門個人遊——俗稱「自由行」——政策，吸引愈來愈多內地居民到港澳觀光消費，大街小巷人流不斷增加，店舖消費乃日見興旺起來，不但香港太古系生意同步急速復甦，就連中國內地及亞洲區的業務，亦錄得大幅增長（鄭宏泰、尹寶珊，2014；參考下一節討論）。

進入 2004 年，香港經濟低谷反彈的力度更大，太古系受益尤甚。這時，施雅迪明顯認為外部經濟逆境已過，內部領導班子又能更好發揮，尤其認定統

領實務管理的何禮泰，在帶領集團應對挑戰方面表現出色，於是在 2004 年底作出了重大人事調動——他全面退下，把約翰施懷雅父子公司的主席職位交給何禮泰。這是集團過去近 200 年發展所未見的安排，因為何禮泰既非如史葛家族成員般的多代世交，亦非一直以來的策略性小股東，可說是徹頭徹尾的「非家族」主席，情況特殊。

何禮泰改任約翰施懷雅父子公司主席後，原來香港太古洋行大班的職位，便由國泰航空行政總裁唐寶麟（David Turnbull）接任，而唐寶麟原來的職位則由陳南祿接替，令他成為首名華人擔任國泰航空領導。其他上層管理的職位，例如前文提及的簡基富，以及康利貝（Howard Conybee）、郭鵬（Martin Cubbon）、史樂山（John R. Slosar）和鄧健榮等，亦有新一輪的逐級升遷和調動（*South China Morning Post*, 6 May 2004）。

這裡先簡單介紹唐寶麟的背景。他 1955 年生於肯雅，其父乃駐肯雅英軍。年紀略長後，他返回英國入讀寄宿學校，並因時常往來於英國與肯雅，養成了對飛機或空中飛行的極大興趣。他約於 1978 年加入國泰航空，並於 1994 年成為董事局成員，同時擔任副董事總經理之職，1996 年擢升為董事總經理，屬重點培訓對象，一直是香港太古洋行大班呼聲甚高的候選之一（*South China Morning Post*, 8 December 2008）。

對於第二次交棒，施雅迪除了如常的深思熟慮外，也因應現代及環境變遷而有了一些新安排，其中有兩點較突出：一是新晉升者的平均年齡「年輕」了不少，其次是多了一些華人精英進入上層管理。前者或只是偶然現象，因為不少最上級的職位仍由年過 60 者擔任，後者則相信是現實需要而有意為之，因集團愈來愈多生意和投資集中到中國市場，「同聲同氣」的華人更有助溝通。無論如何，那次接班揭示了領導風格或發展方向有了一定調整。

把約翰施懷雅父子公司主席一職傳給何禮泰，並做好各層面的人事鋪排

後，一向低調的施雅迪，便甚少出現在傳媒面前了。但是，到了 2005 年底，他卻千里迢迢由英國飛到香港，然後轉往北京，原來曾任國家副主席及中國國際信託投資主席的一代紅色資本家榮毅仁，於 2005 年 10 月 26 日去世，享年 89 歲（莊壽倉，2013）。由於施雅迪和榮毅仁交往甚深，關係密切，所以他專程飛往北京出席喪禮，送老朋友一程，而陪同他出席的，除了兒子，還有太古洋行大班唐寶麟（*South China Morning Post*, 4 November 2005）。之後，施雅迪重歸平淡，閒時寄情山水，弄孫為樂，直至 2018 年去世（見上一章）。

何禮泰的拓展在華房地產

當然，論傳承接班方向的最大調整，必然是何禮泰以非家族成員身份登上集團主席大位一事。若綜合上文討論，不難發現，何禮泰能夠獲此任命，實由多方內外因素促成，而原來的傳承安排出現意外變故，則可說是關鍵所在。具體地說，何禮泰深得施雅迪信任，加上他為人心思縝密，做事靈活，有耐性，其財務和會計專業在應對經濟低迷與商業周期時，亦能夠更好發揮，令他不但成為香港太古洋行大班，最終更登上約翰施懷雅父子公司主席之位。

由於是「紅褲子」出身，而且「數口精」，在香港工作多年，亦曾遊走於英國、中國內地、澳洲多個地方，何禮泰對集團的實務與投資了解甚深，與唐寶麟等管理團隊亦有較好的互動。更為重要的，則是他和管理層均認定中國市場的巨大潛能，於是加大在這方面的發展力度，形成自進入新千禧世紀後，太古系發展方向的重大轉變。

當然，加大對中國投資力度，是早在 EJ．史葛出任主席時已經定立的方向，並以進軍物業地產為主，包括主力開拓重中之重的商業樓宇與大型購物商場。太古系之所以大舉進軍內地市場，除看好市場前景外，亦因集團在航空、飛機維修、飲料及航運等業務已運作成熟，要另闢增長點有關。這反映集團

守業亦不忘開拓的發展文化，時刻尋覓新的市場潛能和機會，因此能夠保持活力，歷久不衰。

自 2001 年 EJ・史葛拍板進軍中國內地房地產市場起，到何禮泰在 2014 年底退休止，集團曾以太古洋行旗下太古地產為主力，獨資或與其他生意夥伴合作，進行多個大型項目，深受市場注視，其中四項可引述如下，作出說明：其一是廣州太古滙，其二是北京太古里，其三是成都遠洋太古里，其四是上海興業太古滙。

首先是 2001 年簽訂協議，與廣州日報報業集團合作，於廣州天河區的商業辦公樓項目。到 EJ・史葛去世，施雅迪披甲上陣後，集團增加投資，持股量大升至九成多。項目在 2005 年動工，於 2011 年落成開業，命名為太古滙。其中甲級辦公樓的總樓面面積達 35.8 萬平方米，內有購物商場、文化中心，以及擁有 287 個房間、含服務式住宅的廣州文華東方酒店。項目落成後，隨即成為當地其中一個地標，吸引不少跨國公司在此落戶（廣州太古滙，沒年份）。

當廣州太古滙的建築工程進行得如火如荼的 2007 年，北京國峰置業公司有意出售位於北京朝陽區三里屯一個已經落成的低密度綜合商業項目。項目總面積達 54 萬平方米，樓面面積 13.6 萬平方米，建有 19 座低密度商業樓宇，屬開放式街區商業設計。何禮泰等集團高層在深入思考和計算後，覺得項目具有深厚潛力，於是將之購入，然後重新設計包裝，打造為具有戲院、超市、餐廳、咖啡館、酒吧、藝廊等 200 多間大小店舖的生活購物總滙，取名太古里，吸引了世界著名年輕品牌如 Uniqlo、Adidas、izzue、I.T. 等進駐。該項目於 2008 年北京奧運會時開幕，結果一炮而紅，成為年輕、具個性消費者的聚腳地（三里屯太古里，沒年份）。

有了廣州及北京的發展經驗，何禮泰等管理層又於 2010 年與遠洋地產合作，把成都大慈寺區——具有千百年歷史，保留了不少古舊建築的舊城

區──發展成一個以保育為主體，低密度的開放街區式購物與休閒中心，即成都遠洋太古里。項目採取新的保育技術，並引入環保概念，既保留原來的屋院、古塔、會館、禪院，又注重原來風格的復修，以達至活化歷史與文化遺產的目的。經過多年努力，總面積達 26.9 萬平方米，辦公樓樓面面積達 11.4 萬平方米的項目，於 2015 年開業，餐廳飯館、戲院、書店、消閒娛樂設施一應俱全，並擁有 100 間房間的旅館和 42 個服務式單位，讓旅客能沉醉於歷史氣息之中，享受「快耍、慢活」人生（成都遠洋太古里，沒年份）。

發展廣州項目之時，食髓知味的太古地產又與香港興業合作，於上海發展一個總樓面面積達 32.2 萬平方米的項目，當中包括一個綜合商場、兩座甲級辦公樓、三間特色酒店含服務式住宅，那便是位於靜安區的興業太古滙。項目在 2006 年簽約啟動，太古地產和香港興業各佔一半股權，建築工程於 2016 年落成，並於翌年開業，同樣成為當區地標，吸引不少國內外著名企業租用（香港興業國際，沒年份）。惟到物業落成時，何禮泰和唐寶麟均已卸任了。

除了以上四項，集團還與遠洋地產一同發展北京朝陽區的頤堤港，項目樓面面積 17.6 萬平方米，內有一個購物商場，25 層樓的甲級辦公室，和一家有 369 個房間的休閒酒店（頤堤港，沒年份）。另外，還有北京太古里一間名為瑜舍的超五星級酒店，雖只有 99 間房間，但全部極為高級且具氣派，例如其中九個「閣樓」（Penthouse）複式總統套房，每個面積達 390 平方米，其他客房由 45 至 110 平方米不等，極為寬敞，乃官賈及社會精英出差公幹時樂於選擇的居停（瑜舍，沒年份）。

除了以上較大規模的項目外，集團還有一些小型地產投資，無論項目大小、合資獨資，都十分成功，反映何禮泰領導下，太古在內地的房地產投資精準，回報豐厚，令集團的業務組合變得更多元化和多樣化。此外，集團同期在中華大地及香港等地的其他投資，無論輪船運輸、航空運輸、飛機工程、飲料

生意與銷售、一般貿易等，亦穩步回升，收益增長急速。

由唐寶麟到白紀圖的另一番發展

大力開拓中華大地房地產市場的同時，香港的各項業務亦急速成長，一洗1997 至 2003 年間的頹風。這裡要補充的是，到了 2005 年底，擔任香港太古洋行大班職位只有一年的唐寶麟突然宣佈引退，於 2006 年 3 月離任，消息引起關注。公司甚為含糊地公佈，指唐寶麟本人希望「再肩負一個更積極的營運角色」（to resume a more active operational role），雖然無法得悉他離職的真正原因，但肯定雙方並非愉快地分手（*Wall Street Journal*, 25 November 2005）。

唐寶麟可說打破了太古系多項重要紀錄，其一是他出任大班的年期歷屆最短；其二是他相信是首名辭職（或被迫辭職）者；其三是他擔任國泰航空行政總裁期間適逢「沙士」疫症，公司出現嚴重虧損，他為了減少開支，一口氣解僱了 51 名機師，其強硬的「殺手」形象可謂十分突出（Tsang, 2005: 1）。導致唐寶麟請辭的其中一些原因，有指他管理手腕過於強硬，與管理團隊無法協調；另一說法是作為太古洋行大班，很多時需要與香港及北京政府的不同部門打交道，惟他個性較倔強，易與人摩擦，不利集團發展（*South China Morning Post*, 1 March 2006）。

唐寶麟離去後，香港太古洋行大班之位落入白紀圖（Christopher D. Pratt）手中，其他上層職位亦有另一輪升遷變動（*South China Morning Post*, 1 March 2006）。不過，按太古集團慣常的做法，大班一職多是由國泰航空主席或行政總裁接任，或是由太古股份主席或行政總裁擢升，當年唐寶麟出任大班後，陳南祿「坐正」成為國泰航空行政總裁，意味著他與太古大班之位只有一步之遙，呼聲甚高，最終卻由白紀圖雀屏中選，獲破格任命，此點相信觸發內部人事矛盾與怨言，陳南祿於 2006 年宣佈請辭，[1] 並於 2007 年 2 月離任，其職位由

史樂山接替（*South China Morning Post,* 9 March 2007）。

　　新任大班白紀圖生於 1956 年 5 月，父親據說是 Guildford 棒球隊員。他中學時期在政府學校就讀，後進入牛津大學，主修歷史。大學畢業後於 1978 年東來，加入太古洋行，後被派駐新畿內亞及澳洲，1994 年接替 EJ・史葛主理澳洲業務，回歸時調回香港。他直至被破格提升之前，只是太古股份旗下貿易及工業部主管兼太古股份離岸業務主席（*South China Morning Post,* 25 November 2005 and 19 August 2013），可見這次升遷，的確有打破常規的色彩。

　　白紀圖上任後，無論香港、中華大地及亞洲市場均持續向好，令他能在無風無浪下，帶領太古系取得不少成績，其中較受市場注視的有兩方面：其一是著手興建太古坊的港島東中心，其二是把港龍航空收為國泰航空的子公司。前者是簡單的甲級辦公樓地產投資項目，2008 年落成，成為鰂魚涌新地標，吸引不少著名跨國企業落戶；後者是較複雜的航空生意整合，尤其牽涉與中國航空和中國國際信託投資等企業合作事宜，必須進一步交代（*Asia Pulse,* 28 March 2011）。

　　具體地說，2006 年，太古系斥資 123 億港元，從中國航空及中信泰富等公司手中購入港龍航空 82.0% 股權，中國航空則斥資 54.0 億港元增持國泰 17.5% 股權，國泰又同時增持中國航空股權至 20%（*Wall Street Journal,* 9 June 2006; *The New York Times,* 10 June 2006）。透過這種股權相互買賣增持，大家業務環環緊扣，強化互動合作，尤其將港龍航空納為國泰航空附屬公司，不但可精簡編制、減省開支，更藉由國泰航空優質品牌帶來的「溢出效應」，令港龍航空和中國航空均更受益。

　　確實，太古系這次和中國航空及中信泰富等策略投資者，就國泰航空與港龍航空控股的重新組合，既精簡股權控制和行政管理，尤其讓港龍航空納於國泰航空之下，收以大帶小、以強護弱之效。港龍航空可引入國泰航空的營銷、

宣傳和管理等模式，產生品牌攀扶作用，不但營運效率得到提升，市場份額擴大，同時亦增強了消費者信心，令無論國泰航空或是港龍航空的生意均有不錯的增長，給大小股東帶來更大回報。

正如前文提及，自 2004 年起，亞洲的經濟表現遠較世界其他經濟體突出，中華大地及香港的成績尤其亮眼，持續錄得大幅度增長，房地產市場升幅強勁。由是之故，生意和投資扎根於此的太古系，亦連年錄得巨額利潤，提供更大能量，開拓不同生意或市場，進一步強化集團的盈利能力。當然，到 2008 年時，受美國「金融海嘯」的衝擊，香港作為開放型社會，經濟金融亦曾受巨大壓力，但不久便因本身強大的動力而迅速反彈。太古系各方面的投資亦是如此，雖一度受到沉重打擊，盈利急跌，但風暴過後又恢復生機，茁壯成長，有了另一番風景。

儘管早在 2009 年時，在何禮泰支持下，白紀圖已開始推動太古地產上市（*South China Morning Post*, 3 November 2009），此舉既可讓施懷雅家族套現，減少投資過度集中，回籠部份資金，放到其他生意或市場上，令投資進一步多元化，同時亦可提升太古地產的營運和管理，讓其更好地和地產市場及經濟同步（*Dow Jones Institutional News*, 22 September 2011）。

經過近兩年籌備，到 2011 年時，白紀圖已開展了太古地產的公開集資程序，惟因當時市場氣氛欠佳，時間被迫推遲，到 2011 年底再以「引介形式」（by introduction）公開集資，並最終於 2012 年 1 月成功在香港交易所掛牌，完成整個上市程序，令太古地產進入另一發展階段（太古地產，沒年份；*Dow Jones Institutional News*, 19 January 2012）。

完成上市任務後的 2013 年 8 月，白紀圖宣佈將會在翌年 3 月退休，結束八年的太古洋行大班任期，職位將會交到時任國泰航空行政總裁史樂山手中，而史樂山的空缺則由朱國樑接替，是國泰繼陳南祿之後第二位華人行政總裁

（*South China Morning Post*, 19 August 2013），惟他亦如陳南祿般，沒有再升一級成為太古洋行大班，相信令他感到有點不是味兒。

白紀圖退休不久，年屆 65 歲的何禮泰亦在倫敦宣佈，將會在 2015 年 1 月 1 日退休，把約翰施懷雅父子公司主席之職交到施約翰次子施納貝手中，那時施納貝剛好年滿 50 歲；而出任香港太古洋行行政總裁的，則是施雅迪長子施銘倫，那時他亦年過 40 歲；施雅迪次子施維新雖只有 34 歲，亦在那時加入約翰施懷雅父子公司成為董事（Goodman, 2014: 10; Butler, 2015: 18）他同時還擔任國泰航空、香港太古洋行及太古股份等公司的董事。至於上一章提及施約翰的長子莊拿頓·施懷雅，則始終沒有甚麼任命，亦不見其行蹤，較大可能是已離開公司，但原因不詳。

何禮泰退休後過著休閒舒適的生活，並於 2019 年 10 月去世，享年 70 歲。他有兩段婚姻，先是 1991 年 42 歲時與 Lizabeth Hall 結婚，育有二女，後來離異；到 2016 年再婚，新任妻子為 Katrina Repka，她給何禮泰帶來一名繼女（*The Daily Telegraph*, 25 October 2019）。

自 2005 年 1 月出任約翰施懷雅父子公司主席，到 2014 年底全面退休，何禮泰在擔起集團大旗的十年間，前後任用過三位大班，不但業績持續向好，利潤不斷攀升，令施懷雅家族財富進一步增加，投資多元性與市場分佈亦逐步擴散，其中香港和中國內地市場則仍一如既往，成為業務與利潤的最大增長亮點。單從這些指標看，何禮泰可說幸不辱命，以非家族成員身份交出一張漂亮的成績表。

結語

二十一世紀之交，太古系本來應有一番發展大計，卻遇上領導層接連出現健康問題或去世等變數，窒礙原本的綢繆；至於那時經濟掉進不景氣，「沙士」

疫情又起，更影響了整個集團的營運和發展。幸好，集團歷史悠久，底子深厚，投資多元化，加上傳承接班制度運作成熟，資深的上層管理人才不少，因此沒有如一般機構出現青黃不接問題，而是仍有充足的人選，令領導層可維持健康和活力。

按一般標準或情況，當施雅迪在 2004 年底再次退休時，其子侄——莊拿頓・施懷雅、施納貝、施銘倫和施維新——年紀已不輕，由他們直接接班，出任約翰施懷雅父子公司主席，或香港太古洋行大班，應該順理成章，問題不大，但施雅迪最終並沒這樣做。事後看來，他背後的思考，應是從穩健出發，與子侄的才能和資歷是否足夠無關，可見施懷雅家族營商任事時堅持「小心駛得萬年船」的原則，所言不虛。

註釋

| 無論唐寶麟或陳南祿，他們離開後仍保留太古洋行非執行董事之職，可見大家維持良好關係，離開就如一段戀情因性格不合告終，但分手仍是朋友。

第十章

六代登場

走過二百年而今邁步從頭越

約翰施懷雅父子公司 2014 年底於倫敦宣佈，施納貝將於 2015年 1 月 1 日起接替退休的何禮泰，成為這家 1816 年於利物浦創立的家族企業的主席。此一安排雖在眾人意料之內，但因它概括了公司走過 200 年漫長歲月，歷五代人的非凡發展，亦標誌著第六代人登上領導大位，邁上新征程，因此別具象徵性意義，引起國際社會關注。更為重要的是，集團在二十一世紀交替之時，領導層一度連遇變故，之後又面對經濟低迷，影響集團財政狀況，但最後還是迎來強勁復甦，為進入另一個發展階段注入強勁動力，格外引人注視。

由於何禮泰以非家族成員身份坐上大位，到施納貝作為家族第六代人接替主席一職時，難免引來不少市場揣測，而第一章提及 Chandler 的「管理資本主義」理論，成為最直接的批評（Chandler, 1977; Chandler and Tedlow, 1985），因為按這個理論的看法，由非家族專業人士管理更有利企業發展，反而家族管理方式存在諸多弊病，不但保守落後、任人為親，亦缺乏制度、公私不分，所以應棄如敝屣。可見從這個角度看，施懷雅家族那時「恢復」由家族人士領導的做法，是開歷史倒車。儘管如此，家族內部在作出重大決定後，一如既往地全力以赴，沒有動搖，其中壓力之大，實在不難想像——正如不少繼承一代所感同身受的，守業不比創業輕鬆；哪怕守業成功，也會被指是應份的，因為那是建基於父祖輩的成果之上；而若然發展稍為遜色，甚至大敗，則會被批評為「敗家仔」，有辱家聲。本章集中探討第六代在家族企業跨過 200 年接班進程遇到的種種挑戰，並重點檢視其危機應對的得失。

終於走上領導前台的第六代

正如第八及第九章粗略提及，施雅迪擔任約翰施懷雅父子公司主席期間的1990年代，施約翰長子莊拿頓·施懷雅已高調走向前台，加入港龍航空出任部門經理，成為傳媒焦點，亦標誌著家族已為第六代接班作出實質部署。因為莊拿頓·施懷雅此前已有不少其他實質的工作經驗，但他之後卻失去了蹤影，既沒逐步擢升，向領導大位進發，也沒進一步其他消息，此點相信讓不少人感到意外和不解，筆者亦一直沒法找到資料，無法說出其所以然。

同樣在1990年代，施約翰次子施納貝和施雅迪長子施銘倫，亦先後加入約翰施懷雅父子公司。第六代那時已先後大學畢業，踏足社會，接掌家族企業成為他們無法迴避的責任，所以他們在不同層面開始接觸家族企業營運，邁出多面向的傳承接班路途。

從資料上看，施納貝和施銘倫兩人相差約十歲，前者生於1964年，後者生於1973年，兩人與其父輩一樣，都是在年紀稍長時進入伊頓公學，與其他來自富貴及精英家族的孩子成為同窗，然後考入牛津大學，修讀人文與社會科學等學科，而非法律、工程及醫學等專業。他們度過了一段較為輕鬆美好的大學時光，參與不同校園活動，相信亦有一段時期參與過軍事訓練，以求自我實踐，在建立自我的路上不斷上下求索。

大學畢業後，無論施納貝或是施銘倫，甚至是稍後的施維新，[1]他們均是一踏出校門便涉獵家族企業，具體軌跡首先是在倫敦約翰施懷雅父子公司實習，了解業務的全球佈局，之後被派到香港、日本、澳洲及中華大地等不同地方，既接觸當地客戶和員工，了解不同文化制度，又與各地政商界朋友打好堅實關係，以便日後更好運用，這種安排或制度，與培訓其他企業高層管理並無二致。

儘管如此，施懷雅家族已是英國巨富，企業又傳承超過五代，壯大至跨國

規模，作為家族成員的他們，具有一份極為沉重的責任，既要延續父祖輩傳奇，保存家族企業與名聲於不墜，更要維護員工和長期生意夥伴的利益，同時促進其對社會及經濟的貢獻，因此他們肩負著各種各樣的重責和壓力，不能任意輕率而為。

施納貝

哪怕自 1990 代莊拿頓‧施懷雅等三人已進入接班路途，亦汲取了不少管理和發展經驗，到 1997 年施雅迪第一次退休時，約翰施懷雅父子公司的主席之位還是交到了 EJ‧史葛手中，就連香港太古洋行大班之職，亦沒傳到他們手上。這種捨家族接班人、取非家族專業精英的做法，獲得社會或傳媒的好評。因為在那個時期，受「管理資本主義」理論的影響，減少家族成員參與，多吸納非家族精英成為一時潮流。

就算到了 2005 年施雅迪第二次退下火線時，相信是覺得家族第六代仍未有足夠領導能力號召四方，所以寧可再「靜待天時」，把主席大位交到非家族專業人士的何禮泰手中，可見家族對掌控企業的能力充滿信心，不怕非家族成員出任主席會導致大權旁落，或被外人蠶食。在何禮泰等人在任期間，無論莊拿頓‧施懷雅或是施納貝，均極少公開露面或發表講話，故難從公開檔案找到他們的資料，揭示他們不活躍於社交，甚少走到領導前線，貫徹施懷雅家族慎言低調的作風。

唯一較為活躍，亦較多走向領導前線的施銘倫，應是家族進一步開拓東方

市場的關鍵人物，他與穩坐倫敦大本營的施納貝之間，似乎維持著一定的默契或「分工」。正如前文提及，自1997年加入香港太古股份公司的施銘倫，除了跟隨大方向的接班安排，例如到不同地方了解業務，接觸生意夥伴和員工，更在完成這個「基本考驗」後，全力投入到中國內地市場之中。因為他如父親一樣熱愛飛行，[2] 乃加入了廈門太古飛機工程公司（香港飛機工程公司子公司），參與實務管理（Barling, 2006）。

當然，施銘倫亦參與了在中華大地推廣可口可樂的飲料業務，以及太古地產在廣州及北京等項目的商討與落實。而他為了更好地開拓中國內地市場，更曾學習普通話，同時撥出更多時間參與當地社交活動，種種舉動揭示其對中國市場的高度重視和全情投入（Barling, 2006）。到了2006年，施銘倫獲擢升為廈門太古飛機工程公司的行政總裁，全力肩負公司的發展任務，以考驗他是否具獨當一面的領導能力，與其他只需開會監督業務發展的職位如太古股份、太古地產及國泰航空等的董事任命，可謂截然不同。

據分析，這個重大決定，與唐寶麟突然請辭太古洋行大班一事有關，家族藉此變故，考驗施銘倫「在壓力之下如何反應」（put him under pressure and see how he responses），其培訓目的可謂十分清楚（Barling, 2006:2），而施銘倫的表現亦沒有令人失望，廈門太古飛機工程公司在其領導下，取得了不錯的成績。經過時間的浸淫，通過了不同困難與危機的考驗，還有經驗與人脈關係的點滴凝聚，施銘倫與施納貝和施維新一樣，先後獲任命為家族旗下多家企業如香港太古洋行、太古輪船及James Finlay等的董事局成員，被交託更多任務，扮演更多角色，那時才邁出接班的另一重要步伐。

到了2014年，何禮泰退休，當時施納貝已年屆50歲，施銘倫則已接近41歲時，家族才順勢而行——或可說是千呼萬喚始出來，真正落實由第六代接掌這家已歷經200年的跨國巨型企業，施納貝擔任約翰施懷雅父子公司主

席，施銘倫參與更多香港及中華大地的實質業務管理，施維新亦開始進入核心業務的董事局，提供更多管理支援。從此，這家充滿傳奇的英資企業，在中華大地的土壤上走向另一歷史階段。

概括而言，施懷雅家族從第五代交棒至第六代一事，顯然頗有一番深入思考。遲遲不由第六代全面接班，可能是由於原本選定的接班人莊拿頓・施懷雅遇上重要問題，或是缺乏興趣，亦可能是家族經評估後，覺得不用急於一時。另一方面，相信亦是第五代對非家族管理者的才華及忠誠充滿信心，而那段時期集團發展節節上揚，則反映家族的眼光及信任沒有被辜負。第六代在這個過程中不斷學習，汲取經驗，同時建立本身的領導地位，無疑成為下一個接班階段的最大支撐，家族企業因此進入一個新格局。

慶祝二百年的回顧與前瞻

從某個角度上看，何禮泰交棒施納貝一事，似是刻意安排在約翰施懷雅父子公司進入 200 年的重要日子，集團上下早在主席大位確定之前，已開始籌劃如何大鑼大鼓慶祝一番。畢竟，無論在英國、中國甚至全世界，哪怕只是一家中小企業，能夠昂然走過 200 年，已經很不容易，更遑論像約翰施懷雅父子公司般的跨國巨型企業，其主要生意和投資集中於亞洲——尤其香港和中華大陸市場——但控股公司或家族卻遠在英國，這給企業領導和管理添加更多困難與挑戰。

慶祝集團創立 200 年時，施約翰和施雅迪兩兄弟均已年過 80 歲，但仍健在。通常，在重大慶祝活動上邀請過往領導出席，主持儀式、致詞或是發表演講，緬懷過去，實屬平常，亦是尊重長輩的基本表現。不過，此時在大小慶祝活動上卻鮮見他們的身影，雖說施約翰健康欠佳，但施雅迪應尚健壯，惟同樣沒有現身，似乎是有意令焦點落到新主席施納貝和施銘倫身上。

毫無疑問，自進入 2016 年起，在有關施懷雅家族或太古系的公開活動上，200 周年慶典總成為焦點話題，引起傳媒關注。與 1966 至 1967 年度慶祝 150 周年活動相似，集團宣佈捐款支持教育、扶助社會弱勢群體，並向服務多年的忠心員工頒贈獎牌，太古人亦聚首一堂，大排筵席慶祝一番。較為不同的，則是集團因應中國或華人社會對太古洋行的在華業務與貢獻較少關注，甚至存有一些誤解之故，乃特地委託香港學者進行深入研究，出版相關專著，扼要講述了施懷雅家族與太古洋行在華不斷發展的故事（鍾寶賢，2016），加深社會大眾對企業的了解。

在眾多慶祝活動中，2016 年 5 月在上海隆重舉行的那一場無疑備受關注，吸引傳媒視野，因為集團主席施納貝專程由倫敦東來，主持慶祝儀式，發表講話，亦會見了不少舊雨新知和政商名人。除回顧過去 200 年取得的驕人成績，他還特別提到中國市場如何成就了太古洋行，亦點出了未來將如何更好地開拓：「我們的生意在中國不斷發展……中國市場一直帶動我們的增長……相信中國仍會繼續給我們創造新的機會」（*Shanghai Daily*, 16 May 2016）。換言之，中國市場一如既往是集團未來發展的重中之重，焦點所在。兩個月後，在倫敦的另一個慶祝場合上，施納貝對於家族及企業走過的 200 年歲月，有如下感受：「無論用任何標準，這是一個非凡的里程碑，且是我們引以為傲的」（*The Sunday Times*, 10 July 2016）。

當然，最能相對客觀地總結集團過往 200 年發展的，還是回到上文提及太古集團委託學者研究所呈現的發展圖像上：篳路藍縷、披荊斬棘，一步一腳印，幾經波折，始終不斷壯大成長，無論創業者或守業者均能洞悉市場與時局變遷，作出更好開拓，因此能歷 200 年而不衰，壯大為跨國企業。至於鍾寶賢在太古集團 200 年誌慶時出版的《太古之道：太古在華一百五十年》一書中作如下總結，無疑道盡箇中關鍵，值得細味：

從二百年前在利物浦開始，施懷雅家族歷經逆境挑戰，家族生意起於微時，更兩度經歷破產低潮，走過低谷，太古在華建立起穩固基業。回顧過去，施懷雅家族歷代成員都恪守祖業、持之以恆為本。太古以私人家族公司形式在倫敦持股，下放權力遙控遍佈世界各地的業務。歷年來它都以自我求變來適應環境變遷，旗下業務有如有機生命體一樣自然延伸，既有大膽創新的嘗試，也時刻步步為營，以保堅固根基。從昔日老施懷雅以中國貿易取代大西洋貿易、以航運和煉糖取代商品買賣、施約翰開拓航空、到施約翰和施雅迪年代發展地產，經歷兩次世界大戰及多次打亂經濟民生的動盪，太古都在持守祖業與破舊立新之間取得平衡。太古的故事既側寫了一個東西方交流接軌的大時代，也同時記錄了近代中國社會經濟史中許多幕重要的進程。（鍾寶賢，2016：203）

度過 200 年慶典不久，施約翰和施雅迪相繼去世。從傳承接班與領導權威轉移的角度看，接班一代要到交班一代去世後，才算完成了整個接班進程（鄭宏泰、高皓，2018），因為到了那個時候，他們才能真真正正的不受交班一代影響，亦最能考驗其領導能力。即是說，在沒有第五代給予的精神與威望等支持下，第六代必須憑自己的領導能力駕御大局，應對大小困難與危機。

完成了領導大位的全面交接，施納貝極缺資料不談，若只看施銘倫，他自 2013 年起，除了擔任前文提及的董事或行政總裁職位外，還擔任太古洋行（中國）、太古航運、Argent Energy Holdings、Finlay Group、James Finlay、Tasman Orient Line 等的董事。而其胞弟施維新雖然年紀甚輕，亦同樣在 2013 年起出任諸如太古輪船、太古洋行（中國）、Airborne Taxi Services、Merlin Aviation、Swire Investment（Australia）、Swire Oilfield Services Holdings、Argent Energy

Holdings 等的董事。

當然，最吸引中外社會視野的，是 2018 年時，香港太古洋行作出多項宣佈，施銘倫擢升為太古股份、太古地產和香港飛機工程等的主席，揭示施納貝和施銘倫等新一代家族領導核心，在經過深思細慮後，決定進一步強化家族對集團實務的掌控（*South China Morning Post*, 9 February 2018）。這種重大舉動或策略調整，實屬人之常情，因為他們正值壯年，有自我實踐的雄心，想爭取表現，打破社會標籤在繼承者身上的負面形象，自然不難理解。

無論是從企業發展的角度，或是從家族生命周期的角度，約翰施懷雅父子公司進入 200 年，或是太古洋行在華 150 年，均是極為重要的里程碑。回首過去，展望未來，第六代在第五代離世後有了更多自由，更大權力，因此作出更為進取的開拓，擴大生意版圖，取得更好成績，樹立個人在社會和集團中的威望，從而贏取認同與稱頌，實在不出為奇。只是一如早前不同章節提及，無論社會、市場或是生意，其前進路途不會無風無浪，固定不變，而是時有波動，難以預測，至於給領導者最好和最大的考驗，往往便是出人意料的困難和危機。

在動亂中成為針對目標

古往今來，新領導上台後最大的挑戰，往往是不同類型的危機——企業或家族內部的危機，或是社會與環境的外部危機。施納貝和施銘倫等第六代所面對的考驗，亦在接班不久後出現，而且一波未平一波又起，來勢洶洶，不能等閒視之，稍有應對失誤，必會給家族和企業帶來災難性後果，相信令他們承受不少壓力，時刻難以安寢。

第一個考驗是 2019 年香港爆發的「反對逃犯條例修訂草案事件」（簡稱「反修例事件」或「反修例風暴」等）。太古系旗下的國泰航空，其員工乃工會

骨幹，令其成為其中一個問題或爭拗的源頭。由於歷史緣故，香港和澳門、台灣地區及中國內地之間，過去並沒移交罪犯的安排與法律，令 2017 年一宗發生在台灣的謀殺案，掀起了軒然大波。事緣一對香港情侶到台灣旅遊，男方涉嫌在當地將女友殺害，棄屍後逃回香港，兩地沒有引渡法律的制度性問題再次凸顯出來。

具體地說，受制度的缺陷制約，犯人哪怕已在香港捉拿，卻無法引渡至台灣繩之於法。為了堵塞逃犯條例的漏洞，特區政府提出修訂逃犯引渡條例，惟這樣卻又引伸出其他問題，即除台灣地區外，新的引渡條例亦把澳門特區及中國大陸納入範圍之內，令不少人感到憂慮——尤其商人，他們害怕此例一開，會對其在當地不少牽涉違法的行為構成風險，因此提出反對。

此時，特區政府因為未能迅速消除疑慮，反而激化更多反對聲音，令反對力量不斷壯大，最後演變成大規模的反政府事件，其中一個背景又與 2014 年一場違法佔領運動失敗後，社會的不滿情緒未曾宣泄和紓緩有關。至於警方和政府對示威者所採用的手法，不但未能把示威者壓下去，反而激發更多針對警方使用過度武力的指控，令事件變得曠日持久，演變成極端暴力與「私了」（即以暴力私下解決問題）流行，甚至出現了敵對中央、鼓吹香港獨立分裂國家的舉動，令問題變得更為複雜。

由於國泰航空（包括旗下的港龍航空、香港快運航空、香港華民航空等，參考下節討論）乃香港其中一個大僱主，包括機師、空中服務員、地勤人員及辦公室人員等，他們人數眾多，組成實力極為強大，加上具有難以取代的專業性，所以凝聚了巨大政治力量，過去為了爭取加薪或服務待遇，更曾與僱主刀來劍往，毫無懼色。正是因為他們強大且高度一致的組織能力，工會骨幹又在整場運動中居於領導位置，走在前線，亦鼓吹會員一起參與，令國泰航空被捲入政治漩渦之中。

更為複雜的是，運動帶領者大打所謂「國際線」，爭取國際輿論、關注和支持，來自美國及台灣等外部力量又被指滲入其中（《人民日報》，2019年9月8日；《經濟日報》，2019年9月8日）。香港國際機場作為出入境門戶，自然成為運動帶領者的重點活動和佔據之地，機師和空中服務員更是他們吸納、動員和爭取支持的對象，某些守法意識薄弱、情緒易受刺激者，在曠日持久的運動期間作出了過激或違法行為，實屬意料之內，其中既有國泰航空副機師、空勤及地勤人員等因參與違法抗爭活動而被警方扣捕，之後又出現員工在社交平台發表針對警方的言論，以及洩露客戶私人資料等問題，引起社會更大震動。然而面對這種情況，國泰航空管理層卻未能及時作出制止。

連串事件愈演愈烈，國泰航空空勤、地勤人員參與者眾，其中又以8月初香港空勤人員總工會呼應抗爭者行動，發起「三罷」一事最受注視。據說國泰航空旗下（包括港龍航空、香港快運航空及香港華民航空等）有近3,000人參與大罷工，影響超過300班航班上落，令大量旅客被迫滯留，整個香港國際機場近乎陷於癱瘓（《大公報》，2019年8月7日）。對此，不但特區政府感到不滿，中國民航局亦不能接受，認為國泰航空旗下部份員工逾越底線、破壞法紀，亦違反了保障客戶私隱的基本操守，因此作出反擊。

同年8月9日，中國民航局作為中國民航工業的監管機構，因應香港空勤人員參與違法行動，可能影響中國領空安全的問題，對國泰航空發出重大航空安全風險警示，提出三點要求：一、停止那些「參與和支援非法遊行示威、暴力衝擊活動，以及有過過激行為」的機組人員在的內地航班的職務，並提交名單，以便審查；二、若該航班包含未經審核通過的機組人員，則不予接收；三、要求國泰航空提交「加強內部管控方案」（《明報》，2019年8月9日）。

對於中國民航局的要求，香港空勤人員總工會發言人表示，過往如有航班前往內地，機組人員名單亦要當日遞交內地部門，工會理解公司決定，現時修

訂為預早一天提交名單（《頭條新聞》，2019 年 8 月 11 日）。即是說，工會雖接納要求，但刻意淡化事件給空勤人員及國泰航空帶來的巨大衝擊，當然亦有參與抗爭者提出強烈反對，認為那是對他們的打壓，並要求高層不要「跪低」（妥協）。然而，航空安全沒有討價還價的空間，中國內地巨大的空域更關乎國泰航空的生存和發展，公司只能接受要求。另一方面，公司亦向傳媒證實，已解僱兩名被指行為不當的機場員工，至於被控暴動罪的機師，則於該年 7 月底已沒有被安排飛行職務。

中國民航局的舉動，尖銳地揭示了一些較少受注視的事實：其一是國泰航空及旗下公司的航班，近七成需要飛越中國領空，相關安排等於宣佈那些「參與和支援非法遊行示威、暴力衝擊活動，以及有過過激行為」的機組人員的工作，會受到直接打擊；其二是中國航空及中國國際信託乃國泰航空的關鍵策略股東，對集團的管理有重大影響力；其三是國泰航空管理層對員工參與違法活動，組織非法罷工，甚至洩露客戶私隱等行為，沒有採取應有措施作出制止，因此引來「縱容」的批評，被指是「姑息養奸」，最後「令公司陷入危機處境」（《文匯報》，2019 年 8 月 10 日）。

在那個群情洶湧且高度政治化的時期，時任國泰航空行政總裁何杲（Rupert Hogg）最後宣佈辭職，承擔責任，其職位由鄧健榮接替，而鄧氏則是第三位國泰航空的華人行政總裁（*South China Morning Post*, 15-19 August 2019）。[3] 鑑於事態極為嚴重，施銘倫身為國泰航空母公司太古洋行的主席，顯然作出了重大決定，公司隨後宣佈，所有員工「均需嚴格遵守僱傭合約條款及適用的規則」（《香港 01》，2019 年 8 月 28 日），意思是如任何員工違反規則，必然不再「縱容」。[4] 至於中國民航局的要求，令不少空勤人員深刻意識到，若然他們參與違法活動，可能會失去工作，於是在權衡利害後，行動明顯收斂，佔據香港國際機場的抗爭活動不久亦在警方加強執法後逐漸消退。

國泰航空員工參與違法抗爭的情況雖然逐漸減少，但運動仍然持續，且不斷惡化，暴力與「私了」升級。與過往多發生在街頭不同，新一波的抗爭行動諸如「和你 Shop」、「和你 Sing」、「和你 Lunch」、「和你 Din」等等，打著「和平非暴力」的口號，多在大型商場進行，太古地產作為香港其中一個大業主，擁有太古城、太古坊、太古城廣場、金鐘太古廣場等大型商場，自然亦受到波及（《明報》，2019 年 11 月 4 日），其中又以九龍塘核心商場的又一城，所受破壞最為巨大。

2019 年 11 月，有網民先後發起於大小商場進行「和你 Shop」行動，藉影響大小商戶和購物者，打擊商業經濟，以脅迫政府。連番動盪與暴力已影響集團名下商場收入，集團需要向大小租戶減收租金，共渡時艱，境外旅客銳減亦影響國泰航空及旗下公司業務；當然還有包括太平洋咖啡、麥當勞等太古系直接或間接投資的生意，均受到針對和破壞，令其蒙受巨大損失。集團被捲入政治漩渦，帶來其他種種負面衝擊，施懷雅家族相信是始料不及，因此深刻地考驗其領導才能與危機應變。

在國泰航空及其附屬公司的員工大量參與違法抗爭和罷工，刻意泄露客戶資料時，中國民航局曾因不滿這個局面，在北京會見了太古股份主席施銘倫，要求他依法嚴肅處理問題（《香港 01》，2019 年 8 月 13 日），最後有中國民航局提出「三點要求」，何杲和史樂山等相繼離職，公司切實執行所有員工「均需嚴格遵守僱傭合約條款及適用的規則」，反映施銘倫改以強硬手段平息問題。至於同年 11 月，又一城遭到暴力破壞，則染有抗爭者認為管理層向中國政府「跪低」，因此作出報復的色彩。對於旗下不同生意被針對和破壞，造成嚴重損失，相信施懷雅家族亦甚為不滿，有「啞子吃黃連」的感受。

由於香港局面仍然動盪，11 月中更爆發了極為嚴重的「圍攻」香港中文大學及香港理工大學的嚴重暴力事件，之後在同月 24 日進行的區議會選舉

中，以抗爭為號召的反對派又取得大多數議席，令香港政局更為波譎雲詭，「一國兩制」受到巨大挑戰。區議會選舉塵埃落定一個月後的 12 月 16 日，駐英大使劉曉明在倫敦會見了太古系最高領導人施納貝和施銘倫，話題主要集中於國泰員工早前參與香港政治動亂，破壞香港繁榮穩定，衝擊「一國兩制」底線等事，要求對方嚴肅認真處理。二人則表示，香港社會不穩，影響太古系生意，尤其是國泰航空和太古地產，暗示他們乃受害者。正因如此，他們自然爭取恢復社會秩序，口徑一致地指責非法行為及暴力，並支持政府止暴制亂（*Asia News Monitor,* 17 December 2019）。

從現實上說，由反修例事件引起的嚴重社會動亂，曠日持久，令包括國泰航空、太古地產以及眾多太古系有間接投資的生意，均受到不同層面的打擊，他們的員工——無論是機師、空中服務員、地勤人員，或是商場經理、保安人員等等——或是基於一己政見，或是由於所屬崗位的責任，都捲入其中，有些更勢不兩立，「同事成陌路」。企業的管理層和施懷雅家族，同樣無法置身度外，在不同層面上受到直接或間接的巨大影響，當然亦牽動了與不同生意夥伴、社會組織及政治力量的關係和利益。

更為關鍵的問題是，作為最高領導的施納貝和施銘倫，由於未能防範於未然，或是在事情惡化前解決，而是錯信管理層早期採取放任自流的應對手法，結果令問題由小而大，不斷擴散，愈來愈難控制。而家族要為此「埋單找數」，承擔後果，相信是他們既無奈又無法改變的現實，亦是泛政治化環境下無法避免的結局。他們的高祖輩 JS・施懷雅曾告誡後人不要牽涉政治，寧可全力打拚生意，此時深思，實在擲地有聲，充滿智慧。

從歷史發展的經驗上看，除非是軍火商或屯積物資發災難財者，無數普通商人其實都渴求社會穩定和平，讓其可「打開門做生意」，在貨如輪轉中創造盈利，太古集團亦如是。自上世紀八、九十年代起，由於不斷開拓中華大地的

龐大市場，與內地維持著踏實互利的關係，生意投資間又有不少合作互動，他們實在沒可能在群情洶湧的非常時期，作出任何有違法紀、不利自身長遠發展的事情。畢竟，狂風暴雨的日子不會長久，必然會過去，之後更多的應該是天朗氣清、風平浪靜。

瘟疫全球大爆發的衝擊

對香港社會而言，2019 至 2020 年有如狂風之後遇上暴雨，一波未平一波又起，而且更為激烈，令旅遊、酒店、餐飲等行業備受嚴重衝擊，經濟迅速下滑，包括國泰航空、港龍航空和香港快運航空在內的企業，甚至到了瀕於破產的邊沿。由反修例事件引起的嚴重社會動盪才略見緩和之時，另一場席捲全球的冠狀病毒病（COVID-19）疫情爆發，不斷惡化和擴散，除奪去了不少染病者的生命，也造成人心恐慌，經濟生產、日常生活和消費娛樂等幾乎陷於停頓。

正如前文提及，自 2016 年第六代走向全面接班後，為了爭取表現，很自然地開始尋找新的空間，而進軍廉價航空市場，則成為既有助強化本身業務，又可開拓另一市場領域的重要選擇。經過連番研究、接觸和洽談，到了 2019 年 3 月，國泰航空宣佈斥資近 49.3 億港元，收購以經營廉價航空為主的香港快運航空（《信報》，2019 年 3 月 27 日；*South China Morning Post,* 27 March 2019），並於同年 7 月 18 日完成整個收購行動（《經濟日報》，2019 年 7 月 19 日；國泰航空，2019a），希望藉此「通吃」航空業的高、中、低三個市場。

然而，就在完成收購之後，反修例事件卻不斷激化，不同層面的暴力對旅客到港觀光、娛樂、消費造成沉重打擊，而由於香港與內地的矛盾，令內地旅客成為最受針對的一群，影響尤大。雄霸香港航空業高、中、低三個市場的國泰航空及旗下公司，乃受到巨大打擊，生意額大跌。

本來，施銘倫等領導層或者認為，就如香港歷史上不同時期的抗爭運動般，這次事件也會很快平息，所以他們仍看好後市，更作出重大決定，向空中巴士公司訂製多架新型飛機，以提升運載力。但令人意外的是，抗爭運動不但沒有平息，反而不斷惡化，暴力行為更是愈演愈烈，不但衝擊國泰航空，還波及港龍航空和香港快運航空等，日後連太古地產亦受影響，問題由一般商業經營矛盾演化為政治矛盾，令挑戰變得更為巨大，局面更難掌控。

更讓領導層措手不及的，自然是冠狀病毒病疫情不斷擴散。疫情爆發初期，由於對其缺乏了解，治療上極難應對；加上其擴散之速、規模之大，不出兩三個月便蔓延全球，令人心惶惶，不只衝擊公共衛生系統，亦影響了經濟和金融發展（Hang et al., 2020）。在這樣一種前所未見的嚴峻局面下，不同國家或地區的某些經濟與生產活動戛然而止，旅客流量急跌，國泰航空及旗下多家航空公司乃蒙受巨大虧損。

就以 2020 年 6 月份公佈的 2020 年首四個月營業數字為例，在客運方面，1 月份的載客量只微跌 3.8%，到 2 月份開始大跌過半，3 月更跌了九成，4 月份則跌了九成六，全月只載客 1.37 萬人次，即是每日不夠 500 人而已，幾乎「歸零」，形勢之嚴峻震撼，實在前所未見。貨運的跌幅雖沒客運般慘烈，亦非常巨大，若以載運率計，4 月份時雖達七成，惟以運載量計則大跌 48.3%。受到客貨量大跌的影響，集團首四個月錄得虧損高達 45 億港元，數目之巨大，是前所未見（《香港 01》，2020 年 6 月 9 日）。

令國泰航空百上加斤的，還有期貨石油（俗稱「期油」）問題。作為一門高石油消耗的行業，國泰航空及旗下公司一直有進行「期油」對沖操作。這本屬十分平常的風險管理，但 2019 至 2020 年間，因為集團早前以高價購入「期油」，可國際油價卻持續下滑，甚至一度跌穿每桶 20 美元的歷史性低水平，集團蒙受的虧損可想而知（《經濟日報》，2020 年 7 月 22 日）。

在疫情不斷惡化和國際營商環境變幻莫測的雙重打擊下，國泰航空一如全球其他航空公司般，走到了瀕於崩潰的邊沿。面對前所未見的大危機，國泰航空的基本應對方法是開源節流，除要求絕大部份員工放無薪假，減少營運支出外，同時於 2020 年 7 月 22 日與空中巴士達成協議，減少飛機訂單的數量，並推遲交貨的日子（《香港 01》，2020 年 7 月 22 日）。

與此同時，集團又出售部份資產，例如以低價轉售手上六架飛機，套現近 54 億港元（《文匯報》，2020 年 3 月 17 日）。更為重要的，則是尋求特區政府的財政協助。國泰航空及旗下公司聘用超過 20,000 名香港員工，亦是香港與海外客貨運輸的命脈，對維持香港聯繫全球，具有無可置疑的重要地位，特區政府在權衡輕重後，以避免國泰航空及旗下公司倒閉，衝擊香港經濟與國際地位為由，於 2020 年 6 月 9 日宣佈一項斥資 273 億港元的扶助措施，協助國泰航空渡過難關，其中七成款項用於購入國泰航空優先股，另外三成則屬過渡性貸款（《信報》，2020 年 6 月 9 日）。儘管獲得特區政府借貸支持，惟全球疫情不但未見紓緩，更出現另一波爆發，令經營環境依舊嚴峻，如何沉著應對，仍考驗著施懷雅家族。

補充一點，因應疫情嚴重衝擊香港經濟與社會，財政充裕的特區政府除了推出一系列紓緩民困的財政資助外，亦推出名為「扶企業、保就業」的政策，撥款支持大小企業，但要求受助機構須把款項用於支付員工薪酬，維持就業。身陷嚴重財政危機的國泰航空及旗下公司自然提出申請，以應燃眉之急，一共獲批 6.6 億港元資助（《信報》，2020 年 7 月 15 日），讓其可繼續聘用一定數目的員工，維持基本營運，以待疫情過後的經濟復甦。

本來，經過一段時間掙扎，國泰航空在多方面開源節流，虧損已大幅減少，香港不少層面的經濟生產亦逐步恢復。另一方面，自人大常委會於 2020 年 6 月底通過了「香港國安法」後，暴力抗爭行為逐漸絕跡，社會或可逐步恢

復穩定，但是疫情卻一波接一波嚴重，曠日持久。正因如此，到了 2020 年 10 月，集團被迫宣佈停止旗下港龍航空的營運，向政府交出航權，遣散全球近 6,000 名員工，轟動中外社會。更引人注視的是，到了 2021 年 5 月，施銘倫宣佈退任太古公司及太古地產（即家族在香港的旗艦企業）主席職位，由白德利（Guy Bradley）接替，施銘倫則返回英國，出任英國太古集團行政總裁（《信報》，2021 年 5 月 23 日）。

　　毫無疑問，作為太古系旗艦的國泰航空（包括香港快運航空、香港華民航空及香港機場地勤服務，以及已停止營運的港龍航空等），還有其他航空業相關的生意（如香港飛機工程、廈門飛機工程、香港餐飲及膳食等），確實面對著前所未見的巨大危機。危機的爆發，與施懷雅家族或太古系沒直接關係，如何走出困局亦非他們主觀意願能左右，正因此成為對領導者韌力、意志和信念的最大考驗。第六代如何應對？能否成功？仍是備受關注的焦點所在。

　　可以想像，若然國泰航空「捱」不過此關，折翼收場，必然產生巨大連鎖骨牌效應，給施懷雅家族龐大的商業王國帶來致命衝擊，香港經濟亦必然受牽連。儘管在 2022 年中，第五波疫情仍未退，前路如何尚屬未知之數，能否擺脫困局亦言之過早，但經驗告訴我們，狂風暴雨總會過去的，在前路不明、暗日無光之時更要堅持，因為放棄雖換來一時之快，卻沒法如堅持般贏來勝利與榮耀，對施懷雅家族第六代的真正考驗，可謂正在此時。

結語

　　與世界上不少歷百年而不衰的企業一樣，約翰施懷雅父子公司和太古系亦建立了一套優良制度和核心價值，其中的拉丁文格言「esse quam videre」，[5] 中文意思是「求真務實」（蕭虹，2016：194），更是無數「太古人」銘記並付諸實踐的。客觀地說，求真能減少過錯，避免誤判；務實可從現實看問題，去除

浮誇。正因如此，施懷雅家族的經營作風，被概括為「不急功近利，不投機取巧，反是細水長流、踏實經營」（鍾寶賢，2016：214）。第六代掌握領導大權後全面開拓，例如斥巨資收購香港快運航空，進軍廉價航空市場，本來是任何有野心的領導者必會踏出的腳步，但卻碰上歷史罕見的瘟疫大爆發，極為致命地衝擊航空業，給集團的未來發展添加不少變數，引人憂慮。

回到本書重點關注的家族企業問題上。眾所周知，家族企業乃人類歷史上發展最悠久、韌力最強大的一種結構模式，之所以具有特別頑強的生命力，是因其經營和管理具有某些獨特優勢之故。施懷雅家族領導下的約翰施懷雅父子公司和太古集團，則可算是對這種模式的完美個案演繹，他們歷盡衝擊、不斷發展，壯大為跨國企業，傳承多代而不衰，揭示家族企業儘管存在一些未如人意的缺點，但絕非一無是處，關鍵是我們如何取長補短、去蕪存菁，讓其可更好發揮所長。

註釋

1   施維新於 1980 年出生，2003 年東來，加入太古洋行，在香港、新加坡、斯里蘭卡、上海和倫敦工作，2012 年起成為太古洋行執行董事。

2   施銘倫的英文名「Merlin」，據說是施雅迪心愛的私人飛機「Spitfire」當時最為先進的引擎的名稱，施雅迪購入那架私人飛機時，兒子剛出生，於是用了引擎的名稱作兒子名字，寄意深遠，而施銘倫顯然亦受父親影響，熱愛飛行。

3   國泰航空主席史樂山亦於 9 月 4 日宣佈「退休」，或者可視作集團是次因事件「問責」下台的最高層人士，其職位由時任太古可口可樂主席賀以禮（Patrick Healy）接替。賀以禮生於 1966 年，劍橋大學畢業後於 1988 年加入太古集團，主力打理太古飲料生意，有一段長時間駐中國內地，對中國市場、文化和社會有較深了解（《明報》，2019 年 9 月 4 日）。

4   雖然大多數員工已恢復平靜，卻接連發生諸如「客艙氧氣樽被排氣」等事件，揭示或者有人對國泰航空管理層的做法心有不滿，作出渲洩（國泰航空，2019b）。到了 9 月 21 日，在港龍航空的飛機上，再發現相同事件，公司因此宣佈「解除兩名機艙服務員」（《明報》，2019 年 9 月 24 日）。

5   英文的意思是「to be, rather than to seem」（*Swirenews*, 2019）。

第十一章

後全球化年代

兩個世紀發展經驗總結

在全球化浪潮與殖民主義推波助瀾之下，太古本來只屬一家細小規模的英國資本公司（洋行），卻乘著大英帝國向全球不同角落擴張的大勢，加上多代人的耕耘努力，在相距千里的中華大地上深耕發展，打造成財力雄厚的跨國巨型企業，更代代相傳，延續至今超過兩個世紀，那實在屬於一種傳奇、一項紀錄，令無論香港、中華大地，甚至英國及世界各地人士均大感意外。

綜合本書各章所述，我們不難感受到，這樣的一個傳奇家族，所走過的每一個腳步，經歷的每一件事，乃至於面對的各種機會和挑戰，都考驗著這個家族的領導人如何拿捏，處理時的緩急先後，其排難解紛、化危為機的技巧與能量。至於家族控股大權能夠世代相傳，過程暢順無阻，沒有引來內部矛盾和衝突，又能吸引具才華的非家族人才為其所用，作出貢獻，如此種種，實在值得無數華洋家族企業學習。作為全書的總結，本章且就太古系或施懷雅家族個案所帶來的多項特點與教訓，逐點作出扼要點評和分析，祈能為其他家族和企業提供有用借鑑，助其揚長避短，取得更好發展成績。

由輪船到飛機的生意機遇

正如筆者在不同著作中多次提及，不只是生物，就連非生物如貨品、公司、行業，乃至家族，其實均有「生命週期」（life cycle）。作為時代重大發明的輪船及飛機亦然，從發明（出生）、成長、壯大、成熟，成為主流運輸模式，然後花開荼蘼，走向衰落。由盛轉衰的階段，或者不少人能察覺其變化，但哪些項目會由無到有，哪些能茁壯成長，則非人人均能看得通透，更不是人人有膽量和財力投入其中，開拓商機。施懷雅家族的多代人，既有這種目光和膽識，亦能劍及履及地投入資本，鍥而不捨地進行全面開拓，因此能佔盡先機，取得突破，其中開拓輪船和航空運輸業，更是帶領潮流，拉近了人與人之間的距離，成為帶領人類社會走向 Friedman 口中那個「平的世界」的主要推手。

進一步說，無論輪船或是飛機的發明，都比 JS・施懷雅和 JK・施懷雅果斷地投資開拓的時間要早，不少商人在這段期間其實同樣看到市場的巨大潛能，亦曾想盡方法進行開拓，惟他們都沒像施懷雅家族般幸運，或是沒有具備像施懷雅家族般的諸多條件與能力，如充份的資本、具份量的人脈網絡，以及遇困難不會放棄的頑強奮鬥意志等，以致未竟成功。至於施懷雅家族能夠「連中雙元」，成功開拓輪船及飛機運輸生意，為人類海、空交通歷史帶來重大突破，揭示這個家族不同世代的成員，均有極為敏銳的商業觸角、企業家精神和執行能力，才能夠創造歷史、書寫傳奇。

熊彼得有關企業家精神的理論，強調由無到有的發明、創新和開拓；但從施懷雅家族發展輪船與飛機運輸生意的經驗中，不難發現，發明與創新並不具決定性地位，發明家並不是最大獲益者或市場主導者，反而是企業家扮演了更大角色。至於他們能夠突圍而出，主要是具有那股鍥而不捨，爭取成功，為求打入市場的雄心與能耐，背後更要有調動資本、動員夥伴、克服挑戰的領導力、洞察力和忍耐力，其中在政治與社會等不同層面上影響大局的人脈關係，

尤其不能忽略。只有齊備這些綜合能力，才能在開拓相關新生意時有捷足先登的機會。

　　儘管現代企業家理論強調發明、創新等概念，某些企業家亦兼任科學家身份，但現實上說，發明創新的責任或優勢，應是落到專職的科學家身上，企業家的所謂「創新」，更多的是想方設法將那些新發明市場化，落實到生產與生活上。由於發明創新是從無到有，如何尋找資本、突破技術，克服不同傳統制約或政治制度的條條框框等限制，是對企業家的重大考驗。還有一點，這個落實過程，很多時會碰到多重障礙、遭遇各種挫折，企業家必須有百折不撓的頑強意志，否則難以登上事業的高峰。

　　當然，在現代企業組織下，某些企業財雄勢大，富可敵國，有能力成立自己的研發單位（Research and Development Unit），聘請頂級科學家專注其中，因此可增加發明，壟斷市場。但是，太陽之下無新事，真正的全新發明畢竟只是極少數，很多所謂發明，其實只是在原來發明基礎上的加加減減，甚或重新包裝而已，就如輪船及飛機早已出現一樣，反而只在某些層面上作出微調、重新調配等，具敏銳目光和卓越營運能力的企業家，便會在這些方面「捐窿捐罅」，作出各種努力，搞出一些新意思、新噱頭來，讓其可開拓「市場利基」（market niche），施懷雅家族不同時期的領軍人物，則具有那種為了開拓不同市場潛能的鍥而不捨精神與和努力，豎立了值得後來者學習的榜樣。

由創業到開拓的利物浦商人網絡

　　無論是拚事業、做生意，單打獨鬥當然考驗一己實力。但如生意規模太大，所需技術或知識非本身能掌握，這時尋求可靠助力，合夥開拓，自屬必然。所謂「人多力量大」，無論開拓哪門生意，要做大做強，畢竟需要集眾人之力或眾人之才與財，當遇商海風高浪急時，合夥生意更可收分散風險之效。

正因合夥營商具有這麼多特點或優勢，自古以來，中外社會乃以之作為「打天下」的其中一種重要模式。

在創業或開拓新項目之時，利物浦商人網絡為JS·施懷雅提供多種資源，無疑成為他的最大助力，因為能夠進入利物浦商人圈子者，必然經得起商場風浪的打擊，具一定實力，而且可靠和具誠信，名聲為同行所知所聞。圈子內會分享不少商業資訊，諸如市場波動、信貸渠道、價格行情等等，有如同業商會，可以互相保護扶持，維持一定商業規則。

要跑到亞洲（亦包括美洲、澳洲等地）開拓新生意，碰到眾多未知因素是意料中事，JS·施懷雅選擇以地緣和業緣為支撐的利物浦商人網絡作為「盲公竹」，代其引路，亦成為他最強大的開拓後台，無論合夥人、貨物供銷、運輸、資金往來等，都同樣離不開這個網絡，可見利物浦商人網絡對JS·施懷雅早期開拓生意具有極關鍵的作用。

到在東方站穩腳步，認識到當地市場的巨大潛能，籌劃進一步開拓時，JS·施懷雅同樣依賴利物浦商人網絡，為其提供發展助力。他採取的主要方法，是先確立本身在相關投資項目中的主導地位，再吸納一些具實力、名望，同時又有較深入往來的家族，作為策略投資者，形成一種「眾星伴月」，並以施懷雅家族為主的格局，給市場或競爭對手一種「實力雄厚」的企業組合形象，先聲奪人，奠下不被動搖的地位。無論是太古輪船、太古糖廠，乃至太古船塢及天津駁船等的創立，其實都採用這種模式，亦產生了同樣的市場效果。

事實上，利物浦商人網絡的威力，確實不可小覷。無論是打進中華大地的輪船運輸市場，或是開拓香港食糖生產時，均曾招來當時的市場主導者，以價格戰等手段作不同層面的圍堵。面對來勢洶洶的攻擊，太古系能夠表現得從容不迫，令競爭對手最終卻步，返回談判桌的背後主要原因，便是利物浦商人網絡，更直白點說，是那個策略性股東和合夥人的陣容。他們大多是財雄勢大、

社會地位冉冉上升的大船主，或是貿易和金融巨頭，由於「水頭充足」，競爭者發覺無法將其輕易擊倒，最終亦只能接受現實，讓其一起分享市場。

可以這樣說，有人會憑著本身財力，或是個人與家族的信用爭取銀行借貸，以開闢生意，但 JS‧施懷雅則寧可選擇吸納那些具實力與名聲，彼此又有緊密往來的利物浦商人組成團隊，共同開拓。表面看來，這種策略有分甘同味、有福同享的單純好處，但深入分析，可看到這種商業網絡強大的「槓桿」力量，令施懷雅與其他家族連結起來，擴大生意。這種優勢，相信才是 JS‧施懷雅最看重的，但過去卻常受社會忽略。

眾所周知，商場風高浪急，危險陷阱處處，任何舉止失措、實力不足，很容易招來致命打擊，更加不用說在十九、二十世紀之際，無論國內和國際，商業貿易制度都尚未健全，面對當時局面，單打獨鬥自然挑戰極多，風險巨大。JS‧施懷雅明顯十分清晰地看到問題的核心，所以高度依賴那個在英國商界具有極吃重地位的利物浦商人網絡，吸納資訊、尋找夥伴；同時又採取一種「抱團出海」開拓新商機的方法，邀請具實力、名望，並有不錯關係的家族入夥，令其更具聲勢和實力，進軍目標市場，取得驕人成績。

由割喉競爭到壟斷市場的發展策略

進入一門被寡頭壟斷的行業，很自然會招來市場主導者的嚴厲打壓，而以本傷人的價格戰，則是常見手段或現象。無論是太古輪船、太古糖廠、太古船塢和國泰航空等，最初進入市場時，都曾面對近似的挑戰與威脅。事後看來，這種局面相信是施懷雅家族的意料中事，而組織動用利物浦商人網絡，是他們早有計劃的應對方案，故能夠胸有成竹地面對，「先打後和」似乎成為最重要的發展策略。

在創辦一項生意之前，施懷雅家族作為領軍人，明顯已料到會受競爭對

手的「大反擊」，所以及早準備，為如何走下一步棋作好多重計劃，最好的例子便是籌劃開設煉糖廠一事。除了動用利物浦商人網絡作為後台，在選址設廠上，亦特別注意諸如水源、電力、海岸吃水夠深以便運輸等不同條件；連遇上價格戰或經營逆境，盈利銳減時，仍需維持一定派息，滿足股東基本要求等，亦已預先設想，所以既能團結內部，不至出現離心，亦能令競爭對手因覺得其實力雄厚而卻步。如此種種，可見 JS‧施懷雅不但具敏銳商業目光，心思亦極為縝密。

施懷雅家族銳意進軍心目中認定具深厚潛質的生意或行業，令市場一度出現新氣象，競爭激烈，但這不表示他們支持開放市場、引入競爭。相反，當他們成功打進市場，站穩陣腳，造成既定事實之後，就會與對手展開談判，爭取達成「共同定價」的所謂「價格協議」，令自己亦變成寡頭壟斷者，享受更高更大的利潤。即是說，哪怕早已預期對手會強烈攻擊，亦吸引其決心進入市場的，是豐厚的利潤，到分享到利潤後，則與原來的對手一同樹立更高更堅實的市場屏障，從而讓自己可以更多和更長久地享受利益。

當自己作為市場壟斷者，遇到新的競爭者突然「侵」入市場，意欲分一杯羹時，施懷雅家族又會不假思索地，以價格戰或其他手法進行打擊，一心把競爭對手消滅，從而維護自己的壟斷地位。有關這方面的例子，非 1980 年代初港龍航空創立時受到全力打壓一事莫屬，哪怕當時港龍航空只開辦香港至馬來西亞沙巴的航線，甚為「偏門」，國泰航空亦要與之競爭，不讓其有生存空間，迫其無法經營下去。

到後來，國泰航空收購了港龍航空控股權，將其納於旗下，港龍航空才有了更好的發展。至於 2019 年全面收購以廉價航空為號召的香港快運航空，同樣是為了擊倒對手，將其排除在市場之外，讓自己維持壟斷地位，達至了單一集團掌控香港整個航空業高、中、低三個層面的市場，因此可更好地定價、分

配市場、減少內部競爭，從而獲取更大利潤。

　　整體上說，施懷雅家族進軍一個行業或開拓一門生意，是從遠大目光和戰略視野出發，而且是謀求長遠利益，不急於一時。正因如此，他們不會介懷短期的困難與挑戰，並會為之作好應對方案。到化解競爭對手的攻擊後，則雙方坐下來談判，謀求共同定價，以達至寡頭壟斷，享受長期利益。若然自己已壟斷市場，則會以激烈手段阻止任何對手加入，或將之吞併，收為旗下子公司或聯營公司，落實更大層面的壟斷。

依賴誠信以支撐全面授權的管治

　　對於一家總部設在倫敦（早期在利物浦）的企業，絕大多數業務卻遠在千里之外的亞洲，尤其文化與都制度截然不同的中華大地，家族本身又人丁單薄，沒法派駐成員長期留守，看管大小業務和運作，唯一方法是全面授權非家族人士代為管理。由此引伸出來的重要問題，便是在選聘員工時，除了強調才幹、能力，又必然注重信任和忠誠的問題。

　　從資料看，哪怕是 JS·施懷雅，他大部份時間身處英國或世界各地，每年在華其實不出三個月，不少時間更要花在輪船的往來交通上。其他世代的施懷雅家族成員，除了實習期會被安排作為駐地員工（residential staff），停留一段不短的時間，以了解當地業務外，其他情況下，每年到華亦只有三至四次，每次可能逗留一兩星期或一兩個月（*South China Morning Post,* 12 October 1975）。可見他們在華的時間其實十分有限，所以必然是採取全面授權的公司管治。

　　要落實這樣的管治方法，必須具備多項核心條件：其一是對獲授權者有全面深入的了解，包括才能、為人與家族背景，甚至獲得某些「擔保」；其二是雙方之間建立互信，確信獲授權者守信用，夠忠貞；其三是社會或團體內具有「心無二主」的忠誠文化，違背者不但會受僱主控告，社會亦會作出道德或宗

教制約；其四是雙方能建立禍福與共的「命運共同體」意識，員工相信自己能分享企業利潤，且其聘用是長期或「終身」制，除非犯了大錯，否則不會因企業的一時逆境被開除掉。

正是基於這種思考，早年 JS・施懷雅聘用的員工無疑具有如下特點：一、他知悉其品格、家族背景和忠誠；二、由熟人友好介紹，甚至有擔保，具人脈關係；三、獲聘用一段時間，經過考驗後可進入管理層，獲分享利潤，保證聘用直至退休。至於那些被視為忠誠的員工，包括 JH・史葛、朗格、金維爾、麥景濤、夏理臣、HB・安得葛等等，大都近乎「終身聘用」，至年老才退休。

由於挑選誠實可靠又有能力的人才，對企業發展極為重要，自 JS・施懷雅時期起，重要員工的招聘，都由家族中人負責挑選，甚至親自面試，不假外人。公司仍屬中小規模時，招聘管理層較依賴利物浦商人網絡的推薦，到規模日大後，則很自然要走上制度化與較開放的道路，一如英國政府或其他大型英資企業般，以高薪厚職吸引從英國頂尖學府──牛津和劍橋大學──畢業的高材生，培養他們成為領導骨幹。

進一步說，在這種全面授權員工進行管治的模式中，個人誠信和忠貞自然要求白璧無瑕。若然沾上污點，必成為大忌，難以獲得全面授權。儘管筆者未能找到相關例證，但早期鄭觀應因跳槽而與公司鬧得極不愉快；或是日後公司與莫幹生家族的糾紛，同樣影響關係，當中引起的問題，正是那種對「不忠」的聯想，讓其擔憂「此風不止」，會波及整個聘用制度，所以不得不以強硬手段對付，以儆效尤。

這裡尤其要提出一點，相信是文化差異的問題。儘管施懷雅家族並沒表現出強烈的宗教信仰，卻流露著新教徒的行為舉止，在任用管理層員工時尤其重視「心無二主」的忠誠觀念。原因雖與他們會給予員工較大授權有關，多數洋人管理層似乎亦視之為理所當然，否則亦會受到社會的制約。惟這種觀念與中

國文化「東家不打打西家」的看法，顯然存在很大落差，令施懷雅家族與華人員工之間出現一些任聘誤區，值得注視。

家族企業由小而大，甚至成為跨國企業後，依賴家人全面管理的模式必然再難持續，任命非家族專業人才，授權其作不同層面與程度的管治，可謂在所難免，亦有其必要。事實上，只要運作得宜、權責清晰、獎罰有道，非家族專業人士同樣能為家族企業帶來突出發展，例如何禮泰，他無論在擔任香港太古洋行大班或是倫敦約翰施懷雅父子公司主席期間，均取得亮眼成績，可見家族企業不應抗拒非家族人士，低估他們能夠作出的巨大貢獻。

事實上，施懷雅家族的案例恰恰說明，一個家族企業的發展或管治是否成功，必須從人才挑選開始，而挑選的條件不光是才能，更為重要的是忠誠信賴，此乃全面授權的基石。當然，要員工忠誠可靠，真心為公司貢獻所長，不會「食碗面反碗底」，身為僱主便應善以待之，與他們分享利潤，提供長遠工作保障，打造甘苦與共的「命運共同體」意識。而太古洋行多年的成功經驗，正是建基於這種公平的管治文化及制度。

選拔優材與注重培訓的聘用制度

作為一家跨越 200 年的長壽企業，不但運行機制必有過人之處，用人機制亦相當突出，很值得學習。由於集團將人才放在較重要的位置，希望中層或以上員工能長期留在公司服務，不會輕易「跳槽」，所以既十分重視第一階段的人才選拔，又注重聘任後的多重崗位輪替，讓他們更好地了解集團不同生意之間的聯繫和互動。至於提供較好的薪酬與福利，分享集團發展成果，亦是深得肯定的做法。

有關第一階段的人才選拔，正如前文提及，當太古系已經不再是小規模公司，也不能只依靠利物浦商人網絡介紹員工後，新的機制便是吸納「牛劍」畢

業生，後來亦聘用一些來自愛丁堡大學及香港大學的精英，最大的特點，更是由施懷雅家族成員直接參與招募和面試。同樣不可忽略的，是選拔時特別注重應聘者的這三方面：有活力和幽默感、有「東方關係」，以及曾經參軍（Bickers, 2019: 393; 參考另一節討論）。

通過試用期和各種能力與忠誠的考驗後，較具潛質者會成為重點栽培對象，被送到英國薩里郡（Surrey）一家有超過 800 年歷史的古堡——法林古堡（Farnham Castle），接受一個名為 Urwick Orr's Management Course 或 Overseas Service Course 的短期課程（Bickers, 2019: 394），接受更系統化的高階培訓。講者多屬著名學者或政商精英，前港督柏立基亦曾是其中之一，可見其陣容鼎盛。

事實上，有關管理層的培訓，還不止於一次性的培訓課程。曾任太古洋行大班的史樂山，就這種制度或文化，作出了如下的具體介紹：

> 每一年，我們的企業領袖培訓生計劃都收到幾千人的踴躍申請，但最終只會招收 25 至 30 人。從這些培訓生加入太古的第一天起，公司準備了詳盡的人才評定指標和發展計劃，可能是長達 15 年的職業規劃，然後一步一步地進行，這些職業規劃涉及各個方面，包括各種類型的培訓、各種技能的培訓及各種崗位的歷練……因為太古不從外面招聘高管，所以這些年輕人也知道只要自己努力，可能 20 年以後，就能成為公司的高管。（史樂山，2016：41）

即是說，集團的上層領導，必須來自集團內部，不會從其他企業「挖角」。正因如此，那些自大學畢業即獲取錄為管理培訓生的員工，只要肯努力、有表現，在集團內經過漫長的培訓和學習，最後必可成為高層管理。極為

強調長期關係與誠信忠貞，這便是自 JS·施懷雅時期已形成的選拔和聘用制度，而且運作超過了 200 年。

由於這種制度是 JS·施懷雅針對自身的家族結構、文化及業務發展的狀況而設計的，推行上有其特點，不易為外人複製學習，尤其那種強調長期關係，不輕易跳槽或挖角的做法，在現今講求「合則來、不合則去」，事事以快速見效為標準的社會，更是不易維持。史樂山因此作出了如下補充：

> 整個企業領袖培訓生計劃，説起來很容易，真正要在漫長的歲月當中堅持下來，並且越做越好，是非常不容易的，需要很大的決心，也意味著保持非常高水平的連貫性、目標性。有很多其他的公司也嘗試做管理培訓生項目，但是往往做了幾年以後就不了了之，因為每一年都要追加投入在人才發展上，對很多公司來説真的是不容易的事情。
> （史樂山，2016：41）

毫無疑問，施懷雅家族建立起來的這套選拔、聘任與培訓高層管理的制度，有其獨特優勢，其強調長期關係、誠信忠貞、全面授權與分享成果等價值觀念，更是任何長壽企業或機構必須具備的重要條件，華人家族企業在學習吸收時，自然需要全面認識，並作出一定調整，而非片面硬套。

軍事訓練對企業管理的可能作用

在選拔和招聘「牛劍」畢業生時，太古洋行最重視的據說有兩點：有否「東方關係」及曾否參軍。若果應徵者對東方社會較熟悉，有一些人脈關係；或是曾在英國參軍，受過軍事訓練，都會被看高一線，成為獲得取錄的重要參考。

由於施懷雅家族的絕大部份生意與投資均集中在亞洲，強調有「東方關係」自然不難理解，但把受過軍事訓練視為重要條件，則值得多作討論。在有關渣甸洋行發展歷程的研究中，筆者發現該洋行同樣十分強調這個特點，其多任大班均曾接受過軍事訓練，有些更曾走上戰場前線，在槍林彈雨中與死神擦身而過，並立下戰功。

　　儘管無論渣甸洋行或是太古洋行，他們在挑選應徵者時，均沒透露曾否接受軍事訓練的重要性何在，但可以推斷，這與軍事訓練或當兵帶來的好處有關。具體而言，其一可訓練個人心志，培養勇於面對困難、不怕吃苦，積極向上的意志和鬥心；其二是考驗個人在應對危機或生死關頭時能否保持冷靜；其三是執行任務時能鍥而不捨、堅持到底，直至完成任務、獲得勝利；其四是兼顧個人能力與團體合作，能夠掌握和凝聚團體力量；其五是強化個人對團體或所屬組織的委身、貢獻與忠誠。

　　除了這些特點，曾經受軍訓或當兵的背景，會令應徵者擁有一定「舊同袍」、「老戰友」的關係網絡。軍隊中的戰友或上司，有人會加入政府，或在不同層面上居於吃重位置，這些看不見的人脈關係與社會網絡，比一般關係更為牢固，能為生意和企業經營帶來不容低估的作用。然而，由於這些關係發揮作用時不被察覺，又鮮有白紙黑字紀錄，所以甚少為外間掌握與了解。

　　當然，細心點看，在 JS‧施懷雅生前，並沒特別重視應聘者的從軍背景，反而是第一次世界大戰後，由於傑克‧施懷雅曾經參軍，又經歷過多次戰場上的「死過翻生」，到他掌管人事部的招聘和培訓時，顯然將此視為重要條件，覺得當過兵的有更多過人優點，於是有了愈來愈多曾經從軍的員工。另一現實問題是，一戰後不久，又接連爆發二戰，更多應徵者具軍事背景，令管理層中一時出現不少曾經從軍，並擁有一定軍階的人士。當然，到和平後，有從軍經驗者的人數銳減，因而獲招聘者亦不多見，所以自 1980 年代起，他們出任大

班或是成為上層管理的人數乃愈來愈少。

對於一家規模極為龐大的跨國企業，由於員工數目眾多，以一種軍隊風格管理，強調工作紀律，注重危機應變，提倡團隊精神等等，自有一定好處。但是，自 1980 年代以還，受物質條件大幅改善、教育水平大幅提升等影響，強調下屬必須服從的單向指令式高壓管理手段，已經變得不合時宜，有時甚至會弄巧反拙，所以必須小心使用，尤應去蕪存菁，抽取仍然切合當前社會實際情況的因素——例如講求團隊合作——才能令軍事訓練那種特殊安排或背景，發揮更佳效果。

危機與險阻突然出現的應變

我們常說「商場如戰場」，競爭激烈，若然不思進取或是輕敵，很容易淪為競爭對手的獵物，遭到吞併。更加不容忽略的，還有政治、經濟及社會的變化多端、突如其來，會給家族和企業的發展帶來巨大衝擊，當中如何應變、揚長避短，自然成為企業能否持續壯大、不斷發展的關鍵所在。

對於企業成敗、家族興衰，我們很多時認為乃內部因素導致，較少關注外部因素的牽扯。但現實上，外部因素同樣極具決定性，既直接衝擊家族和企業前進的路途，亦會令內部因素發生變化，令某些強項變成弱點，家族或企業發展受到打擊，因此由盛轉衰。

正因如此，要更好地帶領家族和企業，還要兼顧外部，尤其留意任何有可能引致市場波動、左右營商環境，窒礙企業進程的因素。至於推行任何開拓性發展策略時，更應留有一手，制定應急計劃，預防任何突發事件，影響投資項目，牽連整個集團和家族。

所謂意外，當然是出乎意料之外。如 JS・施懷雅在開拓輪船生意，並與旗昌輪船大打價格戰時，胞弟堅持退股，令其有如「失去一肩」，出現資金緊絀。

JH·史葛主政時期，大力開拓太古船塢生意，但到造船廠落成投產時，卻先遇上全球經濟衰退，繼而第一次世界大戰爆發，令其經營備受壓力。就算到第六代接班後綢繆擴大航空市場佔有率，收購了香港快運航空，卻遇上曠日持久的反修例動亂，接著上新冠肺炎於全球大爆發，令旅客數目銳減，航空生意旋即掉進了嚴冬。

由此可見，無論家族和企業，其前進路途沒可能無風無浪，出人意料的危機或困難，常不動聲色地突然出現，殺人一個措手不及。因此，具遠見的領導，一方面要維持穩健的經營作風，即 JS·施懷雅一生奉行的「小心駛得萬年船」哲學，更要有應急計劃；另一方面則要建立臨危應變的機制，要有憂患意識，以免危機突然湧現時舉止失措。更重要的，當然是在危機與險阻面前沉著應對，不懼難，亦不避難，想方設法全力克服，以竟成功。

太古洋行和施懷雅家族能夠走過 200 年，自然歷盡無數困難、遭遇眾多危機，並從這個過程中積累了極為的豐富經驗，建立起一套應對機制。傳至第六代，他們並非在毫無經驗下接班，登上大位時年紀已不輕，在多個層面上都有實實在在的經營管理經驗，揭示他們應該具有足夠能力，應對當前新冠肺炎爆發引致的巨大危機，令家族和企業最終走出困境。

總結

新冠病毒大流行，衝擊全球公共衛生，經濟貿易幾乎癱瘓，影響數十億人的日常工作與生活，亦再次引來對全球化問題的檢討，本地化或逆全球化等，成為甚囂塵上的說法，世界經濟與全球化進程因此碰到不少巨大阻力，令很多人深思人類未來到底會走往何方。對於企業家或商人而言，任何社會環境的轉變，都會帶來機遇與挑戰，關鍵是如何拿捏，揚長避短，作出更好應對。施懷雅家族與太古系過去走在時代浪尖，在全球化浪潮中崛起，不斷壯大，今天逆

全球化的新浪潮可能出現，他們會否風光不再，失去優勢？這實在是有待觀察的重要問題。

　　若只集中在施懷雅家族的發展視角而言，第六代走上前台後碰到的挑戰，確實極為巨大，對國泰航空及旗下眾多相關企業的打擊，可謂史無前例。在這種困難下，他們身負壓力實在不難理解，但若因此舉止失措、應對失宜，則必然會對家族及太古系企業造成致命傷害。但是，若回顧企業 200 年的歷史，過去碰到的危機與險阻可謂多如牛毛，更嚴峻的，如第三代任內連番遭遇兩次世界大戰，造成巨大的人命與財產損失，但家族和集團亦能挺立，沒有一沉不起。因此，面對當前狀況，實在不應過於悲觀。眾所周知，放棄或逃避困難，雖是最容易的方案，亦最不智，因為那等於為祖輩流過的血汗劃上句號，也令自己及後代原有的優勢歸零。相信施懷雅家族第六代在當前巨大困難下，必會作出正確選擇，那便是——「而今邁步從頭越」。

參考資料

Archive.today. 2015. "Adrian Christopher Swire", 26 April 2015. https://archive.
is/20150426125017/http://www.debretts.com/people-of-today/profile/3919/
Adrian-Christopher-SWIRE

Asia News Monitor. Various years.

Asia Pulse. Various years.

Baker, A.P. 2020. "Swire, Sir John Anthony", *Oxford Dictionary of National Biography*. https://
www.oxforddnb.com/view/10.1093/ref:odnb/9780198614128.001.0001/odnb-
9780198614128-e-111606

Barling, R. 2006. "Merlin groomed for leading role", *South China Morning Post*, 9
February 2006, p.2.

Berg, M. 1993. "Small producer capitalism in eighteenth-century England", *Business
History*, Vol. 35, No. 1, pp. 17-39.

Bickers, R. 2019. *China Bound: John Swire & Sons and Its World, 1816-1980*. London:
Bloomsbury.

Bleasdale, C. 2002. "John Samuel Swire (1825-98) and Japan, 1867-98", in Cortazzi,
H. (ed.) *Britain & Japan: Biographical Portraits*, Vol. IV, pp. 130-141. London:
Routledge.

Bourdieu, P. 1984. *Distinction: A Social Critique of the Judgment of Taste*. London:
Routledge & Kegan Paul.

Bourdieu, P. and Wacquant, L.J.D. 1992. *An Invitation to Reflexive Sociology*. Cambridge:

Polity Press.

Butler, B. 2015. "Swire's rare changing of the guard", *The Australian*, 20 January 2015, p. 18.

Chandler, A.D. 1977. *The Visible Hand: The Managerial Revolution in American Business.* Cambridge, Mass. Belknap Press.

Chandler, A.D. and Tedlow, R.S. 1985. *The Coming of Managerial Capitalism: A Casebook on the History of American Economic Institutions.* Homewood, Ill: Irwin.

Cheng, T. 1984. "Peking invites 101 guests", *South China Morning Post*, 17 December 1984, p. 1.

China Mail. Various years.

Choi, B. 1980. "The man who likes to keep a low profile", *South China Morning Post*, 27 November 1980, p. 2.

Chung, S.Y. 2001. *Hong Kong Journey to Reunification: Memoirs of Sze-yuen Chung.* Hong Kong: Chinese University Press.

Coleman, J.S. 1988. "Social capital in the creation of human capital", *American Journal of Sociology*, 94 (Supplement Organizations and Institutions: Sociological and Economic Approaches to the Analysis of Social Structure): S95–S120.

Cookson, G. 1997. "Family firms and business network: Textile engineering in Yorkshire, 1780-1830", *Business History*, Vol. 39, No. 1, pp. 1-20.

Dow Jones Institutional News. Various years.

Drage, C. 1970. *Taikoo.* London: Constable & Company.

Falkus, M. 1990. *The Blue Funnel Legend: A History of the Ocean Steam Ship Company, 1865-1973.* London: MacMillan Academic & Professional Ltd.

Friedman, T. 2010. *The World is Flat: The Globalized World in the Twenty-First Century.*

New York: Penguin.

Gilder. G. 1984. *The Spirit of Enterprise*. Harmondsworth: Penguin Books.

Gittings, D. 1993. "Beijing and Patten must meet", *South China Morning Post*, 27 June 1993, p. 2.

Goodman, M. 2014. "Swire to test Merlin's magic", *Sunday Times*, 24 August 2014, p.10.

Haggerty, J. and Haggerty, S. 2011. "The life cycle of a metropolitan business network: Liverpool 1750-1810", *Exploration in Economic History*, Vol. 48, No. 2, pp. 189-206.

Haggerty, J. and Haggerty, S. 2017. "Networking with a network: The Liverpool African Committee 1750-1810", *Enterprise & Society*, Vol. 18, Iss. 3, pp. 566-590.

Hang, Q., Ekberg, J., Yip, J., Chen, J. He, L.Y. and He, L. 2020. *COVID-19 Impact: Challenges and Opportunities for the Chinese Financial Sector*. Hong Kong: Oliver Wyman.

Hodgson, T. and Gulliver, D. 2000. *The History of Cononley: An Airedale Village*. Cononley: Kiln Hill.

Hong Kong Daily Press. Various years.

Hong Kong Telegraph. Various years.

Hook, E. 1977. *A guide to the Papers of John Swire and Sons Ltd*. London: School of Oriental and African Studies.

Hyde, F.E. 1957. *Blue Funnel: A History of Alfred Holt and Company of Liverpool from 1865 to 1914*. Liverpool: Liverpool University Press.

Kirzner, I. 1973. *Competitive and Entrepreneurship*. Chicago: University of Chicago Press.

Kirzner, I. 1979. *Perception, Opportunity, and Profit: Studies in the Theory of Entrepreneurship*.

Chicago: University of Chicago Press.

Lawton, R. 2000. "The components of demographic change in a rapidly growing port-city: The case of Liverpool in the nineteenth century", in Lawton, R. and Lee, R. (eds.) *Population and Society in Western European Port-Cities, c. 1650-1939*, pp. 91-123. Liverpool: Liverpool University Press.

Maddison Historical Statistics. No year. Gronigen Growth and Development Centre, University of Gronigen. https://www.rug.nl/ggdc/historicaldevelopment/maddison/ [browsed on 28 April 2020].

Maddison, A. 2007, *Contours of the World Economy 1-2030 AD*. London: Oxford University Press.

Maddison, A. 2008, "The West and the rest in the world economy: 1000-2030 Maddisonian and Malthusian interpretations", *World Economics*, Vol. 9, No. 4, pp. 75-99.

Marriner, S. and Hyde, F.E. 1967. *The Senior John Samuel Swire, 1825-98: Management in Far Eastern Shipping Trades*. Liverpool: Liverpool University Press.

McDade, K. 2011. "Liverpool slave merchant entrepreneurial network, 1725-1807", *Business History*, Vol. 52, Iss. 7, pp. 1092-1109.

Milne, G.J. 2000. *Trade and Traders in Mid-Victorian Liverpool: Mercantile Business and the Making of a World Port*. Liverpool: Liverpool University Press.

Murphey, R. 1977. *The Outsiders: The Western Experience in India and China* (Ann Arbor: The University of Michigan Press.

Neal, F. 1969. "Liverpool Shipping in the Early Nineteenth Century", in Harris, J.R. (ed.) *Liverpool and Merseyside: Essays in the Economic and Social History of the Port and Its Hinterland*, pp. 150-161. London: Frank Cass & Co. Ltd.

Nenadic, S. 1993. "The small family firm in Victorian Britain", *Business History*, Vol. 35, No. 4, pp. 86-114.

Nield, R. 2012. "Swire John Samuel, Swire George Warren, Swire John Kidston", in Holdsworth M. and Munn, C. (eds.) *Dictionary of Hong Kong Biography*, pp. 415-416. Hong Kong: Hong Kong University Press.

North China Daily News. Various years.

Parkinson, N. 1984. "Life's sweet at 100 for Taikoo", *South China Morning Post*, 1 May 1984, p. 21.

Penlington, V.A. 1996. *Winged Dragon: The History of the Royal Hong Kong Auxiliary Air Force*. Hong Kong: Odyssey Production Limited.

Rose, M.B. 1994. "The family firm in British business, 1780-1914", in Kirby, M.W. and Rose, M.B. (eds.) *Business Enterprise in Modern Britain: From the Eighteenth to the Twentieth Century*, pp. 61-87. London: Routledge.

Schumpeter, J.A. 1934. *The Theory of Economic Development: An Inquiry into Profits, Capital, Credit, Interest, and the Business Cycle*. Cambridge: Harvard University Press.

Scott, J.H. 1914. *A Short Account of the Firm of John Swire & Sons*. Letchworth: The Arden Press.

Selby, A. 1990. "Refining the industry of Quarry Bay", *South China Morning Post*, 9 June 1990, p. 36.

Shanghai Daily. Various years.

Smail, J. 1994. *The Origins of Middle Class Culture: Halifax, Yorkshire, 1660-1780*. Ithaca: Cornell University Press.

South China Morning Post. Various years.

Spooner, J. and Swire, A. 2009. "Sutch, Peter Dennis Antony", *Oxford*

Dictionary of National Biography. https://www.oxforddnb.com/view/10.1093/ref:odnb/9780198614128.001.0001/odnb-9780198614128-e-76788.

Swire Group. 1996. *180 Years of the Swire Group.* London: Swire Group Public Affairs.

Swire Pacific Limited. 2020. "Directors and officers", Corporate governance, January 2020. https://www.swirepacific.com/en/governance/directors.php.

Swirenews. 2016. "Obituary: Duncan Bluck CBE, 1927-2015", Swire Group, January 2016. https://swirenews.swire.com/2016-01/People/Duncan-Bluck.html.

Swirenews. 2017. "Obituary: Sir John Anthony Swire CBE, 1927-2016", Swire Group, May 2017. https://swirenews.swire.com/2017-05/Sir-John-Anthony-Swire-Cbe.html.

Swirenews. 2019. "Obituary: Sir Adrian Swire, 1932-2018", Swire Group, January 2019. https://swirenews.swire.com/2019-01/Sir-Adrian-Swire.html.

The Daily Telegraph. Various years.

The Independent. Various years.

The New York Times. Various years.

The Sunday Times. Various years.

The University of Hong Kong. 1964. "The Honorary Graduates: William C. G. Knowles"https://www4.hku.hk/hongrads/citations/cbe-ma-cantab-lld-hong-kong-jp-william-charles-goddard-knowles-the-hon-william-charles-goddard-knowles.

The University of Hong Kong. 1982. "The Honorary Graduates: John H. Bremridge", https://www4.hku.hk/hongrads/citations/o-b-e-hon-d-h-m-a-john-henry-bremridge.

The University of Hong Kong. 1991. "The Honorary Graduates: The Rt Hon the Baroness Dunn"https://hongrad.dat.theorigo.com/hongrads/graduates/honorary-degree-of-doctor-of-laws-the-rt-hon-the-baroness-dunn.

Tsang, D. 2005. "Turnbull: I was unhappy with my job. Chairman of Swire and Cathay Pacific explains why he quit", *South China Morning Post*, 10 December 2005, p. 1.

Wall Street Journal. Various years.

Ward, J.L. 1987. "Sibling and the Family Business", *Loyala Business Forum*, vol. 6, p. 1-3.

Yeung, C. 1995. "Lydia is done", *South China Morning Post*, 16 June 1995, p. 1.

Young, G. 1988. *Beyond Lion Rock: The Story of Cathay Pacific Airways*. London: Hutchinson Ltd.

Young, P. 1995. "The noble director in a white Cadillac", *South China Morning Post*, 16 June 1995, p. 5.

《大公報》。各年。

《文匯報》。各年。

《立場新聞》。各年。

《人民日報》。各年。

《明報》。各年。

《經濟日報》。各年。

《頭條新聞》。各年。

《信報》。各年。

《蘋果日報》。各年。

丁新豹。2009。〈香港莫仕揚買辦家族初探〉，載香港中文大學中國文化研究所文物館等（編）《買辦與近代中國》，頁 170-193。香港：三聯書店（香港）有限公司。

三里屯太古里。沒年份。「關於我們」。http://www.taikoolisanlitun.com/zh-CN/AboutUs/ProjectSummary。

太古地產。沒年份。「關於我們」。https://www.swireproperties.com/zh-hk/about-us.aspx。

王建初、孫茂生。1986。《香港海員大罷工、省港大罷工》。瀋陽：遼寧人民出版社。

史樂山。2016。〈太古之道：200 歲企業眼中的互聯網、科技和管理〉，《中國中小企業》，2016 年 8 月份，頁 40-41。

成都遠洋太古里。沒年份。「關於我們」。http://www.soltklcd.com/zh-CN/AboutUs/ProjectSummary。

朱蔭貴。2008。《中國近代輪船航運業研究》。北京：中國社會科學出版社。

利德蕙。1998。《築橋：利銘澤的生平與時代》（中英雙語）。Ontario: Calyan Publishing Ltd.

吳克明。2006。《徽商精神：徽商研究論文選》。合肥：中國科學技術大學出版社。

林樹建。1995。《寧波商幫》。香港：中華書局。

香港演藝學院。1997。〈榮譽院士：姚剛〉。https://www.hkapa.edu/tch/honorary-awardees/yao-kang。

香港興業國際。沒年份。「業務概覽：興業太古滙」。https://www.hkri.com/zh-TW/Our-Businesses/Mainland-China/HKRI-Taikoo-Hui。

夏東元。《鄭觀應》。廣州：廣東人民出版社。

孫揚。2014。《無果而終：戰後中英香港問題交涉：1945-1949》。北京：社會科學文獻出版社。

袁求實。1997。《香港回歸大事記》。香港：三聯書店（香港）有限公司。

國泰航空。2019a。〈國泰航空完成收購香港快運航空〉，2019 年 7 月 19 日。

https://news.cathaypacific.com/%E5%9C%8B%E6%B3%B0%E8%88%AA
%E7%A9%BA%E5%AE%8C%E6%88%90%E6%94%B6%E8%B3%BC%E9
%A6%99%E6%B8%AF%E5%BF%AB%E9%81%8B%E8%88%AA%E7%A9
%BA。

國泰航空。2019b。〈國泰航空傳媒回應〉，2019 年 8 月 27 日。https://
news.cathaypacific.com/%E5%9C%8B%E6%B3%B0%E8%88%AA%E7
%A9%BA%E5%82%B3%E5%AA%92%E5%9B%9E%E6%87%89-2019-
%E5%B9%B48%E6%9C%8827%E6%97%A5。

張仲禮、陳曾年、姚欣榮。1991。《太古集團在舊中國》。上海：上海人民出版
社。

張志楷。2015。〈二次大戰前太古洋行在中國的對策攻略〉，載鄭宏泰、周文港
（編）《危機關頭：家族企業的應對之道》，頁 175-194。香港：中華書局。

莫應溎。1985。〈英商太古洋行近百年在華南的業務活動與莫氏家族的關係〉，
《廣東文史資料》第 44 期，頁 77-131。

莊壽倉。2013。《永遠的榮老闆》。香港：大風書局。

郭廷以，1979。《近代中國史綱》（上下冊）。香港：香港中文大學出版社。

郭鶴年。2017。《郭鶴年自傳》。香港：商務印書館。

陳敦德。2009。《香港問題談判始末》。香港：中華書局。

陳麗蓮。2010。〈鄭觀應家族的家訓與三代傳承〉，載鄭宏泰、周文港（編）《華
人家族企業傳承研究》，頁 44-73。香港：香港大學亞洲研究中心。

馮邦彥。1996。《香港英資財團》。香港：三聯書店（香港）有限公司。

馮邦彥。2001。《香港地產業百年》。香港：三聯書店（香港）有限公司。

瑜舍。沒年份。「關於我們」。https://www.theoppositehouse.com/tc/the-house。

劉存寬。1995。〈英國重佔香港與受降問題〉，載余繩武、劉蜀永（編）《二十

世紀的香港》，頁 220-221。北京：中國大百科全書出版社。

劉建生、燕紅忠、石濤、任若非。2008。《晉商信用制度及其變遷研究》。太原：山西出版集團。

劉詩平。2010。《洋行之王：怡和》。香港：三聯書店（香港）有限公司。

廣州太古滙。沒年份。「關於我們」。http://www.taikoohui.com/zh-CN/AboutUs。

蔡榮芳。2001。《香港人之香港史》。香港：牛津大學出版社。

鄭宏泰、尹寶珊。2014。《「自由行」十年回顧：探討香港與內地的融合進程與嬗變》（第 2 版）。香港：研究專論第 226 號，香港中文大學香港亞太研究所。

鄭宏泰、陸觀豪。2017。《點石成金：打造香港金融中心的里程碑》。香港：中華書局。

鄭宏泰、黃紹倫。2008。《香港股市：1841-1997》。香港：三聯書店（香港）有限公司。

鄭宏泰、黃紹倫。2009。《香港大老：何東》。香港：三聯書店（香港）有限公司。

鄭宏泰、黃紹倫。2012。《香港赤子：利銘澤》。香港：三聯書店（香港）有限公司。

魯平。2009。《魯平口述香港回歸》。香港：三聯書店（香港）有限公司。

蕭虹。2016。《中國婦女傳記辭典》。悉尼：悉尼大學出版社。

頤堤港。沒年份。「關於我們」。http://www.indigobeijing.com/zh-CN/About-us/Overview。

鍾寶賢。2016。《太古之道：太古在華一百五十年》。香港：三聯書店（香港）有限公司。

太古家族系譜圖

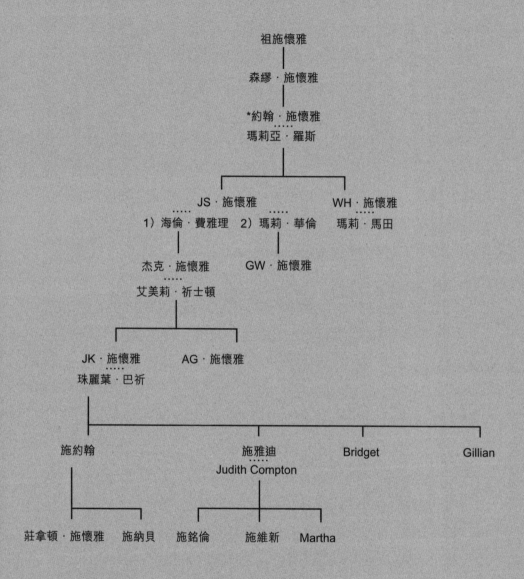

祖施懷雅

森繆・施懷雅

*約翰・施懷雅
‥‥‥
瑪莉亞・羅斯

JS・施懷雅
‥‥‥
1）海倫・費雅理　2）瑪莉・華倫

WH・施懷雅
‥‥‥
瑪莉・馬田

杰克・施懷雅
‥‥‥
艾美莉・祈士頓

GW・施懷雅

JK・施懷雅
‥‥‥
珠麗葉・巴祈

AG・施懷雅

施約翰

施雅迪
‥‥‥
Judith Compton

Bridget

Gillian

莊拿頓・施懷雅　施納貝

施銘倫　施維新　Martha

＊ 創業第一代

編輯	寧礎鋒
設計	黃詠詩

書名	太古家族：乘風破浪上天下地二百年
作者	鄭宏泰

出版	三聯書店（香港）有限公司 |
	香港北角英皇道 499 號北角工業大廈 20 樓
	Joint Publishing (H.K.) Co., Ltd. |
	20/F., North Point Industrial Building, 499 King's Road,
	North Point, Hong Kong

香港發行	香港聯合書刊物流有限公司 |
	香港新界荃灣德士古道 220-248 號 16 樓

印刷	美雅印刷製本有限公司 |
	香港九龍觀塘榮業街 6 號 4 樓 A 室

版次	2022 年 7 月香港第一版第一次印刷
規格	16 開（170mm × 230mm）272 面
國際書號	ISBN 978-962-04-5012-9